実学思想の系譜

源　了圓

本書は、一九八六年六月一〇日、講談社より刊行された。

まえがき

　このテーマの研究を始めてから早くも三十何年かの星霜《せいそう》をけみした。資質的に「実学」と最も縁遠い存在である私が、このテーマの研究を思い立った動機の一つに、敗戦後自虐《じぎゃく》的意見があまりに多く、過去の先人たちの営為《えいい》を全面的に否定するような風潮があまりに強かったことに対する私なりの反撥《はんぱつ》があったことは否定できない。戦争中の夜郎自大《やろうじだい》的な国粋主義は不愉快きわまりなかったが、戦後の自信喪失《そうしつ》も情なかった。私の実学研究が普《ふ》遍《へん》主義者横井小楠《よこいしょうなん》から始まったのは、当時の私の気持がよく示されているように思う。私は偏狭《へんきょう》な国粋主義におちいらないで、しかも戦後の復興の支えになる思想的背景を求めていた。

　しかし研究をつづけているうちに正直言って嫌《いや》になったことが何度かあった。それはとくに高度成長以来、日本の社会がバランスを失い、「実学」だけに支配されている文明の醜悪《しゅうあく》さを嫌というほど見せつけられたからである。戦後の廃墟《はいきょ》が今日の繁栄《はんえい》にいたった根底には日本人の実学志向《しこう》があったことは否定できない。しかし今日の繁栄が、ある虚《むな》しさの相貌《そうぼう》を帯びているのは、われわれが実学を超える思想を生み出すことができなかったからだ。日本の現実が、私の実学研究を追い越してしまった状況の中で、私の関心は次第に「虚《きょ》」の世界に移り、「実」の世界から離れてしまいたい気持に駆《か》られることもしばしばであった。

戦後の日本研究の上でそうした虚の世界の意味の追求にまっしぐらに進んで行ったのは、『無用者の系譜』や『無常』の著者である唐木順三《からきじゅんぞう》氏である。このすぐれた先輩《せんぱい》を仰ぎ見ながらなぜ私は実の世界の研究にとどまったのだろうか。実学思想の研究が予想外に手ごわくて遅々として進まなかったこともある。しかし私の心の底には「実学」が日本だけの問題ではなく、東アジア世界の共通の問題であるという気持があった。そして実学概念を東アジアの近代化の比較研究をする際の座標軸《ざひょうじく》として見直すことに気がついたとき、新しい情熱が私の中に湧き起こってきた。すぐれた文化の伝統をもちながら、いろいろの条件にさまたげられ——ある場合には日本がその元兇《げんきょう》であった——今、近代化のための必死の努力をしている人々に、日本での実学思想の展開を、そのメリットとともに問題点を含《ふく》めてありのままに伝え、その国々の近代化の参考に供することは、この時代を生きる日本の一研究者としての大切な仕事ではないかと思うようになった。そしてそれとともに実学は今日の日本でも新しいかたちにおいて必要であり、その実学にところを与え、それを生かす高次の文明原理の模索《もさく》こそわれわれの大きな課題ではないかという思いが強くなってきたことも付け加えねばならない。

この本はこれらの課題にこたえるものではないが、何を今実学か、という問いかけに対する私自身の答としていささかの所感をしるしてまえがきに代える。

一九八六年三月八日

源　了圓　識

目次

実学思想の系譜

日本における実学思想の展開と近代化

はじめに

最近――といってもだいぶん以前からですが、実学の問題についての考えをそろそろ自分の一つの仕事にまとめたいと考えるようになりました。そこできょうは私のかねがね考えていること、基本的な考え方をお話しして、それをめぐっていろいろご批判を仰《あお》ぎたいと思います。

実学思想についての私の研究は、私の前の本『徳川合理思想の系譜』（中公叢書、一九七二）と補完的《ほかんてき》な関係にありまして、一部はそれとかさなる面をもっております。私自身の研究の順序からいいますと、実学のほうがずっと早く、『徳川合理思想の系譜』は、私の実学思想の研究のいわば副産物として生まれたものだということができます。

実学の問題に興味をもったのは、昭和二十八年か九年からですが、実学思想というのは、ひじょうに範囲《はんい》が広くて、多義的《たぎてき》で、当然あいまいな点を多く含《ふく》んでおりまして、それをどのようにまとめあげるか、この厄介《やっかい》なテーマを前にして茫然《ぼうぜん》とすることがしばしばでした。事実の集積《しゅうせき》だけではもちろん学問にはならない。何百年かにわたって使用されてきた、この多義的で、あいまいで、ときには相対《あい》立する内容をも含《ふく》む実学概念《がいねん》を明らかにして、その多様な展開過程《てんかいかてい》に一つの筋道《すじみち》をつけるということは、けっして容易《ようい》なことではありません。ましてその概念の背後にある思想を一つ一つ理解し、しかもその歴史的展開を体系的に把握《はあく》することは至難《しなん》のわざに属《ぞく》します。それに比べますと、「理《り》」という観念がどのように変容し、あるいは変質しつつ展開していくか、ということは、比較《ひかく》的明確な問題であり、思想史的結晶作用もずっと行われやすい、私はそう考えて、まず合理思想のほうからまとめることにしたのです。

さきに申しましたように、理《り》の問題の解明は、私の長い実学思想に関する関心からの自然な知的派生物《ちてきはせいぶつ》であって、とくに私が旧著で「経験的合理主義」と名づけたものは、ある型《かた》の実学の論理的な自己表現というふうに考えてもよいと思います。私は理の問題について自分の考えを明らかにしていきながら、実学についての自分の考えも次第《しだい》に結晶していくのではないかと思うようになりました。そしてまた実学の問題についての自分の考えを明らかにしていく過程《かてい》において、私がさきの研究で特別に考察することを避《さ》けた道徳的性格の理、形而上学的理体《けいじじょうがくてきりたい》の側面というものも、あわせ含《ふく》めることのできる視点がとらえられるのではないかと思えてきました。そういうことで実学という問題に挑戦《ちょうせん》してみたいと思います。

実学研究の意味Ⅰ——比較文化論として——

実学とは何かという基本的な問題の検討はあとにまわすことにして、まず、実学の研究というものはどういう意味をもつのか、ということから考えてみたいと思います。

私の考えでは、実学研究の第一の意味は、それが近世極東儒教文化圏《きょくとうじゅきょうぶんかけん》の比較《ひかく》文化論的研究に際《さい》してすぐれた手がかりを与えることになるのじゃないかと思います。この実学という概念《がいねん》は、程伊川《ていいせん》（一〇三三—一一〇七）あるいは朱子《しゅし》（一一三〇—一二〇〇）によってはじめてつくられたけれども、その後、李王朝《りおうちょう》時代の朝鮮でも、とりわけ近世日本でしばしば使われる用語となりました。それぞれの国における実学の浸透《しんとう》や普及《ふきゅう》の程度《ていど》を比較研究すること、あるいはそれぞれの国においてどのようなタイプの実学が形成され、どれが優《ゆう》位《い》を占めるかということは、それぞれの実学形成の背景、もしくは基盤《きばん》としてある文化や社会の構造の比較研究に資《し》するところがひじょうに大きいのではないかと思われます。

　もちろんこのような考えにたいしては、中国や朝鮮はともかく、いったい日本に儒教文《じゆきようぶん》明《めい》とよばれる実体があったのか、日本の儒教は、知識人たちの書物のうえの知識であり思想であって、日本人の生活文化、とくに道徳生活と何の関係もなかったのではないかという反論も当然予《よ》想《そう》される。このような反論のいわば代表ともいうべき人は、『支那思想と日本』の著者、津田左右吉《つだそうきち》さんです。

　たしかに日本人の感情生活の面での儒教《じゆきよう》の影響《えいきよう》はそう強いとはいえないと思います。それからとくに津田氏がネガティヴな意味で強調される道徳的な面に関しては、義理《ぎり》とか仁《じん》義《ぎ》というような儒教の基本的徳目《とくもく》が、儒者《じゆしや》たちの学問的著作でなく、文学作品や日本人の習俗に定着した姿で見ますと、津田説の当たっている面はかなりある。とくに社会生活の統制原理《とうせいげんり》としての儒教の礼《れい》が、日本では生活面のなかに十分受容《じゆよう》されなかったということは、中国・朝鮮の儒教と日本の儒教の社会における機能《きのう》の差異《さい》を、ひじょうに大きなものにしていったことは否定できません。こうしたことから、儒教と神道《しんとう》、あるいは儒教と武《ぶ》士道《しどう》とを結びつけようとした人々の営為《えいい》のうちにのみ、儒教の日本社会への定着の姿を見ようとする考えも当然成立いたします。

　これにたいして、私がここでとりあげようとする実学は、儒教的実学に限っていえば、普遍的《ふへんてき》立場から儒教を学ぼうとした人たちによって形成されたということがいえると思います。実学は結果的には存在被拘束的《そんざいひこうそくてき》な性格がひじょうに強いのですが、主観的心情《しゅかんてきしんじょう》でいうと、普遍的真理追究《ついきゅう》の要求として成立した学問であり思想であるということがいえると思う。けっして日本的儒教形成《けいせい》の要求にもとづいて形成されたものではありませんでした。だとすれば、日本の実学を通じて極東《きょくとう》儒教文化圏の比較研究をするということは、まったく見当《けんとう》はずれのことではないか、こういう疑問も生じないわけではありません。

私自身もこのような疑問をたびたびいだきました。しかし私は自分の思想史研究《じゅきょう》をかさねていくうちに、神道《しんとう》・国学《こくがく》のような土着《どちゃく》の宗教・思想にかぎらず、仏教や儒教のような普遍的《ふへんてき》性格の強い外来思想にあっても、その展開の軌跡《きせき》をたどることを通じて、文化という水脈《すいみゃく》にいたることができるという確信を次第《しだい》にもつようになってきました。たしかに本《もと》居宣長《おりのりなが》のように、仏教や儒教のような外来《がいらい》の思想や宗教を受容《じゅよう》する以前の固有の日本文化を明らかにしようとすることも、日本文化研究の一つの方法だと思いますが、それだけでは十分ではないと思う。外来の思想や文化に対決したり、魅惑《みわく》されたりしながら、長い期間には結局それを変容《へんよう》し再創造《さいそうぞう》を行っていった外来の思想・文化の受容の過程を明らかにすることを通じて、そのような変容・再創造というものを可能《かのう》にした日本文化の形成力《けいせいりょく》というものを究明《きゅうめい》するという方法によって補完《ほかん》されないと、宣長的な方法というものは建設的にならないのではないか、と思うのです。

日本のように外来文化を受容しつつ、開いた態度で第二次的創造《そうぞう》を行った文明、そしていま西欧文明にたいして受容・再創造の必死《ひっし》の模索《もさく》をくり返しつつある文明においては、このような研究態度が必要なのではないかと思われます。このことが可能なためには、一人ないしは少数の人の個別《こべつ》研究だけでなく、比《ひ》較的《かくてき》長期にわたるある観念《かんねん》の歴史的展開を見ること、さらにはこの観念について比較思想・比較文化的研究態度をとることが必要だと思います。その観念のもつ思想の普遍性《ふへんせい》は、比較の共通項《きょうつうこう》として重要な意味をもちます。何らかの共通性がなくては比較は成りたちません。われわれの主題である実学においては、「実なるもの」への要求においてそれは共通性をもちます。しかし何を「実」と考えるかは、その人によって、その社会によって、その時代によって、さらにはそれぞれの文化によって異《こと》なります。もちろん一人ないし少数の人の実学思想の比較をしても、比較文化ということは成りたちません。しかし、ある文化や社会における長期の実学思想の展開の軌《き》跡《せき》をたどれば、そのような実学思想を生んだ文化や社会の性格は、かなりの程度正確にわかるものだと私は考えております。これが実学思想の比較研究を通じて比較文化ということが可能《かのう》であると主張する理由《りゆう》です。

さらにこの比較文化研究の対象《たいしょう》は、私の能力さえおよぶならば、近世西欧文明《せいおうぶんめい》との比較にまで拡大《かくだい》すべきものであろうと思います。極東儒教文化圏《きょくとうじゅきょうぶんかけん》において実学という観念《かんねん》が形成されたことは、そこにおいて実在観《じつざいかん》のうえで大きな変化が起こったことを意味します。仏教や老荘《ろうそう》の世界を「虚《きょ》」と考え、この世の人倫《じんりん》を重んずる儒教こそ「実」であるというその実在観《じつざいかん》の変革《へんかく》は、巨視的《きょしてき》にいえば、ヨーロッパにおける中世的なリアリズムから近世的なリアリズムへの転回に比《ひ》する出来事といえると思う。実学は、極東世界において学問観という形をとった一つのリアリズム運動であるということがいえるでしょう。ある条件さえ整《ととの》えば、ある一つの文明と他の文明との間に何の接触《せっしょく》・交渉《こうしょう》がなくても、ある類似《るいじ》した出来事が同時に起こることは十分あり得ると思います。この二つの出来事の共通性と差《さ》異《い》の比較も、近世極東儒教文明と西欧近代文明を比較する場合の有力な一つの手がかりになるでしょう。以上は、比較文化的観点からみた実学研究の意味です。

実学研究の意味Ⅱ——近代化論として——

実学研究の第二の意味は、実学の近代化過程において果《はた》した役割《やくわり》の解明にあると思われます。少なくとも日本の儒教文明《じゅきょうぶんめい》がその学問的表現を、いろいろの経緯《けいい》を経《へ》ながら結局実学という形に結晶したことは否定できないだろうと思いますが、その実学という名前でよばれたものの実体が何であったか、それはおいおい明らかにせねばなりません。たとえば「福沢《ふくざわ》に於《お》ける『実学』の転回」、これは丸山真男《まるやままさお》さんの論文の表題《ひょうだい》ですが、こういう表題が成立するのは、儒教を基礎《きそ》とする近世の実学的文明というものが幕末《ばくまつ》から明治初頭《しょとう》にかけて近代西欧の科学的実学文明と遭遇《そうぐう》したことを意味します。それがはたして「倫理《りんり》を中核《ちゅうかく》とする実学」から「物理を中核とする実学」への転回であったというように単純《たんじゅん》に図式化《ずしきか》できるかどうかということに関しては、問題が残っておりますけれども、実学観の展開を通じて徳川時代から明治時代への転換を捉《とら》えようとした丸山さんの着眼はひじょうにすぐれたものだと思います。

私が当面《とうめん》力を入れてやりたいことは、この第二の近代化と実学との関係の問題です。さて、日本の近代化と実学との関係を明らかにするについて、まず近代化とはいったい何なのか、日本の近代化というのは、いったいどういう近代化であったのか、というようなことが問題になる。ここで近代化論を本格的にやる時間はとてもありませんが、戦後、近代化についていろんな人からいろんなことがいわれてきたわけですが、十数年つづいた近代化論争においてほぼ得られた共通の認識《にんしき》は、次のようなものであったろうと思う。

1、近代化は西欧化《せいおうか》ではない。

2、近代化は資本主義化ではない。

3、近代化は「より望《のぞ》ましいもの」という価値と必ずしも同一化《どういつか》されない。

こまかい議論はきょうは省《はぶ》きますけれども、ご承知《しょうち》のように近代化研究についてはエール大学教授、ジョン・ホール氏が近代化について考えていく場合のいくつかの指標《しひょう》をつくっている。それをめぐっていろんな議論がでているわけですが、それ自体は私は近代化を研究する場合の有力な手がかりになるとは思いますけれども、歴史研究ということを考えた場合に、あの指標だけにとどまってしまってはやはり問題があると思う。

歴史研究の場合に、近代化過程の生きた全体の姿、つまりここでホール氏がだしましたメルクマールにおいて捨象《しゃしょう》された価値的な問題とか、その社会特有の近代化の様態《ようたい》をも含《ふく》めて、近代化過程を認識《にんしき》し把握《はあく》するということが必要だろうと思います。歴史家としての比較《ひかく》研究には、アイデンティティーと申しますか、「同《どう》」の部分の比較とともに、「異《い》」、ディファレンスの部分の比較も必要になる。このような複雑《ふくざつ》な次元《じげん》の比較を念頭《ねんとう》において近代化過程の研究をしようとしますと、ホール氏のとらえたようなニュートラルな、こういう現象《げんしょう》が起これぱこれを近代化とみなしていくというような問題のたて方だけでは、近代化の問題を十分にとらえられないと思うのです。

常識的に考えた場合に、日本近代化の基本的な問題は、一つは、なぜその近代化過程《かてい》が比較的スムーズに行われたか、第二番目は、それにもかかわらず、たとえば迅速《じんそく》な近代化はミリタリズムと結びつく等のさまざまな問題をひき起こしている。日本の近代化過程というものは西欧的《せいおうてき》な価値基準《かちきじゅん》からすれば、それとはちがうような型《かた》をとっている。その関係はいったいどうなっているのか。かりに、これは一つの独断《どくだん》になるかもしれませんが、近代化の速さを日本の近代化の「明《めい》」の部分とするならば、第二の部分は「暗《あん》」の部分になる。われわれが日本の近代化過程をとらえるときに、それぞれの部分を単独にとらえて一面的礼讃者《らいさんしゃ》になったり、あるいは一面的告発者《こくはつしゃ》になったりするのではなく、両者を統合《とうごう》的《てき》にとらえ、その構造関連《こうぞうかんれん》を明らかにするという姿勢が、一つの近代化過程をとらえる場合に必要だと思います。

こういうような視点にたって近代化過程をとらえようとするときに、私にとってひじょうに示唆的《しさてき》な議論は、ベンジャミン・シュウォルツというハーバード大学教授の見解でありまして、彼は、近代化の問題を理論的に明らかにするには、マックス・ヴェーバーの「目的合理性《もくてきごうりせい》(Zweckrationaliät)」という概念《がいねん》を導入《どうにゅう》する必要があると考えています。ここでいう合理性は、哲学や世界観の領域《りょういき》でいわれる合理主義とは何の関係もないのであって、それは結局行為《こうい》の次元《じげん》における合理性、すなわち、ある目的を実現するのに何がいちばん有効《ゆうこう》か、という観点《かんてん》にたって行為《こうい》するようなときの合理性を意味します。

このシュウォルツ氏のいおうとするところを敷衍《ふえん》すると、英米などにおいては、近代科学技術の発展は、民主的諸機《しょき》構《こう》、総《そう》じていえば近代民王国家の発展と分かちがたく結びついているが、ドイツの場合はナチズム、日本の場合はミリタリズムと結合した。われわれはふつう政治体制としては、近代民主国家のみを近代化の徴表《ちょうひょう》と考えがちですけれども、ドイツのナチズムも日本のミリタリズムも、それぞれの国における近代化過程の徴表である、ということになります。

　近代化過程に中性的にアプローチしていく姿勢を崩《くず》さないで、しかも価値《かち》的《てき》な問題を含《ふく》めた視《し》角《かく》がここには提起《ていき》されております。さらにシュウォルツ氏は、近代化というものは、文化・政治・社会構造などの諸領域《しょりょういき》における多くの可《か》能性《のうせい》において、「両義的《アンビヴァレント》」もしくは「多義的《マルティビヴァレント》」であるといっております。これは目的合理《もくてきごうり》性《せい》という考え方からでてくる論理《ろんり》的《てき》な帰《き》結《けつ》であろうと思いますが、たとえば工業化というものは、人類の経済的運命の向上という目的に一般的には奉仕《ほうし》するでしょうけれども、ときには国際的領域《こくさいてきりょういき》における闘《とう》争《そう》のための国力の増強《ぞうきょう》という目的に奉仕することもあると氏は指摘《してき》する。日本の富国強兵《ふこくきょうへい》政策《せいさく》なども、おそらくこのひじょうにいい例だろうと思うのです。

　私は、このシュウォルツ氏の、この目的合理《もくてきごうり》性《せい》を追求《ついきゅう》する近代化過程がもつアンビヴァレンス、——愛と憎《にく》しみとは、現象的《げんしょうてき》にはまったくちがったことのようにみえながら、じつは感情の根源《こんげん》においてはそれは一つのものとなる。それが表裏《ひょうり》になってでてくるというわけですが、このアンビヴァレンスという指摘《してき》は、じつにすぐれた見解であろうと考えます。相反《あいはん》する愛と憎しみという感情が究極的《きゅうきょくてき》には一つのものであるように、迅速《じんそく》な近代化過程とそれにともなう種々の問題とは、一見相容《いっけんあいい》れないもののように見えながら、じつはそれは一つの楯《たて》の両面《りょうめん》にすぎない。このシュウォルツ氏の考えにふれて、近代化過程の明・暗を構造的《こうぞうてき》にとらえたいという要求は、理論的にほぼ満たされたように思います。

このアンビヴァレンスという考え方は、巨視的《きょしてき》には近代化過程のどの局面《きょくめん》にもあてはまると考えてよいと思います。たとえば今日の工業化にともなう環境汚染《かんきょうおせん》の問題も、その一例であろうと思う。現代はこういう問題がとくに強くでてくるのですが、歴史的にみた場合、このアンビヴァレンスという考え方をひじょうに適用《てきよう》しやすい近代化の局面と、相対《そうたい》的《てき》に適用できにくい局面というものがあるように思う。近代化過程がナチズムやミリタリズムと結びついた近代のドイツや日本は前者の適例《てきれい》だし、近代化過程が民主的な国家体制の創出《そうしゅつ》に結びついた英米仏などの西欧先進諸国は後者の適例であろうと思います。

近代化の三つのパターン

こうした事実を考えると、近代化の型《かた》を考えることが便利ではないかと思う。大まかにいって近代化には三つの型があるように思われます。第一は、イギリス、アメリカ、フランス、オランダ等々の場合のように、それ自身のなかに近代化する力を内在《ないざい》して自主的な近代化過程を歩んだケース。第二は、ある程度高度の伝統をもちながら、それ自身の力によっては近代化を十分に推《お》しすすめることができず、第一の型の近代化過程と接触《せっしょく》することによって近代化への道を歩んだドイツ、イタリア、ソ連、日本、中国のようなケース。第三は、長い間文明の光を浴《あ》びず、隷属《れいぞく》の状態にあって、今次大戦後はじめて近代化過程に入ったA・A諸国のような場合です。

いろいろの近代化過程のなかには、このような三つの型《かた》にうまくはまり込まない場合もあるでしょうし、またドイツのように第二の型に属《ぞく》しながら、明治の日本にたいして近代西欧文明を伝える点において、第一の型の国々のような役割《やくわり》を果《はた》した国もある。こまかくいえばいろいろの問題があるでしょうけれども、アンビヴァレンス、愛憎並存《あいぞうへいぞん》という現《げん》象《しょう》をもっともひき起こしやすいのは、第二のタイプの近代化過程をとげた国々であることはいうまでもありません。そしてこの第二のタイプの近代化過程においては、「近代化と伝統」という問題が重要なテーマになってくる。

このタイプの近代化をとげた国々は、第一のタイプの国々と接触《せっしょく》する以前に長い近代化の前史をもっている。そこには潜在的《せんざいてき》な近代性と前近代性とが有機的《ゆうきてき》に絡《から》まり合いながら混在しています。そこには多くのすぐれたものがありながら、それ自身の力だけによっては近代化することができない。第一のタイプの近代化の触発が必要なのです。だが、この触発によって近代化の歩みが始まったときに、第一のタイプの歩みをそのまま模倣追従継承していくのではなく、そこにはその近代化の歩みをポジティヴに、あるいはネガティヴに規制《きせい》する伝統の力というものがあると思う。

この第二の型に属《ぞく》する非西欧諸国《ひせいおうしょこく》においては、近代化は西欧化ではないということがもっとも顕著《けんちょ》にいえると思う。たとえば科学技術とその運営の問題について考えてみると、科学技術そのものに関しては、近代化はまさに西欧化であったけれども、この普遍性《ふへんせい》をもつ科学技術が生かされる工場や会社の運営の仕方《しかた》という点では、たとえば日本の場合は、能力に応《おう》じて転々《てんてん》と工場や会社を移る西欧社会の場合とちがって、封建的忠誠心《ほうけんてきちゆうせいしん》を新しい形で生かした終身雇用制《しゆうしんこようせい》のもとに、科学技術がもっとも能率的《のうりつてき》に生かされてきたということになります。そのほかいろんなケースがありますけれども、それは省略《しょうりゃく》いたします。

さて、こうした第二の型の近代化過程に属《ぞく》する国々には、十九世紀に第一の型の近代化をなしとげた国々、ならびにその担《にな》う文明の挑戦《ちょうせん》への応戦《おうせん》にいちおう成功して、国家統一をなしとげた国々、ドイツとかイタリアのような場合（A）、それから十九世紀の応戦には失敗《しっぱい》したけれども、二十世紀になってさらに巻《ま》き返《かえ》して、革命《かくめい》を通じて根本的な旧体制の変革《へんかく》をなしとげ、第一ならびに第二のA型の近代化過程の挑戦への応戦に成功したソ連とか中国とか、事情は少し異《こと》なるけれども南北両朝鮮のような場合（B）のこの二つに分けることができる。

われわれは、従来近代化過程の比較《ひかく》研究をするときに、ともすれば英米等の第一の型の近代化過程との比較においてのみ日本の近代化過程について論ずることが多かった。それはある意味では日本人の向上心《こうじょうしん》と自負心《じふしん》の強さの一つの反映であろうと思います。しかし比較の仕方《しかた》としては、それだけでは十分ではない。比較はみずからを知る最良《さいりょう》の方法だとするならば、第一の型の近代化過程との比較だけでなく、第二、第三の型の近代化過程との比較もそれに劣《おと》らず必要だと思います。そしてそれは近代日本の、西欧文明《せいおうぶんめい》へのみ志向《しこう》し、他の文明の存在を忘れ、または無視してきたことへの反省に資するところが大きいと思われます。そして私はとくに第二の型の近代化過程との比較が、日本の近代化過程の特色を明らかにするのに有効《ゆうこう》だろうと思うわけです。もっとも共通性《きょうつうせい》をもつものとの差異《さい》を明らかにすることを通じて、日本の近代化過程の特色がきめ細《こま》かく明らかになるのではないかと思います。たとえばこの第二の近代化過程の共通点はナショナリズムということでしょうが、AとBの差異をひき起こしたものは何であったのか、あるいは同じAグループの日本とドイツのファシズムの差異は何であったか等々、われわれの主題《しゅだい》に即《そく》して考えると、同じくナショナリズムの感情に燃え、同じ儒教文化圏《じゆきようぶんかけん》に属《ぞく》していながら、中国・朝鮮・日本の近代化の歩みを異《こと》ならしめたものは何であったかということを究明《きゆうめい》することは、日本の近代化過程の特色を明らかにするための一つの重要な手続《てつづき》ではなかろうかと思います。

近代化と儒教《じゆきよう》文化

中国も朝鮮も日本も、近代西欧文明《せいおうぶんめい》を受容《じゆよう》する以前においてかなり高度の文化をもった国であった。中国は、宋《そう》・元《げん》・明《みん》・清《しん》、朝鮮は李王朝《りおうちよう》、日本は徳川幕府下の長い近代化の先史をもっている。いずれも統一国家であり、行政組織《ぎようせいそしき》もかなり完備しておりました。経済の発展も、農業経済だけでなく商業資本の発展段階にまでいたっていた。そしていずれもそこにおける政府は、主たる教学《きようがく》として儒教を採用していた。いちおう等《ひと》しく儒教文化圏といってよいだろうと思う。ところで、儒教を生みだした中国はもちろん朝鮮も、儒教文化に関してははるかに日本の先進国でありました。ところがなぜ十七世紀当時、知的後《ちてきこう》進国《しんこく》であった日本が、十九世紀後半においては極東《きよくとう》世界における知的先進国になったのでしょうか。

この問題を考えるのに、儒学《じゆがく》のことだけから結論をひきだすのはおそらくまちがいでありましょう。それぞれの国の政治事情はどうであったのか、そこにおける行政組織はどうなっていたのか、経済の発展の度合《どあ》い、またその組織はどうなっていたか、中央と地方との関係、政治経済、文化等の関係はどうなっていたのか、社会構造の差異《さい》はどこにあったのか、教育の普及《ふきゆう》の違いはどうであったのか、それぞれの社会の指導階級《しどうかいきゆう》の差異というものはどこにあったのか、たとえば中国の読書人階級《どくしよじんかいきゆう》、士大夫《したいふ》、朝鮮の両班《ヤンバン》、あるいは日本の武士《ぶし》階級《かいきゆう》、そうしたものの果《はた》した役割《やくわり》の違いはどこにあったのか、あるいは民衆の社会的地位、文化の高さはどうだったか、こうしたことと関連《かんれん》させながら、これら三国における儒学《じゆがく》の内容と、その果《はた》した役割の比《ひ》較検討《かくけんとう》が必要であろうと思います。それらの何が近代化への歩みを促進《そくしん》し、また何が近代化への歩みを遅《おく》らせ、あるいは歪曲《わいきよく》させたのか、両面の構造関連はどうなっていたのか、こういうことが問題になるだろうと思います。

最後のいくつかの設問《せつもん》のうち、儒学《じゆがく》が近代化への歩みを促進したということについては異論があるかもしれません。第一に成立する反論は、日本の近代化の成功は、近代化の離《り》陸《りく》の時期の指導者の儒教的教養の欠如《けつじよ》にもとづくというものであります。たとえばすでに明治時代に福沢諭吉《ふくざわゆきち》は、日本の明治維新《いしん》が成功したのは、維新の指導者が無学だったからだという、きわめてアイロニカルな発言をしております。

近世社会において日本が封建制《ほうけんせい》を採用し、世襲制《せしゅうせい》をとって、中国や朝鮮のように官吏《かんり》登《とう》用《よう》のために科挙制《かきょせい》を採用しなかったことは、人材を得るうえにおいてマイナスであったことは否定《ひてい》できません。これはすでに十八世紀に日本に来た朝鮮通信使の一人であった申維翰《しんいかん》などもいっていることです。ところで、十九世紀になって、西欧文明に接触《せっしょく》することになったとき、科挙《かきょ》の試験に合格し、儒教の教養によって磨《みが》きぬかれた清朝《しんちょう》ならびに朝鮮の読書人階級は、その儒教《じゅきょう》の教養がかえって西欧文明の受容《じゅよう》を妨《さまた》げたという事実がたしかにある。日本の幕末・維新期の武士たちの儒教的教養は、清朝《しんちょう》読書人階級のそれに比べてひじょうに劣《おと》っていた。そのためにかえって彼らは儒教の教養にこだわらないで、西洋文明の受容を積極的に行うことができた。こうした事実を考えると、福沢の議論はいちおうは成立すると思います。しかしながら、彼らの儒教的教養の貧弱《ひんじゃく》さは、清朝知識人のそれに比べた相対的《そうたいてき》貧弱さであって、幕末・維新期の武士たち、たとえば佐久間象山《さくましょうざん》とか、横井小楠《よこいしょうなん》とか、あるいは吉田松陰《よしだしょういん》、橋本左内《はしもとさない》、そうした人々を考えると、その人々が無学であったとはいえないだろうと思う。彼らは今日のわれわれよりもはるかに儒教的な教養があった。また彼らよりも儒教的教養において劣《おと》る次の世代の明治の政治家、たとえば伊藤博文《いとうひろぶみ》などでさえも、いちおうおかしくない漢詩や漢文を書く能力があった。だとすれば、問題は有学《ゆうがく》・無学《むがく》の差異《さい》ではなくて、私は彼らのいだいた儒学内容の差異であるというふうに考えます。そこでこの問題を実学ということを中心として考えていきたいと思う。

それから第二番目の反論ですが、これは儒学が近世日本を代表する思想や学問ではないという反論です。このことについて少し考えてみたいと思う。

江戸時代の思想や学問の世界は、なにも儒学によって独占されていたわけではありません。仏教もまだかなりの力がある。国学《こくがく》はとくに江戸の中期以後はかなりの勢力をもち、とくに地方豪農層《ごうのうそう》にたいする浸透《しんとう》はめざましいものがあり、これを無視《むし》して江戸思想を語るわけにはいかない。このほかに日本の近代化を問題にするならば、洋学の受容こそ明治以後の発展の原動力ではないか。儒教《じゅきょう》は単に封建的《ほうけんてき》な教学《きょうがく》として洋学の発展を阻止《そし》する役《やく》割《わり》しか果さなかったのではないか、こうした反論があるわけです。

私はこうした反論がかなりの正当性《せいとうせい》をもっていることを認めます。仏教は、たとえ幕府の宗教政策によって伝道《でんどう》の自由を奪《うば》われ、幕府の戸籍係《こせきがかり》の末端《まったん》のような役割を果して、その宗教的エネルギーを次第に弱くしたとはいっても、社会的勢力としては儒教以上であった。僧侶《そうりょ》としても、沢庵《たくあん》、盤珪《ばんけい》、白隠《はくいん》のような高僧、鈴木正三《すずきしょうさん》のようなすぐれた居士《こじ》がこの時代に生まれ、庶民《しょみん》のなかには多くの妙好人《みょうこうにん》が生まれてきている。近世前期の町衆《まちしゅう》たちは、多くは日蓮宗《にちれんしゅう》の信者であった。日本の近代化との関連でいうならば、西欧近代におけるカルヴィニズムほどの影響《えいきょう》はもたなかったとはいえ、仏教諸派のうち、禅宗《ぜんしゅう》・真宗《しんしゅう》の二者はたしかに、日本近世における資本主義的精神の形成に影響するところがあったと思う。こういう点を考えると、仏教のほうこそ重視すべきじゃないかという反論もでてきます。しかし儒教ぬきに近世の仏教は考えられないと思う。たとえば盤珪《ばんけい》の「不生《ふしょう》の仏心《ぶっしん》」という考え方は、朱子学《しゅしがく》の「明徳《めいとく》」という概念《がいねん》なしには成立しなかった。あるいは日本の日蓮宗のなかでもユニークな位置を占《し》める不受不施派《ふじゅふせは》の始祖日奥《しそにちおう》の「宗義制法論」というものを見ますと、儒教を学ぶということは仏教教義を学ぶための前提条件《ぜんていじょうけん》であるとしている。おそらく儒教《じゅきょう》との交流ということ、これは慈雲尊者《じうんそんじゃ》によるサンスクリット研究と何らかのつながりをその底にもっているだろうと想像《そうぞう》できる。この儒教と仏教の関係については、また別の機会に考えてみたいと思う。

国学《こくがく》の問題についても、近世後期においてそれがひじょうに大きな役割《やくわり》を果《はた》したということは否定《ひてい》できないけれども、学問の研究方法において、儒学《じゅがく》、とくに古学《こがく》の影響《えいきょう》をうけて国学ははじめて成立したということがいえるわけです。さらにまた「利用厚生《りようこうせい》」というような観点《かんてん》の実学を考えるならば、ひじょうに狂信的《きょうしんてき》な国学と考えられている平田派《ひらたは》の人々も、こうした利用厚生の実学を修《おさ》める、そして民衆の生活向上に寄与《きよ》しているということがある。

洋学《ようがく》がひじょうに大きな役割を果したということは否定できない事実でありますけれど

も、洋学も、日本の場合、朱子学《しゆしがく》の格物窮理《かくぶつきゆうり》の考えにもとづいて、朱子学を経験合理主義《けいけんごうりしゆぎ》という観点から理解したある朱子学者たち、その影響をうけつつそれを否定超克《ひていちようこく》した古学者《こがくしや》たち、古学成立後、朱子学にも古学にも批判的《ひはんてき》態度をとって、易《えき》の自然哲学を再解釈《さいかいしやく》した儒教的な自然哲学者たち、そういうものを媒介《ばいかい》としながら洋学は入ってきたということであって、いきなり洋学が近世社会に入ってきたということではない。そうすると、近世の思想的な動力というものは、やはり儒学にあったということがいえるだろうと思う。

儒学《じゆがく》は近世思想の起動力《きどうりよく》になり、そしてその考え方が他の学問や思想にも、ある場合には直接的に、ある場合には表面的な反撥《はんぱつ》を通して間接的《かんせつてき》に影響《えいきよう》を与え、そしてそれらのなかに浸透《しんとう》し、また洋学の場合には、その受容《じゆよう》をきわめて滑《なめ》らかにしたというのが歴史的事実だと思います。だとすれば、儒学を中心として実学思想の研究をすることは、あながち見当《けんとう》はずれのことではなかろうと思います。そしてそれは近世東アジアの儒教文化圏の比較近代化論への可能性《かのうせい》も提供《ていきよう》するであろうと思います。

しかし、私がここで問題にする日本の実学は、儒教《じゆきよう》だけに限定《げんてい》されるものではない。洋学のなかにも、一部は国学のなかにも、実学という考え方は生きている。沢庵《たくあん》のような僧侶《そうりよ》の場合、仏教のなかにさえもこうした考え方は生きている。あるいは儒学《じゆがく》・神道《しんとう》・仏教《ぶつきよう》・老荘思想《ろうそうしそう》のいわばシンクレティズムといわれる石門心学《せきもんしんがく》のなかにも、実学という考え方は生きている。ここに見られるように儒学を中核《ちゅうかく》としながら他の近世の思想や学問のなかにも貫《つらぬ》いて存在し、そして明治以後は主として西洋的学問のなかに生きていた実学というものの性格、その意味内容の変遷《へんせん》、その果《は》した役割《やくわり》、またそれぞれの実学思想を担《にな》った人々の行動の解明《かいめい》を通じて、日本の近代化の実態《じったい》、またそこにおける問題点を明らかにしてみたいと思うのです。これが私の実学思想の研究の目的です。この実学思想の研究を通じて、日本の近代化のアンビヴァレンスというものを解明してみたいと思うのです。

「実学」概念《がいねん》の変遷《へんせん》

前おきが長くなりましたけれども、そういう前おきのもとに、実学が具体的にどういうふうに進んでいったかをみていきたい。すると、実学とはいったい何なのかということが次の問題になってくる。

今日、日本で「実学」というと、実証性《じっしょうせい》と合理性《ごうりせい》に裏づけられて、われわれの実際生活の役にたつ学問、こういうような意味にいちおう定着したといえます。今日の実学概念の理解については、島田先生が「我が国では、例えば明治知識人の実学志向《しこう》、などというふうにこの言葉が用いられ、哲学的学問に対して実証的学問、人文科学的な学問に対して自然科学的、技術学的、あるいは法制経済的な学問、を指すように一般に受けとられている」と「中国古典選」の『大学・中庸《ちゅうよう》』のなかで指摘《してき》しておられます。

　ところで、こうした実学概念がいつごろ定着したのかということになると、私はほぼ明治のはじめだろうと思います。明治初頭の啓蒙《けいもう》思想家、津田真道《つだまみち》は、「之《これ》ヲ実物《じつぶつ》ニ徴《ちょう》シ実《じつ》象《しょう》ニ質《ただ》シテ専《もっぱ》ラ確実《かくじつ》ノ理《り》ヲ説《と》ク近今《きんこん》西洋ノ天文格物《かくぶつ》化学医学経済学希哲学《きてつがく》ノ如《ごと》キハ実学ナリ」、といっている。この定義では、実学の内容として、「希哲学」と書いているのは哲学のことですが、それが含《ふく》められていて、この点島田先生の考えとはちがいますけれども、このとき津田が哲学という言葉で考えたのは、コントの実証《じつしょう》哲学であって、彼の考えていた実学の内容というものは、すでに今日とほとんどちがわないものになっております。

　ところで、実学という概念《がいねん》の意味がつねにそうであったかと申しますと、必ずしもそうではなかった。中国の場合のことについてはあとでふれることにしまして、たとえば中江《なかえ》藤樹《とうじゅ》「明徳親民之実学《めいとくしんみんのじつがく》」と語る場合には、いま述べたような意味ではもちろんありません。あるいはまた幕末《ばくまつ》に、吉田松陰《よしだしょういん》が「人の師《し》となるを好《この》まずして、己《おの》れの為《ため》にする実学」と語っているときの実学もそうであります。この二つの用例はほとんど同じ意味の用法のようです。人間的真実追究の学問、あるいは道徳的実践の学問、こういうような意味の実学であろうと思います。幕末になりますと、後期水戸《みと》学《がく》のなかに、学問と政治的な実践《じっせん》とを統合《とうごう》するような考え方がでております。道徳的な実践、政治的な実践、こういう違いがありますが、いずれにしても実践的な学問という性格がこの場合強くみられます。

こうした実学概念《がいねん》とまったく性格を異《こと》にする用法が荻生徂徠《おぎゅうそらい》のなかにみられます。それは「俗学者《ぞくがくしゃ》は、綱目《かうもく》にては道理《だうり》よく分《わか》れ候《さうらふ》と思ひ候《さうら》へ共《ども》、夫《それ》は実学と申物《まうすもの》にては無御座《ござなく》候。……其上綱目《そのうへかうもく》の議論《ぎろん》は、印判《いんばん》にて押《おし》たるごとく、格定《かくさだ》まり道理《だうり》一定《いってい》しておしかた極《き》まり申《まうし》候。天地《てんち》も活物《くわつぶつ》に候。人も活物に候を、縄《なは》にてからげたるごとく見《み》候は、誠《まこと》に無用《むよう》の学問にて、只《ただ》人の利口《りこう》を長じ候迄《まで》に御座候故、事実計《ばかり》の資治通鑑《しぢつがん》はるかに勝《まさ》り申候」、こういう用例がある。ここで「綱目」というのは朱子の著《ちょ》『資治通鑑綱目』、それから『資治通鑑』は司馬光《しばこう》（一〇一九―八六）の著ですが、この用例を見ると、前の二つの用例とちがって、実証的《じっしょうてき》な立場をとる学問こそ実学であって、しかも実証的な学問こそ有用性《ゆうようせい》をもつという考え方です。ここにはまだ合理性《ごうりせい》を実学の属性《ぞくせい》とする考え方はでておりませんが、実証的という性格がでている点で明治以後の実学に近い側面《そくめん》があります。ひじょうに不思《ふし》議《ぎ》なのは、丸山真男《まるやままさお》さんは、徂徠《そらい》の専門家《せんもんか》であるのに、この側面を見落としておられることです。実学というと、江戸時代を通じて倫理《りんり》を中核《ちゅうかく》とする実学である、それが明治になって福沢《ふくざわ》によって物理を中核とする実学に変わったといっておられます。たしかに徂徠の場合に物理を中核とするなんてことは全然《ぜんぜん》ありません。しかし倫理を中核とする実学ではなかったということは、はっきりいえると思います。ここが的確《てきかく》に押さえられないと、江戸後期の思想史の理解がひじょうに困難になる。徂徠以後は、倫理を中核とする実学と、そうでない実証的実学とが併存《へいぞん》しているのです。

　近世における「実学」という言葉の用例を検討《けんとう》してみると、その内容はあまりにも多様《たよう》です。この多様な概念《がいねん》の背後《はいご》には思想や価値観《かちかん》の差異《さい》があることはもちろんです。そこで実学の研究にあたってわれわれがまず明らかにせねばならないのは、実学概念の多様な意味を明らかにすること、二つ目に、多様な意味を含《ふく》み、ある意味ではあいまいな、輪郭《りんかく》の不明瞭《ふめいりょう》な言葉であるにもかかわらず、それが実学という言葉で統一的《とういってき》に表現されるかぎり、多義的な意味のなかに一貫《いっかん》し共通する何ものかがなければならないと想定《そうてい》されます。それを明らかにすること、三番目に、実学概念の多様さは、同時代における多様さであるとともに、時代の変遷《へんせん》にともなう多様さでもある。われわれは実学概念《じつがくがいねん》の多様さの背景にある思想や学問の差異《さい》、価値観《かちかん》の差異、社会や世界、人生にたいする態度の差異、あるいはそのことを可能《かのう》にし、場合によっては、そのことによってもたらされる社会構造《しゃかいこうぞう》の差異にも注目せねばならないと思う。四番目に、そうした多様な思想・学問・思惟様式《しいようしき》・価値観・世界観・人生観を担《にな》う人間、それを支《ささ》える集団、場合によっては社会階層《しゃかいかいそう》等々にも注目せねばならない。五番目に、これらの多様な学問や思想が同時代に、あるいは長い時間の経《けい》過《か》のうちに、みずからを実学と称して存在するときに、それがどのような関係にあるのかということが解明《かいめい》されなければなりません。

実学とは何かという問いに答えるためには、最低、以上のことが明らかにされなければならないだろうと思います。実学といえば、実際生活に有用な学問、などと最初単純《たんじゅん》に考えておりましたが、いろいろ歴史的な用例を調べてみると、事態《じたい》は相当複雑《そうとうふくざつ》であるということがだんだんわかってきた。

実学という概念《がいねん》を少し整理《せいり》しますと、今日の実証性《じっしょうせい》と合理性《ごうりせい》に裏《うら》づけられた実際生活、現実生活に有用《ゆうよう》な学問という意味のほかに、人間的真実追究《しんじつついきゅう》の学問、道徳的実践《じっせん》の学問、政治的実践を旨《むね》とする実用的な学問、実理《じつり》に裏づけられた実用的な経世済民《けいせいさいみん》の学問等々、多種多様《たしゅたよう》の意味が含まれております。

しかし、それは雑多《ざった》な概念《がいねん》の集合かというと、そうでもありません。一見《いっけん》雑多にみえるこれらの概念を貫《つらぬ》く一本の糸があります。私は、一見雑多にみえる種々の実学概念を貫く一本の糸は、実学にたいする虚学《きょがく》、偽学《ぎがく》という概念を対置《たいち》するとき、より根本的には実《じつ》にたいする虚《きょ》、偽《ぎ》という概念を対置するときにもっとも明らかになると考えます。すなわち実学の実は、虚なるもの、偽なるものにたいする実であり、real とか true という意味を内包《ないほう》しております。

すなわち、実学という概念の成立《せいりつ》を考えると、リアルなもの、内容のあるものが真実であるという考えが成立したときに、はじめて実学という概念が形成されたということがいえると思います。しかし残念ながらこれだけでは十分ではありません。西欧中世的リアリズム――これは哲学のほうでは実念論《じつねんろん》と訳しておりますが――において、神が実在《じつざい》とされ、同時に真実とされたように、たとえば仏教の場合でも、仏や彼岸《ひがん》が実在であり、同時に真実であり、われわれ人間や此岸《しがん》の生活は虚《きよ》なるもの、空《くう》なるもの、幻《まぼろし》である、こういうふうに考えます。こうした形のリアリズムが支配しているかぎり、実学というものは成立しません。たとえば親鸞《しんらん》の場合に「夫《そ》れ真実の教を顕《あらは》さば、則《すなは》ち大無量寿経《だいむりやうじゆきやう》是《これ》なり」という言葉が『教行信証《きようぎようしんしよう》』のなかにありますが、こうした用例が示しますように、実なるものは、まだこの段階においては教えではあっても、学にはなっておりません。宋《そう》の新儒学《しんじゆがく》成立《せいりつ》とともに、はじめて実は学と結びつく。ここには宗教的実在観《じつざいかん》から世俗的《せぞくてき》な実在観への転換《てんかん》がある。この実在観の転換ということを基礎にしてはじめて実学におけるリアルなものが真《しん》なるものであるという考え方が成立するのであろうと思います。

「実学」の成立

「実学」という言葉はだいたい程伊川《ていいせん》あたりから使われはじめたようですが、実学という言葉の用例でいちばん注目《ちゅうもく》されるのは、有名な朱子《しゅし》の『中庸章句《ちゅうようしょうく》』の序《じょ》ですね。

其《そ》の書は始めに一理《いちり》を言ひ、中ごろ散《さん》じて万事《ばんじ》となり、末《すゑ》に復《ふく》して一理となる。之《これ》を放《はな》てば則《すなは》ち六合に弥《わた》り、之を巻《ま》けば則ち密《みつ》に退蔵《たいざう》し、其の味《あぢ》はひ窮《きは》まり無し。皆実、学なり。

これは理《り》の問題をめぐって哲学の問題を展開《てんかい》しているわけですが、これだけではその考え方は明らかでありません。これを「大学章句序」のなかの朱子《しゅし》の考え方と同時につき合わせてみると、問題はひじょうにはっきりする。原文を省《はぶ》きますが、「大学章句序」のなかで朱子がいっているのは、漢《かん》の時代の訓詁註釈《くんこちゅうしゃく》を事とする儒学《じゅがく》を「無用」といって、仏教や老荘《ろうそう》のことを「無実」と規定《きてい》している。すなわち朱子のいう実学は、仏教、老荘というものを「寂滅《じゃくめつ》」の教えとして、これを実なきものとする立場にたって、自己の立場を実とする立場です。宗教的実在観《じつざいかん》から世俗的《せぞくてき》実在観への転換《てんかん》がそこにある。それは現実の世界を逃避《とうひ》したり、さらに積極的《せっきょくてき》に彼岸《ひがん》の世界を憧憬《しょうけい》する老荘や仏教とは一線を画《かく》する立場なのです。

しかし、これだけでは実学という考え方はまだ成立しません。漢唐《かんとう》の記誦詞章《きしょうししょう》の学も、それが儒教《じゅきょう》であるかぎり、世俗的実在観にたつ。しかしそれは無用のものとして批判《ひはん》され、実学とはされない。なぜなら、それは人倫《じんりん》の学としての儒教の課題《かだい》を果《はた》していないからであって、宗教的実在観から世俗的実在観への実在観の転換《てんかん》を基礎《きそ》として、世俗的人倫の学としての学の体系をつくったとき、朱子ははじめて自分の学問を「実学」という名前でよんだのです。朱子学は、現実の社会における人倫のあり方を、存在論を基礎にして、理論的・実践的《じっせんてき》に究明《きゅうめい》する学の体系であった。それは理論と実践とを区別する西洋の学問観とは基本的にちがっておりますが、だからといって、それは単《たん》なる教えではなく、あくまで学問でした。この朱子によって確立された学問観、さらには実学観に立脚《りっきゃく》して、理論よりも実践のほうを重んじて知行《ちこう》の合一《ごういつ》を説《と》く陽明学系統《ようめいがくけいとう》の人々をも含《ふく》めて、その後の儒者《じゅしゃ》たちは、自分の思想体系をやはり実学とよんでおります。その学問・思想の内容の点では異《こと》なるにもかかわらず、儒者たちの場合、ほとんどすべては現実世界の人倫を重んずるという点で一致《いっち》していたわけです。島田さんが、朱子のいう「実学」というものは「内容のある学問」というふうに規定《きてい》しておられるのは、こうした思想的文脈《ぶんみゃく》においてであろうと私は考えております。

さて、実学概念《がいねん》が右に述《の》べたような過程を経《へ》て成立した以上、そこには一つの大きな問題があります。実学はのちに実証的《じっしょうてき》な意味の実学へとその性格をだんだん変えていくけれども、実証的実学観の成立以前の段階においては、実学というときに、何が「実」であり、何が「虚《きょ》」であるのか、ということを判定《はんてい》する客観的《きゃっかんてき》な基準《きじゅん》というものは存《そん》しない。みずからの学問を実学と称《しょう》した儒学者たちは、現実世界の人倫《じんりん》のあり方を問うという共通の志《し》向《こう》をもっていたにもかかわらず、具体的に人倫の問題をどう考えるかということに関して、何の客観的基準《きじゅん》ももちませんでした。これは朱子、陸象山《りくしょうざん》（一一三九―九二）という相対《あいたい》立《りつ》する立場の思想家がそれぞれ自分の学問を実学とよび、あるいは朱子と対立する唯心論《ゆいしんろん》の思想体系をつくりあげた王陽明《おうようめい》（一四七二―一五二八）やその弟子の王竜渓《おうりゅうけい》（一四九八―一五八三）も、自分の学問を実学とよんでいることからもわかると思います。また日本でも、みずからの学問を実学と考えた林羅山《はやしらざん》の学問を、中江藤樹《なかえとうじゅ》は明徳親民《めいとくしんみん》の実学ではないと批判《ひはん》しております。

このように人間・道徳・学問についての考え方の違いによって、同じく人間的真実を追《つい》究《きゅう》しながら、陽明学者《ようめいがくしゃ》たちは朱子《しゅし》学《がく》を実学とはいわない。さらに復古《ふっこ》学《がく》の唱道者《しょうどうしゃ》たちは、朱子学も陽明学もともに実学とはいわない。歴史的慣用《かんよう》に従ってこれら新儒学を実学とよぶときは、山鹿素行《やまがそこう》の場合のように、それと区別するためにみずからの学問を聖学《せいがく》と誇称《こしょう》するようなケースがあります。いろんなケースがありますが、最後に明治以後になると、津田真道《つだまみち》が自己の奉ずる学問を実学というとき、老荘《ろうそう》・仏教だけでなくて、朱子学も陽明学もすべて儒教全体を虚学《きょがく》として批判するということになってきた。

このような例に見られるように、実学という概念《がいねん》の主張《しゅちょう》は、厳密《げんみつ》に知的《ちてき》な要求、純粋《じゅんすい》に認識論的《にんしきろんてき》な要求からでてきたものではなく、そこにおける認識は、あくまでもある行為《こうい》の遂行《すいこう》にかかわる認識です。したがって、何を実とするか、あるいはまた逆《ぎゃく》に何を虚《きょ》とし、偽《ぎ》とするかの判定《はんてい》の基準《きじゅん》は、その人の行動の目的に従って、あるいはめざす価値に応じて変わってくる。その人の立場に応じて変わるだけでなく、当然それは時代に応じても変化する。

そうしてみますと、実学はきわめて状況的《じょうきょうてき》な思考であります。約言《やくげん》しますならば、実学という言葉は、既存《きそん》の思想や価値観《かちかん》に不満《ふまん》が感じられはじめ、大なり小なり社会的価値の体系に動揺《どうよう》が起こったときに、既存の思想や価値観に反対して、新しい学問や思想を樹立《じゅりつ》しようとする側《がわ》の、学問という形でのその正当性《せいとうせい》の主張であるということがいえるわけです。そして実学思想の歴史は、現実の世俗《せぞく》生活の人間の真実のあり方を追究する学問という意味のものから出発しながら、価値的・実践的性格の強い実学から、実証的実学、さらには実証的・合理的な実学への歩みであったということができる。もちろん歴史的実学の歩みはそう簡単《かんたん》なものではありませんが、大きな流れとしてはそういうことがいえるだろうと思います。

しかしながら、実学という名前で学問の考え方をひっくくる場合に、そこには「有用《ゆうよう》性《せい》」という考え方が基調《きちょう》にあったと思います。その有用性の内容は、いろいろ局面によってちがいます。民衆自身の生活的な観点《かんてん》からする有用性という場合もあるし、治国平天下《ちこくへいてんか》という経世済民《けいせいさいみん》の観点《かんてん》から有用性が考えられる場合もあるが、とにかく有用性ということが実学の考え方を貫《つらぬ》く。

ところが、有用性の考え方は大きく二つに分かれます。一つは、日本でいえば、朱子《しゅし》学者や陽明《ようめい》学者はもちろん、古《こ》学者でも伊藤仁斎《いとうじんさい》のような人々の考えですが、有用性が自己《じこ》目的《もくてき》ではなくて、有用性とは、いわば人間的真実の本質的追求の自然的な結果として到来《とうらい》するものである、こういうふうに考えるわけです。人間のもつ内面性の真実がいちばん重要な問題で、その問題を追求していくならば、おのずから治国平天下の問題にもつながってくるという考え方です。

ところが江戸後期になると、有用性というものがそれ自体として目的にされるような考え方も成立してくる。とくに荻生徂徠《おぎゅうそらい》の一派、徂徠学派には強くでてきます。明治以後になると、実証的・合理的立場にたった近代的実学においては、実用性の直接的な追求は次《し》第《だい》に表面から姿を消しますが、しかしそこでは実証性・合理性の追求というものが徹底的《てっていてき》であれば、結果的には実用性がもっとも高いという暗黙《あんもく》の前提《ぜんてい》があるように思われる。そういう前提があって、さきほど引用した、島田先生のおっしゃったことは成立すると思います。自然科学のとくに応用的な方面の学問、あるいは法律、経済学、これを実学という。自然科学でも純粋理論《じゅんすいりろん》を追求する学問、あるいは大方《おおかた》の人文科学を実学とはいわない。こういうところに有用性というものが実学というものを考える場合の暗黙の前提になっているといちおういえると思います。

こうしてみると、「驚き」というものを学問の動機として、「観想《かんそう》（テオリア）」と「実《じつ》践《せん》（プラクシス）」とを峻別《しゅんべつ》し、観想《かんそう》に学問成立の根拠《こんきょ》を求めたアリストテレス以来の西洋の哲学的な学問観というものは、日本あるいは東洋の実学思想のなかにはなかったということがいえるだろうと思う。

そこでこの後、この問題にどうアプローチするかというと、一つは、中国・朝鮮の実学思想・実学運動と日本の実学思想とを比較《ひかく》していく、それが一つ。それから次の問題は、虚《きょ》と実《じつ》との関係をやはり念頭《ねんとう》において考えていきたい。虚の視点を含《ふく》めることによって実学の問題はじめて文化の問題への拡《ひろ》がりや深まりというものをもってくるのではないか、こういうふうに考えます。そうしたことを念頭におきながら具体的な問題に入っていきたいと思う。

まず、中国・朝鮮の実学ですが、これは私自身原典を読んで得たものではなく、いままでのいろんな方の研究を通じて、こういうことがいえるんじゃなかろうかということをまとめただけのことなんです。私としてはじつはこれを日本のことを明らかにする手がかりとしてとりあげていることをお断《こと》わりしておきます。

中国における実学思想の展開と特色

さて、中国の実学思想ですが、われわれに中国の実学思想の展開についての全体像を提《てい》供《きょう》してくれるような論文はあまりないのです。中国人の研究論文にもない。日本の方の研究論文にもなさそうですね。「実事求是《じつじきゅうぜ》」という『漢書《かんじょ》』以来のひじょうに長い伝統《でんとう》をもつ中国なのに、どうしてこういうことになったのか私は不思議《ふしぎ》で仕方《しかた》がない。考えられるおもな理由《りゆう》は、中国では「実学」ということはあまりにもあたりまえのことで、これをわざわざ研究対象とするのはばかばかしいことだ、研究するにあたらないという共通の前提《ぜんてい》が、暗々裡《あんあんり》に研究者の間にあるのではないかと思っております。

それでいろいろの研究によりながら、以下のように区分してみた。第一期は宋《そう》・明《みん》、第二期は明末《みんまつ》・清初《しんしょ》、第三期は清《しん》の大部分の時期、第四期は清末《しんまつ》。

第一期は、その内容として、私の言葉を使うならば、「人間的真実追求の実学」「道徳的実践《じっせん》の実学」と名づけた実学思想の開花《かいか》・展開《てんかい》の時期です。このタイプの実学は、今日のできあがった実学概念《がいねん》とはひじょうに異《こと》なっているので、今日の実学概念の基準《きじゅん》からするならば、実学の前史ともいうべき時期であろうと思う。しかしこのタイプの実学なしには今日のタイプの実学もありえなかったのであって、私は実学思想展開の重要な一つの時期と考え、これをも含《ふく》めて実学思想を考えていきたいと思う。

朱子《しゅし》によって提起《ていき》されてこの時期にでてきた実学、これは朱子学《しゅしがく》・陽明学《ようめいがく》・仁斎学《じんさいがく》などの差異はありますが、いずれにしても人間的真実の追究《ついきゅう》を核《かく》としながら、人間の社会生活に必要な実事《じつじ》における実用性、またそれを実現するための実践《じっせん》という諸契機《しょけいき》を包蔵《ほうぞう》しているといえると思う。

ところが明末《みんまつ》の儒学《じゅがく》は、次第《しだい》に儒教・道教《どうきょう》・仏教の枠《わく》を超《こ》えて実存的《じつぞんてき》・宗教的な性格を強くしていく。儒者のなかには、社会的な関心を失い、反社会的な行動をとる者が多くでてくる。明末の社会的な危機《きき》の責任は唯心論的《ゆいしんろんてき》な陽明学にあると考える者もでてくる。そういう朱子学の一派から「経世致用《けいせいちよう》の実学」ということが唱えられる。最初こういうことをいったのは、東林学派の人たちだった。これは顧憲成《こけんせい》（一五五〇―一六一二）とか高攀《こうはん》竜《りゅう》（一五六二―一六二六）という人ですが、こういう人々がやがて明末・清初のいわゆる実学者らしい代表的人物の登場を準備《じゅんび》したということになる。

　第二期の明末・清初の実学ですが、一番の代表者は、たとえば顧炎武《こえんぶ》（一六一三―八二）、黄宗羲《こうそうぎ》（一六一〇―九五）、王夫之《おうふし》（王船山　一六一九―九二）ですね。顧炎武の場合をまず紹介《しょうかい》しますと、梁啓超《りょうけいちょう》（一八七三―一九二九）によれば、顧炎武は独創《どくそう》を尊《とうと》ぶ、博《ひろ》く証拠《しょうこ》を集める、実践《じっせん》に役だたせる、いわゆる経世致用《けいせいちよう》です。そういう点が従来とひじょうにちがうわけです。こうして梁啓超は、明末のむつかしい八股文《はっこぶん》等の詩をつくった帖括派《ちょうかつは》とか、片方で極端《きょくたん》な形の心学《しんがく》、清談派《せいだんは》というものを批判《ひはん》することによって経世致用《けいせいちよう》の成立《せいりつ》に資し、学問的方法論の自覚があったという。

　黄宗羲《こうそうぎ》の場合には顧炎武《こえんぶ》のように経学《けいがく》だけではなくて、史学を経世致用《けいせいちよう》と結びつけて考えている。変動期は哲学だけで乗りきることはどうもむつかしい。それで歴史学というものが反省されてくる。日本の幕末《ばくまつ》でもそういうことはいえますね。吉田松陰《よしだしょういん》も、やはり経学だけではいけない、史学をやらなければいけないということをいっております。実践的《じっせんてき》課題《かだい》をもてば、やはり歴史学に大きな関心をよせてくる。黄宗羲《こうそうぎ》には『明儒学案《みんじゅがくあん》』等の経学の本もありますが、彼の歴史学への関心を基礎《きそ》にした経世論《けいせいろん》に『明夷待訪録《めいいたいほうろく》』がある。その一節を読んでびっくりしたのですが、横井小楠《よこいしょうなん》の『国是三論《こくぜさんろん》』でいっていることにひじょうに似《に》ている。残念ながら黄宗義《こうそうぎ》の影響《えいきょう》は日本にはひじょうにおそかったようですね。顧炎武《こえんぶ》もそうですが、明末・清初の学者は江戸時代の日本にほとんど影響を与えてない。

明の遺老《いろう》たちの経世致用《けいせいちよう》の学は、清朝《しんちょう》政府の成立後は新しい展開《てんかい》をみることはできなかった。しかし清末になると、変法派の人々には大きな影響を与えております。こうした明末・清初の人々が自分の学問を規定《きてい》するときに実学といったかどうかについては、私もまだ少し不安がある。しかし顧炎武の『日知録』の潘朱《はんしゅ》の書いた序文を見ると、実学という言葉が使われている。これなどを見ますと、経世致用の実学と名づけて差しつかえないだろうと思います。

ところで、こうした経世致用《けいせいちよう》の方面から実学が考えられてくる。他方、これと少し別な系統から顔元《がんげん》すなわち顔習斎《がんしゅうさい》（一六三五—一七〇四）というひじょうに独創的《どくそうてき》な思想家がでている。この人は清朝下《しんちょうか》ではほとんど理解されなかったのですが、中華民国《ちゅうかみんこく》になって、政治家の徐世昌《じょせいしょう》や思想家の梁啓超《りょうけいちょう》によって注目され、梁啓超によって「実践実用主義」という名前でよばれている。そしてその後、胡適《こてき》などにひじょうに影響を与えている。この人の考え方はデューイにひじょうに似ているところがありまして、本をどれだけ読んでもそれは仕方《しかた》がない、知識がもっと自分の日常生活の実践《じっせん》のなかに移されなければいけない、本のなかに埋《う》もれて一生を送り死んでいくような学者は、未亡人《みぼうじん》になって、亡《な》くなった主人のことをいつまでも考えて一生を過ごす女性とひじょうに似ている、というようなこともいっている。ひじょうにプラグマティックで、これはやはり実証的な学問がひじょうに盛んになった中国にしてはじめて、それにたいする反作用としてこういうタイプの人がでてきたのかなという感じもする。そうしたことから、とくに教育関係の面でこれをひじょうに重要視する考え方が、中華民国になってからでてくる。礼《れい》の問題がこの人の中心になっているようですが、礼の考え方とプラグマティックな思考とがどういうふうに結びつくのか、私自身まだ十分理解できないけれども、礼の考え方もひじょうに日常的な実践《じっせん》ということで、従来の中国の礼の考え方とはおそらくちがったものだろうと思います。

それからもう一つ明末・清初でだいじなことは、これは山井湧さんの言葉ですが、技術派とよばれる一派の人々がでてきます。ご承知《しょうち》のようにこの時期にマテオ・リッチ（利瑪竇）とか、パントハ（龐迪我）とか、ウルシス（熊三抜）、ロンゴバルディ（竜華民）、テレンツ（鄧玉函）、ディアス（陽瑪諾）、ロオ（羅雅谷）、アレニ（艾儒略）、アダム・シャール（湯若望）、こういうジェスイット派の宣教師《せんきょうし》たちが中国に続々《ぞくぞく》やってくる。そして天文・暦算《れきさん》・地理・測量・水利・農学等々を中国人に教える。この一派の学問はおそらく天主教《てんしゅきょう》系統《けいとう》ですから、天文学の場合でもやはり地動説《ちどうせつ》以前の学問でしょう。そういう点で制約《せいやく》はありますが、それなりに中国の学問にたいしてひじょうに影響《えいきょう》を与える。たとえば徐光啓《じょこうけい》（一五六二―一六三三）という政府の高官でありながら、しかもクリスチャンになって利瑪竇《マテオ・リッチ》と協力してユークリッドの『幾何学原本《きかがくげんぽん》』を翻訳《ほんやく》するとか、あるいは『泰西水法《たいせいすいほう》』を訳するとか、それから『農政全書』六十巻を独力で著《あらわ》す、あるいは『崇禎暦書《すうていれきしょ》』という暦書を編纂《へんさん》するというような人々もでてくる。こういう経世致用《けいせいちよう》というよりもある意味では利用厚生《りようこうせい》といったほうがいいようなタイプの実学がこの時期に生まれてくる。

ところが、清朝《しんちょう》になって雍正帝《ようせいてい》のときに、ジェスイットの宣教師《せんきょうし》たちは政治的な事情があって雍正帝を擁立《ようりつ》することに賛成しなかったので排斥《はいせき》される。ですから、宣教師たちが明末・清初にもっていた利用厚生《りようこうせい》の実学は、その発展の可能性《かのうせい》を奪《うば》われる。しかしそれにもかかわらず、王錫闡《おうしゃくせん》とか梅文鼎《ばいぶんてい》（一六三三―一七二一）とかいう人々がでてきて、西洋の天文学と同時に、片方では考証学《こうしょうがく》がひじょうに盛んになり、伝統的《でんとうてき》な暦算学《れきさんがく》を研究して、両者を結合するような暦書《れきしょ》をつくる。これは李朝《りちょう》下の朝鮮に「北学《ほくがく》」という名前で受け入れられ、これにひじょうに影響を与える。

第三期、清朝《しんちょう》の実学とかりに名づけます。経世致用《けいせいちよう》ということを断念《だんねん》することにおいて成立した清朝考証学を実学の系譜《けいふ》に入れるがどうかについては、私はためらいの気持があります。これについてはいろいろお考えをお聞きしたいと思います。しかしこのなかで戴《たい》震《しん》（一七二三—七七）については実学に入れていいのではないかと思う。戴震が実学ということをいっているかどうか、たとえば『孟子字義疏証《もうしじぎそしょう》』だけを見ると、実学という言葉を使っていない。彼の思想や学問研究の方法が伊藤仁斎《いとうじんさい》にひじょうによく似《に》ていることは、すでに吉川幸次郎《よしかわこうじろう》先生が指摘《してき》されている。どういう点が似ているかというと、朱子学解《しゅしがくかい》釈《しゃく》からまったく離れて、『孟子』を『孟子』に即して——仁斎の場合には『論語』が入りますが——厳密《げんみつ》に再解釈《さいかいしゃく》する。その解釈の基本的態度《たいど》は、「徴《ちょう》なければ信ぜず」、証拠《しょうこ》がなければ信じないというもので、実事求是《じつじきゅうぜ》という態度《たいど》を貫《つらぬ》く。そしてこれにもとづいて、ほかの考証学派《こうしょうがくは》の人とちがうのは、朱子学とはちがう哲学体系を構築《こうちく》したということです。

仁斎《じんさい》と戴震《たいしん》との思想内容の共通性というのは、人間の感覚によってとらえられる世界を実在《じつざい》として、超感覚的《ちょうかんかくてき》な理《り》の形而上学《けいじじょうがく》というものを否定したこと、宇宙《うちゅう》ならびに宇宙内の諸現象《しょげんしょう》を生生気化《せいせいきか》の気一元論《きいちげんろん》の立場にたって説明したこと、倫理《りんり》も人間の生《せい》の基底《きてい》にある情《じょう》や欲《よく》の洗練《せんれん》と考え、広義《こうぎ》の自然主義の倫理が主張されたこと、そして内的《ないてき》な自己の拡《かく》充《じゅう》の必要が説《と》かれたこと等々であります。この点、日本の思想史をやっている私としては、こういう思想がでてきたということはたいへん興味《きょうみ》がありまして、とくに経世《けいせい》の問題を考える場合に、「君子の天下を治《おさ》める仕方《しかた》は、人がそれぞれの情を得、それぞれの欲を遂《と》げて道義《どうぎ》に背《そむ》くことのないようにさせることにある」、こういう考え方を提起《ていき》して、人民の情と欲とをとらえることが政治のだいじな課題《かだい》だという。これはひじょうに重要なことだろうと思う。つまり『孟子字義疏証』という本は、梁啓超によると、「この書物は、けだし百余年間にわたって反響《はんきょう》を起こさなかった書物である」。もしそうなら、思想家としての戴震《たいしん》は、清朝下の中国においては孤立《こりつ》した人だといえると思います。情欲《じょうよく》の解放ということが重要な課題となった江戸の中期以後と、そうでなかった中国との違いというものが、ここからうかがえるだろうと思います。

それから清末《しんまつ》の問題に入りますが、これも実学という用語を使っていいのかどうかわかりませんが、いちおう洋務《ようむ》派《は》・変法派《へんぽうは》・排満派《はいまんは》という三者を考えることができる。この用語は小野川秀美さんの『清末政治思想研究』から借《か》りました。たとえば洋務派と日本の佐《さ》久間象山《くましょうざん》、それから康有為《こうゆうい》（一八五八—一九二七）、梁啓超という人たちの変法派と日本の横井小楠《よこいしょうなん》、それから章炳麟《しょうへいりん》（一八六八—一九三六）、譚嗣同《たんしどう》（一八六五—九八）あたりの排満派の人と吉田松陰《よしだしょういん》、こういう人たちの間には思想の構造上の共通性があると思われます。この辺比較《ひかく》の対象《たいしょう》とするとひじょうにおもしろい。ここで問題は、そういうような同じタイプの実学が、中国では日本よりもおくれて形成されたということです。このおくれとは、十九世紀から二十世紀にかけての厳《きび》しい国際関係というものを考えますと、それぞれ両国の近代化を考える場合重要な問題であると思います。

こうして中国における実学思想の展開《てんかい》のあとをふり返ってみると、中国の実学思想それ自体は思想内容として独創的《どくそうてき》なものがあり、ひじょうに独創的なすぐれた思想家もたくさんいるけれども、その展開過程を考えると、そこにはいくつかの問題がある。そのポイントを列挙《れっきょ》してみると、まず、明末・清初の経世致用《けいせいちよう》の実学のその後の発展の停滞《ていたい》、これはやはりひじょうに大きな問題です。それから清朝下での科学思想の発展の停滞、これも中国にとってひじょうにマイナスである。それから戴震《たいしん》の哲学思想の孤立《こりつ》、それから清末の改革思想の時間的なおくれ、それから、全体的に実学思想の展開がスローテンポである。

こういうことが中国にはなぜ起こったのが、わずかの知識しかもたないのに乱暴《らんぼう》なことをいってみますと、一つは、いうまでもありませんが、異民族《いみんぞく》によって統治《とうち》されたこと、このことによって明末・清初の経世致用《けいせいちよう》の実学の発展の芽《め》はつぶされ、また清末の改革思想の実現も困難をきわめた。またこれは偶然的《ぐうぜんてき》な事情によるものですが、清朝の雍正帝《ようせいてい》のときにジェスイットの宣教師団《せんきょうしだん》の布教《ふきょう》が禁ぜられたこと……。

ほかにもいろいろ原因はあるでしょう。その一つは中華思想《ちゅうかしそう》です。これがとくに清末における西洋の思想や文化の受容《じゅよう》を妨げたことはまちがいない。

それから次に「正統《せいとう》」としての地位を朱子学《しゅしがく》が占《し》める。朱子の在世当時は偽学《ぎがく》として批《ひ》判《はん》され、当時はひじょうに革新性《かくしんせい》をもった思想だったのですが、明《みん》・清《しん》になって、いわば正統の学問として教条化《きょうじょうか》された。それとともに朱子学は思想としての活力《かつりょく》を失っていったのではないかと思う。

四番目に科挙《かきょ》制度です。制度自体は広く人材を得《う》るためのすぐれた制度ですが、試験内容は、教条化された朱子学や古典の知識の程度をためすものとか、八股文《はっこぶん》その他の修辞上《しゅうじじょう》の訓練《くんれん》が主で、思考力・判断力等をためすものではなかった。

五番目は、中国民族の調和《ちょうわ》の重視《じゅうし》ということ。私は、このこと自体は中国民族のすぐれた点を示すものだと思いますが、しかしこれはその反面思想の徹底《てってい》さを失わせるマイナスの面もある。

六番目は、伝統文化の層《そう》の厚さ。このこと自体《じたい》も中国文化の大きなメリットですが、これを生かしきるには、大きな活力と創造力《そうぞうりょく》とが必要であろうと思います。顔元《がんげん》の、本のなかに埋《う》もれて死ぬ知識人への批判《ひはん》などを見ると、中国の知識人たちにとって伝統文化というものはあまりにも層《そう》が厚く、これを生かしきることはたいへんな重荷《おもに》であったと思う。

七番目に、伝統的な古典文化を通じての人文的な教養の重視《じゅうし》と科学技術の蔑視《べっし》ということ。「君子は器ならず」という専門的技術者蔑視の知的伝統をもつ中国では、実証的探究《たんきゅう》の卓越性《たくえつせい》というものも古典の世界に限られて、自然科学の世界にはなかなか及ばなかった。

この点も歴史のある面においてはひじょうにマイナス面をもってくる。

それから八番目、エリートの教養と民衆の教養との間にある種の隔絶《かくぜつ》があった。もちろん民衆には民衆なりの英知《えいち》があったのでしょうけれども、一握《ひとにぎ》りの知識人とそれ以外の人々との間の教養に隔絶があったことはまちがいないと思います。朝鮮の場合もそうです。日本の場合は民衆とエリートとの間に中国や朝鮮ほどの差はなかった。

以上の問題は中国の実学思想をおくらせはしたけれども、しかしそれは全面的なマイナスの要因ではないと私は思います。中国の近代化を困難にしたかもしれませんけれども、その困難を克服《こくふく》したときに、中国文化の創造性《そうぞうせい》を高める要因となりうる可能性《かのうせい》は十分にあるだろうと思います。

朝鮮における実学思想の展開と特色

次に朝鮮の場合について考えてみますと、さきほどちょっといいました申維翰《しんいかん》の『海游録《かいゆうろく》』というのがありますが、これは日本の儒学《じゅがく》についていろいろ批判している。批判の要点を列挙《れっきょ》すると、日本では科挙制《かきょせい》が採用されてなくて、すべて世襲制《せしゅうせい》であるために、民間人のなかで恨《うら》みをいだきながら世を去るものが多い。日本の性理学《せいりがく》は一つとして聞くべきものがない。けだし日本の政治と道徳、政教《せいきょう》と民風《みんぷう》は、兵、武士によるのでなければ仏教による。各藩《はん》には儒教の学校もなく、孔子廟《こうしびょう》の釈奠《せきてん》もない。また君や親を儒礼《じゅれい》でとむらう葬礼《そうれい》もない。日本の文化人たちはひじょうに賢《かしこ》くて、古事《こじ》を論ずるときは、その所見《しょけん》また的確《てきかく》であるけれども、詩や文章をつくらせるとまったく奇妙《きみょう》なものをつくる。結局これは才能がないのではなく、日本の風俗と政教とによる。こういうことをいっている。

日本の性理学にはたして一つもみるべきものがなかったかどうか、必ずしもそう思いません。しかし科挙制を採用しなかった日本では、儒者が士《し》大夫《たいふ》として官職につくことはなかったし、また実際の政治は多くは軍法を統治《とうち》に適用《てきよう》するものであり、また民衆の教化は仏教によるところが大きかったこともまちがいありません。また日本の儒者たちの漢文表現力は、おそらく一般的に、朝鮮の人に比《くら》べたら劣《おと》っていたことも否定《ひてい》できないだろうと思います。儒教的中国文化の浸透度《しんとうど》においても、江戸時代の中期にいたっても日本は朝鮮より低《ひく》かったでしょう。江戸初期においてはなおさらです。江戸初期の日本は、文化的には朝鮮の後進国《こうしんこく》であり、朝鮮からひじょうに多くのことを学んだ。これは阿部吉雄さんの『日本朱子学と朝鮮』という本に詳《くわ》しい。

一方、李朝《りちょう》朝鮮の儒学《じゅがく》がどのようなものであったかについては、われわれ日本人の研究者の書いたものを読んでも十分なものがない。戦前の高橋亨さんの研究、戦前戦後にわたる阿部吉雄さんの研究、戦後の渡部学さんの朝鮮教育史の研究というものがありますけれども、だいたい李《り》退渓《たいけい》（一五〇一―七〇）とか李《り》栗谷《りつこく》というような十六世紀の朱子《しゅし》学者《がくしゃ》を中心とした研究であって、その後の朝鮮の思想界についての研究はまだ日本側研究者によってはなされていない。最近、三浦国雄さんが朝鮮儒学の研究を始められたようですが、それに期待したいと思う。

ところで、実学の問題について朝鮮の研究者たちによって、最近たくさんの著書が著《あらわ》された。戦後すぐにでた本では、鄭鎮石《ていちんせき》、鄭聖哲《ていせいてつ》、金昌元《きんしようげん》共著の『朝鮮哲学史』、これは北朝鮮の方です。それから最近翻訳のでたのでは、千寛宇《せんかんう》の『韓国史《かんこくし》への新視点』、それから在日の朝鮮の方の論文では、姜在彦「朝鮮実学における北学思想」、朴宗根の「李朝後期の実学思想」、朴忠錫の「李朝後期における政治思想の展開――特に近世実学派の思惟方法を中心に――」、こういう著作ないし論文が日本で出版され、あるいは翻訳されています。十七世紀、十八世紀の李朝後期の実学や現在の朝鮮における実学研究の現状についても、われわれはだんだん多くを知ることができるようになってきました。そのほかひじょうに注目すべきことは、ヴェルクマイスターというドイツ人が『Die Elemente im politischen Denken des Yon'am PakChiwon』という本を書いて、朴趾源《ぼくしげん》（一七三七―一八〇五）についての研究をだしている。

こうした論文等を見ますと、朝鮮にも日本と同じように実学思想の展開があり、そして朝鮮における李朝《りちょう》後期の実学についての研究では、日本の江戸時代の実学思想についての研究よりも、質量《しつりょう》ともにすぐれていることがほぼ推察《すいさつ》できます。日本においては儒者《じゅしゃ》についての研究はひじょうにたくさんありますが、実学という観点《かんてん》からの研究は少ない。その原因として日本の場合、近代化をかなりの程度《ていど》達成して、近代化のもたらすマイナスの価値についても実感をもっている今日のわが国では、近世の実学をストレートに今日のわれわれの精神的な支えとなすわけにはいかない。それが一つの大きな原因ではないかと思います。私が「虚《きょ》」の問題を含《ふく》めて実学の問題を文化論の問題としてとりあげるのはこうした理由からであります。

以下、私は右に述《の》べたような朝鮮の研究者による研究成果にもとづいて、李朝後期の実学思想、並びに現在の朝鮮における実学研究の現状等について要点を列挙《れっきょ》してみたいと思います。

一番目、理気論《りきろん》が中心的な内容をなしていた十六世紀の経学者《けいがくしゃ》たちは、実学という用語を使っていたようですが、この時期の経学は今日の実学研究の対象からはずされておりす。朝鮮の場合は、実学概念《がいねん》というものと今日定着《ていちゃく》している実学というものを区別して、朱子学的《しゅしがくてき》な概念としての実学というものは実学の範疇《はんちゅう》に含《ふく》めないようです。朝鮮の場合、

「経世致用《けいせいちよう》」「利《り》用厚生《ようこうせい》」の二つが実学のカテゴリーとして用いられておりました。

これはこれで一つの見識《けんしき》だろうと思います。ただ、ここで私によくわからないのは、日本の儒者《じゅしゃ》の場合には、道徳的実践《じっせん》とか、あるいは人間的真実《しんじつ》の追究《ついきゅう》ということがおのずから社会思想として経世済民《けいせいさいみん》、利用厚生へとつながっていくタイプの実学が、とくにわが国の近世前期においてはひじょうに多い。それに反して朝鮮の場合は理気論《りきろん》に関心をもつ経学者たちは、哲学的な理気論の論争ばかりやっていて、社会的な問題にはあまり関心をもたなかったのではないか、それで歴史的に定着した実学観からすれば、道徳的実践、人間的真実追究のタイプの実学というものは、単に実学概念《がいねん》の問題として問題になるだけで、「実学」としては認めがたいというような考え方があるのかもしれません。

いずれにしても、朝鮮の初期の実学、とくに李退渓《りたいけい》の思想は、わが国の実学思想の観念《かんねん》で考えるならば、崎門学派《きもんがくは》（山崎闇斎《やまざきあんさい》、佐藤直方《さとうなおかた》）と、熊本実学派（第一期・大塚退野《おおつかたいや》、平《ひら》野《の》深淵《しんえん》、第二期・横井小楠《よこいしょうなん》、元田永孚《もとだながざね》、第三期・徳富蘇峰《とくとみそほう》）こういう人々に影響《えいきょう》を与えている。しかしその機能《きのう》の仕方《しかた》という点で崎門学派と第二期の熊本実学派の場合ではかなり違いがあります。

二番目に、十七・十八世紀の李朝《りちょう》後期の実学思想の先駆《せんく》的役割《てきやくわり》を果《はた》した十六世紀の思想家としては、「主気派」——気《き》の理《り》という立場にたつ人々で、その思想的指導者は李珥《りじ》

（栗谷）（一五三六—八四）であります。

それから十七・十八世紀の李朝後期の実学は、経世致用《けいせいちよう》学派と利用厚生《りようこうせい》学派の二者に分けられます。経世致用学派の代表的な人物は、柳馨遠《りゅうけいえん》（磻渓《はんけい》）（一六二二—七三）と李瀷《りよく》（星湖《せいこ》）（一六八一—一七六三）。利用厚生学派の代表的人物は、洪大容《こうたいよう》（湛軒）（一七三一—八三）、朴趾源（燕岩）らです。丁若鏞《ていじゃくよう》（茶山）（一七六二—一八三六）はいわばこの両方の考え方をアウフヘーベンしたひじょうにスケールの大きな思想家のようです。

こうした利用厚生学派、経世致用学派を眺《なが》めてみますと、朝鮮のある研究者は、これらの人々は「李朝朱子《りちょうしゅし》学派を思想内在的に批判《ひはん》するところまで至らなかった。かれらはむしろ、その名の示すとおり、李朝における家産官僚制的な儒教体制の矛盾《むじゅん》を批判するところに重点を置いていた。しかし、そこには同時に、その体制批判の過程において思わざる結果として、散発的《さんぱってき》ではあるが、朱子学の核心的な諸範疇《しょはんちゅう》を読みかえていったのである」という。

ところで、経世致用学派というのは、政治・社会・経済に関する諸問題を政策論的観点《せいさくろんてきかんてん》から総体的に解決しようとする立場で、この学派の現実的な中心的な問題は、土地制度と科挙《かきょ》制度批判の二つであります。

土地問題は、秀吉《ひでよし》の朝鮮出兵の後、後金や清朝が北朝鮮のほうを支配しましたが、そのことによって土地の境界が乱れて、結局一部の人々の大土地領有化が生じて、階層分解《かいそうぶんかい》がひどくなる。それがひじょうに重大な問題になります。そこで均田法《きんでんほう》とか限田法《げんでんほう》、あるいは治田法《ちでんほう》その他で土地問題を解決する努力をするわけですが、厳《きび》しい理想主義的政策から次第《しだい》に現実主義的なものへいくという政策の変貌《へんぼう》が見られる。日本の場合でも土地問題それ自体はひじょうに大きな問題だったわけですが、朝鮮とちがって日本の場合、土地の自由な売買を法的に禁じていたので、日本の近世の経世論《けいせいろん》では朝鮮ほど深刻な問題になってはいない。もちろん潜在的《せんざいてき》にはひじょうに重要な問題です。

この柳磻渓《りゅうはんけい》、李星湖《りせいこ》の二人は、土地問題を農本主義《のうほんしゅぎ》の観点《かんてん》から兵農一致《へいのういっち》という立場にたって解決しようとする。この辺、熊沢蕃山《くまざわばんざん》とひじょうに似《に》ている。それから制度の改革《かいかく》を考えますと、どうしても人の問題がある。科挙制は、朝鮮の場合にはアイディアとしてはいいけれども、具体的にはかえって人材を抑《おさ》えることになってしまう。そこで貢挙制《こうきょせい》というようなことを考える。また統治主体《とうちしゅたい》の知的能力《ちてきのうりょく》を問題にするとか、いろいろ考えられてくる。

ところで、この経世致用学派《けいせいちようがくは》の人々の考え方は、当時の支配的な両班《ヤンバン》階級の朱子学《しゅしがく》の現実問題にたいする態度とひじょうにちがう。これらの人々の考え方には、さきほどちょっとふれました明《みん》の遺老《いろう》の一人である顧炎武《こえんぶ》の思想がひじょうに強い影響を与えたようです。

この経世致用学派の人々は尊明攘夷《そんみんじょうい》といいます。攘夷というのは具体的には清《しん》を排《はい》するという内容ですが、滅《ほろ》ぼされた明《みん》と自己とを同一化して、清朝の文化を排撃《はいげき》する態度をこの人々はとっていたようです。

次に利用厚生学派《りようこうせいがくは》ですが、「利用厚生」というのは、『書経《しょきょう》』の正徳・利用・厚生のうちの利用厚生という、民衆の生活の向上の面に重点をおく学派で、その実現のために技術論的観点をとるところが、政策論的観点をとる経世致用学派とひじょうに異《こと》なっている。この学派の学問は、「北学」とよばれることから明らかなように、清朝《しんちょう》の学芸と深いつながりをもち、そこに吸収《きゅうしゅう》されている「西学」、西洋の学問とも深いかかわりをもっている。洪大容《こうたいよう》などは地動説《ちどうせつ》を唱《とな》えているといわれます。彼らは知的観点から清朝文化を賛美《さんび》したけれども、心情的《しんじょうてき》にそれと一体になるのではなくて、そこに実現された文化の高さを賛美し、それを通じて朝鮮の現実を批判《ひはん》するという態度をとる。そして商業の重要性を認識し、海外通商の必要性を説《と》く。この辺、江戸後期の日本の実学とひじょうに似《に》た考え方がでてきている。

さっきふれた、二つの実学をアウフヘーベンした丁若鏞《ていじゃくよう》という人は、土地問題に関しては治田《ちでん》ということをいっていますが、これは農民に土地を分配するという考え方です。生産能力に応じて分配するという生産性の観点から問題をとらえた。これは日本にない考え方です。
そこから科挙制《かきょせい》については、地方の末端《まったん》の選抜過程《せんばつかてい》で、民間人を官吏登用《かんりとうよう》の選抜人として選ぶという考え方をする。それから試験科目も経世済民《けいせいさいみん》に役にたつことを試験科目としている。朝鮮の歴史・文化を試験科目に採用することを提案し、それから民生の実用と輔《ほ》国《こく》に資《し》するための技術、軍事などの科目を採用すべきことを提案する。このように日本の幕末《ばくまつ》・維新《いしん》に実学を主張した人々とある共通性をもつような提案をしている。

それからこの科挙制改革案《かきょせいかいかくあん》に関連して、「中人《ちゅうじん》」にたいする差別、それから「庶孽《しょげつ》」（庶子）にたいする差別の撤廃《てっぱい》という考え方を主張している。中人というのは技術者です。朝鮮では技術者がひじょうに蔑視《べっし》されているのですが、こういう能力主義にたった考え方がでております。

こうして朝鮮の実学を概観《がいかん》すると、日本の実学との共通面が案外《あんがい》多いことに気づく。たとえば、近世前期の熊沢蕃山《くまざわばんざん》と共通する面がある。あるいは利用厚生学派《りようこうせいがくは》の所論《しょろん》には、江戸後期の実学者たちの発想ときわめて似《に》たところがある。丁若鏞《ていじゃくよう》の場合、哲学思想の面では仁斎《じんさい》・徂徠《そらい》の両者にまたがるような考え方もあるし、経世思想としては、場合によっては日本の実学の主張者よりもより組織的で尖鋭的《せんえいてき》な考え方もあります。

ただ、朝鮮がこういうすぐれた実学思想を形成しながらなぜ近代化におくれたかということは実学思想の内容の分析《ぶんせき》だけでは十分に解《と》けないと思う。問題は、その思想が朝鮮の社会や文化のなかでどのように機能《きのう》したかということ、それが問題だろうと思います。それらのすぐれた思想の機能を妨《さまた》げつづける数々の政治的・社会的・経済的・文化的な諸要《しょよう》因《いん》があっただろうと考えられます。

李朝《りちょう》朝鮮で、これらの実学がある程度社会のなかで用いられ、その機能を果《はた》したのは、北学《ほくがく》とよばれる利用厚生学派の場合だけのようです。そしてそれを可能《かのう》にしたものは、英《えい》祖《そ》、正祖《せいそ》という英邁《えいまい》な君主の理解とその庇護《ひご》です。正祖の死とともに一八〇一年に彼らの追放《ついほう》が始まり、丁若鏞《ていじゃくよう》がその思想を展開することができたのは、その流謫《るたく》の地においてでありました。

そうしたことがなぜ起こったかということを考えてみますと、まず、朝鮮の朱子《しゅし》学《がく》というのは、日本の朱子学よりずっと保守的な性格のものです。それが両班《ヤンバン》階級《かいきゅう》の手によって担《にな》われ、その一握《ひとにぎ》りの人々が朝鮮を政治的に支配したこと。

次に科挙制《かきょせい》。試験のやり方が次第《しだい》に社会的条件に恵《めぐ》まれない人々を排除《はいじょ》する結果になっていったこと。

三番目は事大意識《じだいいしき》ですね。中国と陸続きにある朝鮮では、政治的な意味でも文化的な意味でも、中国崇拝《すうはい》の意識がひじょうに強くなりがちです。とくに秀吉の朝鮮侵略《しんりゃく》のときに李朝朝鮮は明《みん》の世話になった、そういう恩義にこたえたいというすぐれた点も含《ふく》まれておりますけれども、他方ではあまりにも地理的に近いということのために、朝鮮独自《どくじ》の思想が根づき、形成されるということがひじょうに困難であった、という面もあるように思います。

それから党派の争い。いわゆる割拠主義《かっきょしゅぎ》。日本でも地方の割拠性はひじょうに強かった。水戸《みと》とか肥後《ひご》とか長州《ちょうしゅう》とか、そういうところはひじょうに割拠性が強くて、幕末《ばくまつ》・維新《いしん》にいろんな問題がでてきますけれども、一般的には日本では、思想の多元性《たげんせい》というものは政治上の対立にはあまりならなかった。むしろ思想の多元性がある程度の思想の自由を確保したともいえます。朝鮮の場合、学派の対立が地方割拠主義に結びついて、全国的コミュニケーションというものはなかなかできにくかったようです。

五番目は中人階級《ちゅうじんかいきゅう》、技術者がひじょうに軽蔑《けいべつ》された。こういうところでは利用厚生《りようこうせい》の実学というものが一つの社会的勢力となることはひじょうに困難である。そういうことで朝鮮の場合には哲学的な議論だけが強くて、実学が一般化するということはむつかしかったように思います。

日本における実学思想の展開と特色

　日本の場合を考えてみると、日本の実学は大まかにみてだいたい四つの時期に分けられると思う。一期は、藤原惺窩《ふじわらせいか》から荻生徂徠《おぎゅうそらい》まで、第二期は荻生徂徠から、だいたい後期水《み》戸《と》学《がく》の形成のころ、第三期は会沢正志斎《あいざわせいしさい》からはじまって橋本左内《はしもとさない》、幕末変動期。それから第四期は福沢諭吉《ふくざわゆきち》からはじまって、たくさんの人がいますが省略《しょうりゃく》します。けれども、最後に北村透谷《きたむらとうこく》をつけ加えたい。透谷が「実《じつ》」の文化にたいする「虚《きょ》」の意味、すなわち山路《やまじ》愛山《あいざん》が実世界における有用性というものを強調したのに対して、透谷は文化を考えていく場合に虚というものがひじょうに重要な原理であるということを主張したからです。もちろんその後の日本でも、実学の問題というのは引き続き日本の社会に生きていますが、思想として考えると、やはりその時期までと考えることができます。

　第一期の特徴《とくちょう》は、日本の朱子学《しゅしがく》の性格にあるように思います。朝鮮の場合、朱子のもっている先験的《せんけんてき》な合理《ごうり》主義《しゅぎ》、経験的《けいけんてき》な意味の合理主義よりアプリオリな側面《そくめん》、道徳的な性格、そういう面を強調するタイプの朱子学《しゅしがく》（主理派《しゅりは》）と、それから経験的な理の側面を重んずる（主気派《しゅきは》）、そういう二つの考え方があった。そして李退渓《りたいけい》らの主理学派とよばれる先験的合理主義の考え方が圧倒的《あっとうてき》に優勢《ゆうせい》であった。ところが日本の場合、二つの傾向《けいこう》の朱子学はほぼ相拮抗《あいきっこう》する勢力関係にあった。藤原惺窩《ふじわらせいか》、山崎闇斎《やまざきあんさい》、佐藤直方《さとうなおかた》、そして大塚退野《おおつかたいや》、平野深淵《ひらのしんえん》、あるいは横井小楠《よこいしょうなん》、それに石田梅巌《いしだばいがん》のような心学者《しんがくしゃ》も、大きくいえば先験的な理《り》の性格を重んずる一つの派といえる。林羅山《はやしらざん》の場合は両方につながる。それから山鹿《やまが》素《そ》行《こう》、伊藤仁斎《いとうじんさい》、荻生徂徠《おぎゅうそらい》などの古学者《こがくしゃ》、また貝原益軒《かいばらえきけん》や新井白石《あらいはくせき》などはどちらかといえば経験主義者でしょう。それから三浦梅園《みうらばいえん》、中井履軒《なかいりけん》、山片蟠桃《やまがたばんとう》、佐久間象山《さくましょうざん》は、むしろ経験的な理のほうの学問に近い。

　朝鮮の主理学派《しゅりがくは》は、社会的な機能《きのう》の点では、どちらかというと保守的な役割しかもたなかったのにたいして、日本の主理学派は、そういう面もありますが、たとえば藤原惺窩とか、幕末《ばくまつ》の横井小楠という人を考えてみると、理ということを拠点《きょてん》にして国際の平等を説《と》き、そして幕末では朱子学《しゅしがく》の理の考え方を拠点として西洋の自然法の思想を受容《じゅよう》するという面をもっており、主理派的な考えは日本ではやはり重要な役割《やくわり》を果《はた》した。それから片方では、経験的な理という考え方が朱子学ならびに古学、その後の古学とか朱子学にとらわれない江戸後期の思想にまたがる経験合理主義ともいうべき一つの系譜《けいふ》があり、それが近世日本における経験科学の成立に深い関わりをもっていたということは、日本の儒学《じゅがく》の一つの大きな特色といっていいと思います。

それからもう一つ、陽明学《ようめいがく》の影響《えいきょう》を受けた中江藤樹《なかえとうじゅ》、熊沢蕃山《くまざわばんざん》という人々のことを考えてみると、この人々を簡単《かんたん》に陽明学者ともいえませんが、陽明学の影響を受けたことはまちがいない。そのときに時《じ》・処《しょ》・位《い》という考え方が、この人々によって主張される。結局、中国の儒学をそのまま日本に応用するのではなく、時・処・位という日本の主体的な状況を顧慮《こりょ》した思想を考えなければならないという考え方がでてきております。この辺なにか大陸と地続きでなかったということがひじょうに大きな意味をもってくるように思います

〔**補注**　この時点の私は、理の観念の分化の問題を中心として第一期の実学思想について考察しているが、このタイプの実学の成立以前に、心学的実学、心法の学としての実学として捉《とら》えるべき実学の型が存在していたことを見落としていた。この問題については拙著『近世初期実学思想の研究』（創文社）、とくにその終考の「『心学』的実学」を参照されたい。したがって現在の私は日本の実学思想を五つの時期に区分して捉《とら》えている〕。

それから第二期の問題を考えてみると、荻生徂徠《おぎゅうそらい》という人の役割《やくわり》がひじょうに大きな意味をもってくると思います。さきほど申したように、実学という考え方のうえでの価値観《かちかん》から事実を事実としてとらえるということが実学の考え方のなかにでてくる。これは江戸後期の実証的《じっしょうてき》な考え方の形成のうえにひじょうに重要な意味をもってきます。その実証性の内容は、徂徠の場合は古典ということですが、あるいは自然の対象の場合もあるし、場

合によっては具体的な社会・経済・政治の問題も対象になる。とにかく事実に即《そく》して問題を考えるという考え方がでてくる。そこでまた重要なことは、江戸前期の場合は、人間の内面性にたいする関心というものが大きい。それが江戸後期になると、外面の世界が圧倒《あっとう》的《てき》に強い関心を集めてくる。そういう点の違いがある。こうした大きな流れのなかで、とくに政治思想としては徂徠《そらい》、太宰春台《だざいしゅんだい》、あるいは海保青陵《かいほせいりょう》、そういう徂徠学派の人々によって目的合理性的《もくてきごうりせいてき》な政治の考え方が提起《ていき》される。それからもう一つ、知的な世界では、実証的《じっしょうてき》な考え方、客観的な対象の捉《とら》え方が自然や古典、あるいは具体的な社会の現実の問題に意識される。

この時期の思想上の特色を考えると、だいじなことは、地方というものがひじょうに大きな意味をもってくることです。中央と地方の格差《かくさ》がひじょうに縮《ちぢ》まってくる。たとえば今日の大分県を見ると、三浦梅園《みうらばいえん》とか帆足万里《ほあしばんり》、広瀬淡窓《ひろせたんそう》と相次《あいつ》いですぐれた人々が輩《はい》出《しゅつ》して、地方の人々の学問的・思想的な水準は、当時の江戸や大阪、京都あたりの学者よりぬきんでている。全体として地方の学問水準がひじょうに上がってくる。ところが明治以後の日本は、もう一度中央集権的な考え方に変わってきて、中央優先《ゆうせん》になりますが、江戸後期においては、地方の学問水準はひじょうに高かった。これは江戸後期の思想的状《じょう》況《きょう》を考える場合にひじょうにだいじなことだと思う。

それからもう一つは、庶民《しょみん》の知識、学問の水準がこの時期にひじょうに高まっていく。これも江戸後期の大きな特色です。たとえば石田梅巌《ばいがん》とかその他の石門心学《せきもんしんがく》の人々もそれでしょうし、あるいは二宮尊徳《にのみやそんとく》のような人もそうです。また大坂の懐徳堂《かいとくどう》の学問を考えると、当時、相当高い水準に達していた。それが町人の世界でつくられた学問である。教育方面では庶民の教育水準はひじょうに高かった。この時期に将来の日本の国民文化の基盤《きばん》が形成されたのだと思います。

それから第三期、これは日本の政治の大きな変動過程《へんどうかてい》で実学が利用される時期です。とにかく実践《じっせん》との結びつきというものがひじょうに強い。すなわち儒学《じゅがく》と洋学《ようがく》とのつながりを考えて、儒教《じゅきょう》の基盤《きばん》のうえで西洋文明の受容《じゅよう》を考える。佐久間象山《さくましょうざん》の場合は、朱子学によって洋学を受け入れる。第二期の山片蟠桃《やまがたばんとう》もそうですが、こんなことは中国・朝鮮の場合になかった。その思想内容についてはもちろん大きな限界《げんかい》があるわけですが、そういう現象《げんしょう》が起こってくる。象山のように西洋のできあがった製品を買うということでなしに、自分でつくってみよう、大砲《たいほう》なり鉄砲《てっぽう》なりを自分でつくってみようという、そういう姿勢《しせい》を日本の洋務《ようむ》派《は》たちはとりはじめる。これは島津藩《しまづはん》の場合でもいえる。とにかく日本の場合ひじょうに大きな変動の時期に相次《あいつ》いでいろんなタイプの思想家がでてくる。それが結局明治以後、福沢諭吉《ふくざわゆきち》らの西洋的な背景の実学思想につながっていく。

このように日本の実学思想を考えると、ひじょうに短い時期にいろんな考え方がでてきたということに一つの特色があると思います。もちろん日本は中国・朝鮮でできた思想を最初に受容《じゅよう》したことによって、思想的な経済節約をやったということは大きな原因だと思いますが、たとえば朱子《しゅし》と戴震《たいしん》との時間の差を考えると五九三年ですね。日本の林羅山《はやしらざん》と伊藤仁斎《いとうじんさい》の年齢差《ねんれいさ》は四十四、それを考えて、しかも戴震と仁斎との関係を考えてみると、仁斎は戴震より九十六年早い。その点は、日本が文化受容国《じゅようこく》としての有利な地位を利用したということだけではとどまらない問題がある。まして戴震の『孟子字義疏証《もうしじぎそしょう》』に示された哲学は、中国の人々は受け入れなかった。仁斎の哲学思想は、仁斎を批判した徂徠《そらい》の場合でも、あるいは国学の場合でも、その哲学の基本思想は、仁斎の思想を受け入れながら発展させていったということを考えてみると、この思想を生んだ文化の問題を考えなければならないように思う。

それから日本の実学思想の展開は、かなり自覚的《じかくてき》であったと思われる。今日の韓国《かんこく》では李朝《りちょう》の実学思想の研究はひじょうに盛んですが、最近、韓国から来られた学者の話を聞きますと、李朝朝鮮で経世致用学《けいせいちようがく》とか利用厚生《りようこうせい》の学とかをやっている人たちは、実学という言葉を使っていないということです。ところが江戸時代の日本の実学者たちは、自分の学問こそ実学であると主張する。このことはやはり日本の実学者たちが実学思想をかなり自《じ》覚的《かくてき》に考えていたからだと思います。結局日本の場合には、実学思想の展開《てんかい》を通じて従来《じゅうらい》の実学であったものが、次の段階《だんかい》では虚学《きょがく》になる。そういう形での一種の思想の弁証法的《べんしょうほうてき》な発展が日本の場合にはみられないだろうか、これは私の仮説《かせつ》で、当たっているかどうかわかりません。

それから日本の朱子《しゅし》学者《がくしゃ》たちの場合には、主張の仕方《しかた》の強い弱いということはありますが、経世致用《けいせいちよう》の問題は終始問題となった。ところが清朝考証学《しんちょうこうしょうがく》などの場合には、異民族《いみんぞく》の政府のもとにあったので、経世致用の問題の展開は困難だったということがあるわけですけれども、朝鮮の実学者の場合もきわめて困難であった。日本の場合にはそれがある程度《ていど》実現された。これは日本の実学の社会的機能《きのう》を考える場合にだいじなことだろうと思います。

それから日本の場合、実学思想の担《にな》い手《て》が大きな特色をもっていると思います。中国の実学思想の担い手は士大夫《したいふ》階級、読書人、朝鮮の場合は両班《ヤンバン》階級の一部および中人《ちゅうじん》階級ですね。中国の古典についての広く深い知識をもった士大夫階級は、技術論的な観点《かんてん》の実学思想をもつことはひじょうに困難である。まして保守的な朱子学を支持していた朝鮮の両班たちには、現実改革的《げんじつかいかくてき》な経世致用の実学を技術論的な観点《かんてん》でとらえることは不可能に近かった。日本の場合は、儒者《じゅしゃ》たちは科挙制《かきょせい》がないのでまったく自由に好きなことが勉強できた。科挙制がないということで不幸なこともあったけれども、ある面ではプラスになった場合も少なくない。それから実学を担《にな》った人々が一部の儒者だけでなくて、武士階級、商人階級、農民階級、ひじょうに広範囲《こうはんい》にまたがって各藩《かくはん》の各層《かくそう》に実学的な思考があった。多くの階層《かいそう》によって実学的な考え方が支持されて、それが日本の動きを支《ささ》えた。とくに幕《ばく》末維新《まついしん》という西洋文明の衝撃《しょうげき》を受けて何らかの改革《かいかく》を迫《せま》られた時期に、武士が実学思想の中心的な担い手になったということは、実学思想の社会的な実現という点で考えると、大きなプラスであったといえるだろうと思う。

　そのほかこまかいことをいいますと、戦国時代の武将たちは、戦闘、築城、治水《ちすい》あるいは治政の経験、そういうものが日常生活に儒教《じゅきょう》の経験的なものを受容《じゅよう》する素地《そじ》になっていたのだろうということも考えられ、南蛮学《なんばんがく》の受容ということも関係があると思います。あるいは町人文化の発達も関係があるでしょうし、いろいろな問題があるわけです。そういうさまざまな条件が幸いして、日本では実学が大いに開花した。

　思想的な点では、朱子《しゅし》学《がく》を出発点としてその変容《へんよう》・修正《しゅうせい》・批判《ひはん》の上に実学思想が展開したといえるでしょうが、その変容・修正・批判の仕方《しかた》に日本の実学の一つの特色があると思います。さきほどの主理《しゅり》派《は》・主気《しゅき》派《は》の問題ですが、日本の場合には両方の要素《ようそ》があって、しかも先験合理《せんけんごうり》主義《しゅぎ》といわれるタイプのものも必ずしもマイナス面だけではなかった。大《おお》橋納庵《はしとつあん》みたいに、西欧文明の受容《じゆよう》という点で、ひじょうにマイナスの役割《やくわり》を果《はた》した人もありますが、そういう主理《しゆり》派《は》的《てき》な考え方にもとづいて、国際関係に関して普《ふ》遍《へん》主義的な態度をとる人々もでてきた。しかも片方では経験的な立場にたつ朱子《しゆし》学《がく》もでてくる。そしてそれがもとになって、朱子学・古《こ》学《がく》その他、いろんなものを換骨奪胎《かんこつだったい》した自由学派というか、独立学派というか、それが江戸後期にはでてくる。そういう人たちの考え方は、要《よう》するに経験合理主義的な考え方というものになる。

他方では情欲《じようよく》というものを認める考え方、これはさきほど伊《い》藤仁斎《とうじんさい》だけのことを申しましたけれども、仁斎だけでなく、たとえば貝原益軒《かいばらえきけん》もそうですし、熊沢蕃山《くまざわばんざん》もそうですし、山鹿《やまが》素《そ》行《こう》もそうですね。それから国学者もそうですけれども、人々の情欲というものを満《み》たしながら、その場合それを道徳化するかしないかという点では、儒学と国学とはちがいますが、とにかく民衆の情欲を満たすような仕《し》方《かた》で政治を考えなければ、ほんとうの政治はできないという考え方、これはやはり江戸時代の実学思想の内容を理解する場合にひじょうにだいじなことだと思います。

先験的な合理主義を主張した人の場合には未《み》発《はつ》の理ということをひじょうに重んじて、情欲の発現《はつげん》を抑《おさ》えます。私の理解では、経験合理主義的な考え方と感情の解放《かいほう》ということの間には、内面的な関係がありそうに思う。この点イギリスの経験論と日本の近世思想は重要な比較研究のテーマになるのではないでしょうか。それからもう一つ、これは儒教だけでなくて仏教でもそうですが、それらの受容の仕方に同じタイプの思想現象が見られる。これは非常に重要なことだと私は考えています。たとえば天台《てんだい》仏教が入ってくると理《り》と事《じ》ということが問題になる。初期の天台、もちろん中国の天台ですが、天台がだんだん日本化していく過程《かてい》で本来中国で強調された理よりも事ということを重んずるようになってくる。そして近世日本の朱子学の受容のさいには中国の朱子学にあった先験的合理主義の代りに経験合理主義の傾向が次第に強くなってきている。こういう日本での仏教や儒教の受容の仕方というものを考えると、理よりも事、先験的な面よりも経験的な面を重んずる考え方にいつの間にか変容してしまっている。ここに日本人の思惟《しい》の特徴とか、日本文化の特性が非常によく示されているように思います。

これはどうも日本人の自然観とひじょうに深い関係がありそうに思います。まったく独《どく》断的《だんてき》な見解ですが、大野晋《おおのすすむ》さんの『日本語の年輪』を読んでいて、ふとそういうことを考えてみた。大野さんによると、日本では中国の「自然」という言葉にあたる用語はなかった。ですから、西洋からネーチュア、natureという用語が入ってくると、「天地《てんち》万物《ばんぶつ》」と訳していた。「自然」という用語がnatureの訳として出てくるのは明治二十年代で、それまでは「天地万物」であった。西洋の場合には、あらゆる存在を存在たらしめる一つの存在根拠《こんきょ》としてネーチュアを考える。そこにアリストテレスの存在論が成立する。日本の場合はそういう自然観ではなくて、自然は自然物である。それぞれの個々のものと人間との関係という、そういう個別主義的《こべつしゅぎてき》な自然観というものがあった。おそらくその背後には、一つ一つの自然物の中に神を観《み》た古代日本人の神観があったのではないかと思います。そしてこの個別主義的な考え方はおそらく日本の社会においてもでてくる考え方で、それが物に生き物につくという日本人の考え方と深いかかわりをもつ。これは本居宣長《もとおりのりなが》もそういうことをいっているし、西田幾多郎《にしだきたろう》もそういうことをいう。日本文化の底にこういう日本人の自然観というものがある。それが日本における実学の形成とひじょうに深いかかわりをもっていると思う。

実学における虚と実の構造

最後に虚《きょ》の問題をちょっと考えてみたい。実学の問題と結びつけて考えてみると、中世の彼岸《ひがん》の世界の超越的《ちょうえつてき》な存在を実在《じつざい》とするのではなくて、この世俗《せぞく》の世界の現実を実在とする新しい実在観《じつざいかん》にもとづいて実学は成立したわけです。一方実《じつ》と虚《きょ》の問題については、実なるものを肯定《こうてい》し、虚なるものを否定《ひてい》するという考え方にもとづいてでてきた。そこでの問題の一つは、歴史《れきし》認識《にんしき》の方法として、少なくとも日本に関しては虚実《きょじつ》の弁証法《べんしょうほう》というような考え方が成立しないだろうかと考えているわけです。

今日実学が実証性《じっしょうせい》と合理性《ごうりせい》に裏《うら》づけられた生活に役にたつ学問というふうに定着した状《じょう》況《きょう》において、虚《きょ》なるものの再評価《さいひょうか》が必要ではないかという問題点、この問題はじつは私個人にとってはひじょうに大きな問題でありました。というのは、私は若いときにニヒリズムにひじょうにひかれまして、卒業論文にもニヒリズムの問題を書いた。そういうことですから、最初から近代リアリズムの立場にたてなかった。丸山真男《まるやままさお》さんは福沢諭吉《ふくざわゆきち》の近代的実学というものがぴったりわかる方ではないかと思うのですが、私にとってはこの研究は歴史的研究であって、だいぶん無理している面がある。歴史研究と自分の個人としての思想のギャップをどういうふうに埋《う》めていくのかということは、他人からみればひじょうに滑稽《こっけい》な話かもしれませんが、私にとってはひじょうに大きな問題であった。結局《けっきょく》この問題はいい換《か》えると、歴史にたいして内在的《ないざいてき》な態度をとるか超越的《ちょうえつてき》な態度をとるかという問題に帰着《きちゃく》すると思います。超越的な批評《ひひょう》の態度をとれば私は思想家になったかもしれませんけれども、いちおう内在的な批評の態度をとった。だいぶん無理して実学思想史をやっているということになる。長い間事実《じじつ》と価値《かち》判断のはざまにいたということが正直《しょうじき》いっていえると思う。

ところが、最近、虚《きょ》についての二つの使い方がある。一つは大学紛争《ふんそう》のときに堀米庸三《ほりごめようぞう》さんが「虚学《きょがく》のすすめ」を書いて、西洋的な、マックス・ヴェーバー的な学問観にもとづいて、有用性《ゆうようせい》というものを度外視《どがいし》して、真理を真理として考える。こういういわゆるヴェルトフライハイト（Wertfreiheit）という考え方を根拠《こんきょ》においた考え方です。そのことを遡《さかのぼ》っていけばアリストテレスにつながっていく。こういうことで、堀米さんは明治以後の日本というものは目の前の実用性ということだけに注目して、真理を真理としてとらえることに欠けたことを反省して虚学の必要性を語っておられます。これはやはりひじょうにだいじな、われわれとしては考えなければならない一つの視点です。

そのほかにもう一つ、いまの視点が西洋的な観点《かんてん》からの日本の実学にたいする批判《ひはん》とするならば、東洋の虚《きょ》の立場からの実学への批判というものがあるのではないか。東洋の思想では、否定的《ひていてき》な意味でだけ使われているのではない。たとえば朱子《しゅし》が「虚霊不昧《きょれいふまい》」ということを考える場合、こういうことがある。実なるものの内容が固定し、自由なはたらきを欠いているときの実に相対《あいたい》する虚であり、物への付着《ふちゃく》、とらわれからの自由であり、いかなる出来事にも相対しうる霊活《れいかつ》なるはたらきであり、閉《と》じた心にたいする開《ひら》いた心である。それは創造性《そうぞうせい》への根源《こんげん》になるような虚である。そしてわれわれにとっていま大きな意味をもつような虚は、この第二の意味の虚であると考えます。

こういう虚は、これは儒者《じゆしや》の場合、朱子《しゆし》にもあるし、あるいは張載《ちょうさい》や陽明学《ようめいがく》にもある。熊沢蕃山《くまざわばんざん》などはそれについてひじょうにユニークな知識を展開《てんかい》している。天保年間になると大塩中斎《おおしおちゆうさい》などは『儒門空虚聚語《じゆもんくうきよしゆうご》』という形でこういう問題のアンソロジーをつくっている。

しかし、虚《きよ》の考え方を儒学のみに限定する必要はないだろうと思います。老荘《ろうそう》のなかにもあるし、仏教のなかにもこの虚という考え方はあります。「虚霊不昧」という言葉自身が中国訳の『大智度論《だいちどろん》』の考え方のようです。歴史的には儒教、仏教、老荘の差異《さい》を弁別《べんべつ》することにも大きな意味がありますが、今日この東洋思想のなかにある共通の創造的思考《そうぞうてきしこう》としての虚なるもの、空《くう》なるものに思想的洗練《せんれん》を加えて、科学技術文明を創造的に批判し方向づける原理とするということ、これはひじょうに大きな課題《かだい》だろうと思います。

しかし、このようなことは虚《きよ》だけでなく、実《じつ》と交《まじ》わるべきであることはいうまでもありません。沢庵《たくあん》のような禅僧《ぜんそう》は、こうした虚実《きよじつ》の交わりについてひじょうに深く思いをいたした人です。禅《ぜん》や老荘《ろうそう》から少なからず啓発《けいはつ》された芭蕉《ばしよう》も、虚実の問題に思いをめぐらせた。たとえば「まことに智覚《ちかく》、迷倒《めいたう》みな幻《まぼろし》の一字に帰《き》して無常迅速《むじようじんそく》のことはり、いささかもわするべきにあらず」「虚無《きよむ》に眼《め》を開き孱顔《さんがん》に足を投げ出し、空山に虱《しらみ》を捫《ひねつ》て座す」と『幻住庵記《げんじゆうあんき》』にいっていますが、弟子の書いた『山中問答』には、芭蕉の言葉として「蕉翁《せうをう》は正風虚実《しやうふうきよじつ》に志《こころざし》深き人を吾門《わがもん》の高弟なりと誉《ほめ》給ひき」「虚実に文章あり、世智《せち》弁《べん》あり、仁《じん》義《ぎ》礼智《れいち》あり、虚《きよ》に実《じつ》あるを文章といひ、虚に虚あるものは稀《まれ》にして、正風伝習の人とするとて蕉翁笑ひ給ひき」といっております。虚の問題と実の問題はひじょうに深い関係を保《たも》っていて、虚の問題に関心をもった芭蕉は、片方では「松のことは松に習へ、竹の事は竹に習へと師の詞《ことば》の折《をり》しも私意をはなれよといふ事なり。此習へと云《い》ふ処《ところ》をおのがままにとりて終《つひ》に習はざるなり。習へと云《いふ》は物に入《いり》て其微《そのび》のあらはれて情感ずるや句となる処《ところ》なり。たとへものあらはに云出《いひいで》ても其物《そのもの》より自然に出《いづ》る情にあらざれば、物と我と二に成《なり》て其情誠《まこと》に至《いた》らず」という。これは虚と実との関係について論じたひじょうにすぐれた一つの例ですが、こうした虚と実との関係についての思索《しさく》は、芭蕉に限らず、過去の日本のすぐれた芸術家、宗教家、思想家が思いをめぐらした問題だろうと思います。われわれの実学思想についての研究は、今後さらに深められ、日本文化における虚と実の構造《こうぞう》という問題にまでいたらなければならないと私自身は考えております。

和魂洋才《わこんようさい》への道

一　問題の輪郭《りんかく》

強まる近代への傾斜

徳川社会はその構造においては封建社会と規定《きてい》されざるをえないが、そのなかに多くの近代的要素をはらみ、近代への傾斜《けいしゃ》を強くもった社会であった。この点に注目しなければ、明治以後の日本の急速な近代化は、「無《む》からの創造《そうぞう》」だとか奇跡《きせき》だとかいうほかはないだろう。この問題についてはここでは深くたちいるわけにはいかないが、十八世紀になると、特にこの徳川社会における潜在的《せんざいてき》近代性への傾向は強くなってくるように思われる。その原因はいろいろあるであろうが、(1)商業資本の発展、(2)中国文化の消化、特に儒教《じゅきょう》の合理主義的《しゅぎてき》側面と実証的《じっしょうてき》側面との発展、(3)長崎を窓口《まどぐち》としてはいってきた西欧《せいおう》の文化や思想の触発《しょくはつ》、の三者が、そのうちでも最も有力なものであろう。

うちつづく平和は、徳川政権の半永久化《はんえいきゅうか》をめざしてつくられた体制をしだいに変質《へんしつ》させていった。われわれはこれを、政治、社会、特に経済の面と、それに対応して知的側面（思想）とからみることができよう。

徳川政権の樹立《じゅりつ》の当初《とうしょ》、諸大名の幕府に対する反抗《はんこう》を防ぐために城下町制度がつくられ、全国の武士たちは知行地《ちぎょうち》を離れて城下町に蝟集《いしゅう》し、大名たちは全国の城下町としての江戸に、その家族と家来《けらい》の何割かをおき、自分は藩地《はんち》と江戸との間を往復せねばならなかった。このことは、あわよくばと幕府転覆《てんぷく》の機会をねらっていた大名たちから力とエネルギーを奪《うば》う巧妙《こうみょう》きわまりない政策《せいさく》の一つであったが、ながい時間の経過《けいか》のうちに幕藩体制《ばくはんたいせい》の基礎《きそ》そのものをゆるがすという結果になった。というのは、このような政策の結果として成立した都市における消費生活は商業資本の発展をうながし、やがて貨幣経済《かへいけいざい》の発展は、米穀《べいこく》の生産者たる農民、ならびに米穀によって経済生活を営《いとな》んだ武士たちをそのなかにまき込んで非常な経済的窮境《きゅうきょう》に追い込んでしまったからである。ことばを換《か》えていうならば、農業生産を基礎とし、武士や農民を主体とする徳川の封建社会の基礎そのものをゆるがすできごとであった。しかも、幕府はもはや貨幣経済を否定しさるわけにはいかない。この問題にどう対処《たいしょ》するかは当局者《とうきょくしゃ》にとって根本的問題であるとともに、江戸時代の中期の思想家たちにとっても最も切実《せつじつ》な問題であった。試《こころ》みにこの問題に苦慮《くりょ》した思想家として、荻生徂徠《おぎゅうそらい》、太宰春台《だざいしゅんだい》、三浦梅園《みうらばいえん》、山片蟠桃《やまがたばんとう》、海保青陵《かいほせいりょう》、安藤昌益《あんどうしょうえき》、本多利明《ほんだとしあき》らの名まえをあげるだけで、この問題がいかに大きな問題であったかがうなずかれるであろう。

この経済問題を解決するには合理性《ごうりせい》が要求される。一部の富裕《ふゆう》な商人を闕所《けっしょ》にするとか、あるいは棄捐令《きえんれい》を出して大名や武士たちの借金《しゃっきん》を棒引《ぼうび》きにするとか、幕府の権力による強制的措置《きょうせいてきそち》がとられても、それは表面的、一時的解決にすぎなかった。けっきょく問題は内向化《ないこうか》するばかりで、問題の根本的解決のためには、貨幣経済《かへいけいざい》の世界を貫徹《かんてつ》する合理性に対応《たいおう》する合理的解決を、幕藩体制の内部においてその極限《きょくげん》まで追求《ついきゅう》する以外に手はなかったのである。そのプロセスにおいて彼らが問題解決の道具として使ったのは中国の古典である。

すすむ中国古典への理解

江戸時代の中期になると、一方においては中国の古典に対する理解が非常にすすんだのと、他方では伊藤仁斎《いとうじんさい》や荻生徂徠《おぎゅうそらい》らのいわゆる古学派《こがくは》の人々によって朱子学《しゅしがく》の思弁的《しべんてき》合理主義の体系が破壊《はかい》されたために、中国の古典を尊重《そんちょう》しつつも、日本の現実をふまえ、そこにおける問題を解《と》くために、中国から伝えられた思想を武器とし道具として使うという主《しゅ》体的態度《たいてきたいど》が、思想家たちのなかに次第《しだい》に生まれてきた。このことは江戸時代の中期の思想を理解するために非常にたいせつなことのように思われる。

彼らがこの際《さい》中国思想から学んだ重要な二つの基本的態度がある。一つは実証的《じっしょうてき》態度であり、他は合理的思考《ごうりてきしこう》態度である。前者は古学派の形成過程《けいせいかてい》において生まれたものであるが、儒学《じゅがく》研究の方法として使われただけでなく、医学研究の領域《りょういき》にも使われ、「親試実験《しんしじっけん》」を旨《むね》とする山脇東洋《やまわきとうよう》らの古方医学《こほういがく》の成立をうながしたこと、そしてそれが前野良沢《まえのりょうたく》や杉田《すぎた》玄白《げんぱく》らの西洋医学の受容《じゅよう》に大きな刺激《しげき》を与えたこと、あるいは蘭学《らんがく》研究の鼻祖《びそ》である青木《あおき》昆陽《こんよう》が古学派の伊藤東涯《いとうとうがい》の弟子《でし》であったこと、などはあまりにも有名な話であるが、これらのことは西欧思想の受容《じゅよう》に際して日本においては、儒教特に古学派が有力な媒介的契機《ばいかいてきけいき》となっていることを物語るであろう。

このこととならんで、第二の合理的思考態度《ごうりてきしこうたいど》も重要な役割《やくわり》を果《はた》している。当時の思想家たちはこのような思考態度を、窮理《きゅうり》を重んじる朱子学《しゅしがく》から学んだ。しかし朱子学の合理性は、宇宙論《うちゅうろん》、人性論《じんせいろん》、実践哲学《じっせんてつがく》を一貫《いっかん》して理《り》と気《き》との関係によって説明しようとする思弁《しべん》的性格《てきせいかく》の合理性であり、近代合理主義につらなるものではなかった。近代西欧《せいおう》の合理主義に対する中世のトマス哲学を一つのアナロジーとして想起《そうき》すればよいであろう。しかしながらこの時代になると朱子学の致知格物《ちちかくぶつ》の面を強調し、物に即《そく》して理《り》を窮《きわ》めようとする態度が朱子学者のなかに生まれた。江戸時代の朱子学の受容については普通《ふつう》朱子学の封建制を基礎《きそ》づけるイデオロギーとしての側面《そくめん》のみが強調されるが、われわれは朱子学の他の合理主義的側面を見おとしてはいけない。この期の思想家たちはこの合理主義的側面に注目することによって近代西欧《きんだいせいおう》をうけいれる準備をしていたのである。

東洋と西洋との出会い

これまでみてきたように、江戸社会における商業資本や貨幣経済《かへいけいざい》の発展、あるいはそのような社会的基礎《きそ》のうえに中国思想の理解を媒介《ばいかい》として形成された実証的《じっしょうてき》・実験的態度《じっけんてきたいど》や合理的思考態度《ごうりてきしこうたいど》が、近代西欧をうけいれる知的・社会的基盤《きばん》となったのであるが、これらの傾向《けいこう》を促進《そくしん》したのは長崎その他を通じて、ほそぼそと伝わり、しかも当時の少数ではあったがすぐれた思想家によって、渇《かわ》くように求められた西欧の文化であり思想であった。たとえばコペルニクス以後の天文学、地動説《ちどうせつ》が伝わらなかったならば、江戸時代の思想家はあいかわらず朱子学の宇宙論《うちゅうろん》や仏教の須弥山説《しゅみせんせつ》を奉じていたかもしれない。彼らは西洋の天文に関する科学思想を学ぶことによって、朱子学から学んだ合理主義を純化《じゅんか》することができた。また彼らは西欧の社会や文化を知ることを通じて、日本の社会や文化の欠点、さらには東洋文化の欠点をも知ることができた。そして封建的身分関係《ほうけんてきみぶんかんけい》すら売買という商業資本主義的関係から説明し（海保青陵《かいほせいりよう》）、また鎖国《さこく》をやめて積極的《せっきょくてき》に貿易《ぼうえき》すべきだという開国論（本多利明《ほんだとしあき》）も出てくる。

このようにみてくると、十八世紀の思想家たちにおける西欧の思想や文化の受容《じゅよう》は、鏡《かがみ》が物を映《うつ》すようなしかたで西洋の思想や文化が彼らの心に映《えい》じたのではないことがわかる。彼らの得た知識がわずかで、また不正確《ふせいかく》であったという制約《せいやく》からくるゆがみもあるけれども、徳川の社会のなかに、またそのなかのそれぞれ特定の個人のなかに蓄積《ちくせき》され沈澱《ちんでん》した東洋の思想と、彼らの得たごくわずかの西欧の思想と文化との出会いが、これから述《の》べる江戸時代の中期から幕末《ばくまつ》にいたるまでの開明的《かいめいてき》思想家たちの思想であった、とわれわれはみなすことができよう。以下彼らの思想を、主として㈠自然や宇宙についての思想、㈡社会や経済についての思想、に力点《りきてん》をおきながら、そこに流れている近代的思考への傾向を明らかにし、それらを通じて西洋に対する理解と日本的自覚《じかく》（和魂洋才《わこんようさい》への道）の深まりゆく過程をあとづけてみたい。

二　三浦梅園《みうらばいえん》と二人の奇才《きさい》

三浦梅園の自然哲学

まず三浦梅園《みうらばいえん》（一七二三―一七八九年）の自然や宇宙《うちゅう》についての思想の面から、江戸中期以後の近代的思想の胎動《たいどう》をみてみることにする。この問題についてのそれまでの日本人のもっていた思想は、『古事記』の神代記《じんだいき》にみられる宇宙開闢論《かいびゃくろん》や、仏教の須弥山説《しゅみせんせつ》、儒教《じゅきょう》の陰陽五行説《いんようごぎょうせつ》などであり、江戸時代になると東洋世界で最《もっと》も洗練《せんれん》された宇宙論、宇宙生成論《せいせいろん》である朱子学《しゅしがく》の学説がひろく一般にゆきわたった。この朱子学の理気二元論《りきにげんろん》に対して、伊《い》藤仁斎《とうじんさい》のように気一元論《きいちげんろん》を唱《とな》える思想家も出たが、実証的《じっしょうてき》な考えが次第《しだい》に社会に定着するとともに、このような問題に頭を使うことは無用とし、宇宙の生成《せいせい》や構造《こうぞう》、あるいは自然現象の問題に対しては不可知論《ふかちろん》を唱え、「雷《かみなり》のことは雷にて差《さ》しおかるべく候《さうらふ》」として、ことばの分析《ぶんせき》を手がかりとして、もっぱら人間や社会の問題に思いをひそめた荻生徂徠《おぎゅうそらい》のような思想家も出てきた。しかし人知のすすむところ、宇宙の謎《なぞ》に対してもなんらかの合理的説明を試《こころ》みざるをえない。吉宗《よしむね》の禁書解禁《きんしょかいきん》ののち、長崎を通じてはいってくる天文学その他の自然科学の書籍を手がかりとして、他方では東洋の在来《ざいらい》の宇宙論を検討し、独自の自然哲学をあみだしたのは三浦梅園であった。

三浦梅園は今日の大分県国東《くにさき》郡富永村の生まれ。天文学者麻田剛立《あさだごうりゅう》はその友人である。相模《さがみ》の三浦氏の後裔《こうえい》で家は代々村長であったという。十六、七歳の頃《ころ》綾部《あやべ》絅斎《けいさい》（杵築《きづき》藩藩《はん》儒《じゅ》）、藤田《ふじた》敬所《けいしょ》（中津藩藩儒）について学んだが、のちまったくひとりで学んだ。二十歳のときには「渾天儀《こんてんぎ》」をみずから作っている。彼はその友人への手紙で、

> 自分は僻地《へきち》に成長し、教えをうけるべき先生にも恵まれず、また家事に追われ、自分の疑問をあちこちの先生を訪《たず》ね、質問することができない。暇《ひま》のときたまたま一、二の典籍《てんせき》を読んでもたいして益《えき》をうけることがなく、いきおい自得《じとく》したことを是《ぜ》とせざるをえない。

と訴《うった》え、さらに自己の思想形成の過程《かてい》についてこうしるしている。

> 晋《すすむ》（梅園の本名）、垂髫《うなゐ》いまだ書を読まざるの前、疑《ぎ》を天地造化《てんちざうくわ》に懐《いだ》き、時ありて寝《しん》食《しょく》を廃《はい》す。既《すで》にして書を読むを知りこれを書に求め、人に接するを得てこれを人に探《たづ》ぬるも、疑塊《ぎくわい》融《と》けず。年　弱冠《じやくくわん》を過ぎ、始めて天地の形体を西学に得て喜ぶ。形体徴《ちよう》

する所有《あ》りといへどもまた地体かくの如《ごと》く天行《てんかう》かくの如くなりといふに過ぎず。……さきに喜ぶところのもの疑ふところに益《えき》なし。歳二十有九、始めて気に観《み》るあり、漸《やう や》く天地に条理《でうり》あるを知る。

これによってみれば、彼は二十歳を過ぎた頃《ころ》、西欧の天文学に触《ふ》れ、その「形体徴《ちょう》するところ」つまり天体の現象的説明には教えられるところが多かったが、原理的説明をそれがなさないことに満足せず、二十九歳のおり、はじめて天地に条理《じょうり》のあることを知って自分の学問の基礎をつくったのである。彼は経験科学としての天文学に満足せず、宇宙の諸《しょ》現象《げんしょう》を根源的《こんげんてき》立場から説明する自然哲学《しぜんてつがく》を樹立《じゅりつ》しようとしたのである。

懐疑的《かいぎてき》精神

このような大きな課題をみずからに背負《せお》った梅園はその主著『玄語《げんご》』(一七五三年起稿《きこう》)を三十一歳で稿《こう》をおこし五十三歳で完成、稿を改めること二十三回におよぶといわれている。この『玄語』と『贅語《ぜいご》』(一七七三年、『玄語』を敷衍《ふえん》して現象界《げんしょうかい》特に人事について考察《こうさつ》)、『敢語《かんご》』(一七六七年、政治論、人生観を述《の》べる)を梅園三語という。『玄語』の玄は老子《ろうし》に由来《ゆらい》することばで天地以前の実在《じつざい》を示す語であろうが、こうした書名から、梅園が宇宙をその根源から説明しようとした態度《たいど》が察知《さっち》される。

ところでこのような大きな課題《かだい》に対する解答は、よしそれが最《もっと》もすぐれた思想家によるものであったにせよ、今日の立場からすれば批判《ひはん》の対象《たいしょう》とならざるをえないであろう。しかし梅園において今日も生きているのは、その懐疑的精神であろう。

彼は幼時《ようじ》から自分の触《ふ》れるところのもののすべてを疑い、いいかげんな説明では満足できない男であった。なぜ火は熱く、水は冷たいか。人はいう、火は陽《よう》であり、水は陰《いん》である。だから火は熱く水は冷たいと。彼は疑う、陽なるものはなぜ熱く、陰なるものはなぜ冷たいのか。また疑う、陽はなぜ軽くてのぼり、陰は重くくだるのか。人はいう、雷《かみなり》は陰陽のたたかいである、と。彼は疑う、では陰陽とはそもそもなんなのだろう。そして彼は、自分は天地の原理を知っていると思っている人たちのすべてが、その実《じつ》、なにも知らないことを発見する。そしてこう語る、われわれが智《ち》を天地に達《たっ》しようと思うならば、雷を怪《あや》しみ地震《じしん》をいぶかる心を手がかりとして、この天地をくるめて一大疑団《ぎだん》とせねばならない、と。

彼はまたこうもいっている。このような広い世のなかに数限《かずかぎ》りもない人が思慮《しりょ》をついやしながら、日夜《にちや》なんら隠《かく》すことなく自己を示している天地（の条理《じょうり》）を、なぜ見うる人がないのであろうか。それは人が生まれてまだ物心《ものごころ》つかない頃から、ただ見なれ聞きなれ触《ふ》れなれて、なんとなしに癖《くせ》がついて、これが自分のなずみとなって、物を怪しみいぶかる心が萌《きざ》さないのだ。彼によれば、われわれが「知っている」と思うことは、ただなれくせで頓着《とんちゃく》なしに（反省的思考《はんせいてきしこう》なしに）知っていると思うことにすぎないのであって、それは真《しん》の知り方ではない。世の人は雷は鳴るはずだから鳴り、地震は動くはずだから動くというふうに「はず」というものをつくってそれで説明がついてしまったとしている。われわれはこの「はず」をうちやぶらねばならない。

彼のいおうとするところは習慣知《しゅうかんち》を疑い、臆見《おっけん》をうちやぶれということにあるが、彼はそのためには「人の執気《しゅうき》」を去れ、という。人が人の執気を去り、人間中心的に、人間を規準《きじゅん》として天地をみるという偏見《へんけん》を去ったとき、はじめて天地の条理《じょうり》はみえるという。この梅園の基本的態度は正しいといわねばならない。

自然を師とせよ

ところで「人の執気《しゅうき》」をひきおこすものにはいろいろあろうが、その最大の源《みなもと》は書物である、と梅園はいう。ここに生まれたばかりの赤《あか》ん坊《ぼう》が二人いたとする。一人は浄土宗《じょうどしゅう》の僧侶《そうりょ》に、他の一人は日蓮宗《にちれんしゅう》の僧侶の下にあずけられ、それぞれの教育をうけたとすると、二人はそれぞれの十年の執気のためにお互《たが》いに他を認めずあい譲《ゆず》ろうとしないだろう。彼はこのような例を出しながら、われわれの師とすべきは自然である、とする。自然を師とするとき、書物は参照すべきものとしてその意味をもってくる。われわれが自然を師として学ぶとき、釈尊《しゃくそん》も聖人《せいじん》も学問上の仲間《なかま》にすぎない、という。われわれはこれらの彼のことばから、フランシス・ベーコンその他の近代西欧《きんだいせいおう》の思想家を想起《そうき》するであろう。次の語は自然を師とする彼の学問観《がくもんかん》の総決算《そうけっさん》として大いに聞くべきものをもっている。

三語約十万語、天地に合《がっ》するところあらば天地に帰《き》し、天地に合《あ》はざるところ晋《すすむ》（梅園の本名）にて（も）これあるべく候。しかればかならずわが説、御信用に及ばず、これを天地にただしてもとるところ、ただその正を冀《ねが》ふ事に候。

条理の学

これまでみてきた懐疑的《かいぎてき》精神、批判的《ひはんてき》精神や自然を師とする態度《たいど》において梅園は不朽《ふきゅう》の意味をもつ。ところでこのような基本的態度《たいど》のうえにうちたてた彼の自然哲学はどのようなものであろうか。

彼は自分の自然哲学の体系を条理《じょうり》の学といっている。ところでこの条理の学には易《えき》の陰《いん》陽《よう》の考え方の影響《えいきょう》がかなりに強いように思われる。しかし彼は今までの陰陽の説明の仕方《しかた》ははなはだ不十分で、自分の条理の学こそ陰陽の真《しん》の意味を明らかにするものだとしている。

彼がここにいう条理とは自然を洞察《どうさつ》する道でもあり、物のなかにそなわっている体（実体）でもあり性《せい》でもある。これを具体的《ぐたいてき》に彼はこういっている。条理の真の方法は、反《はん》のうちに合一《ごういつ》を観《み》ることであって、心の執《しゅう》するところを捨て、徴表《ちょうひょう》を正しいところにとること（反観合一《はんかんごういつ》。捨心之所執《しゃしんのしょしゅう》。依徴於正《ちょうにただしきによる》）にほかならない。心の執《しゅう》するところを捨てるとは習気《しゅうき》を捨てることであり、徴表を正しいところにとるといったのは、われわれの判断《はんだん》の基《き》準《じゅん》となるものが往々《おうおう》にしてまちがっているから（たとえば日月は感覚的経験《かんかくてきけいけん》によれば確かに西に行く徴表があるがそれは正しくない）、彼はこういったのである。

ところでこの反観合一について彼はこういっている。

天地の道は陰陽《いんやう》にして、陰陽の体《たい》は相反《あひはん》す。反するに因《より》て一に合《がつ》す。天地のなる処《ところ》なり。反して一なるものあるによつて我これを反して観合《みあは》せて観《み》て其本然《そのほんぜん》を求《もと》むるにて候《さうらふ》。此故《このゆゑ》に条理は則《そく》一有《いう》二二開《かい》一。二なるが故に粲立《さんりつ》して（対偶相称《たいぐうそうしょう》をなしての意）条理《でうり》を示し、一なるが故に混成《こんせい》して罅縫《かほう》を越没《ゑつもつ》す。反観合一《はんくわんがふいつ》は則《すなはち》これを繹《たづ》ぬるの術《じゅつ》にして、反観合一する事能《あた》はざれば陰陽の面目《めんもく》をみる事能《あた》はず。

（『答多賀墨卿』）

非常にわかりにくい表現だが、西田哲学の一即多《いっそくた》の関係を思い浮かべるといくらか理解がしやすいように思われる。つまり西田が一即多といっているところを、基本的に易の原《げん》理《り》にたつ梅園は一即二と考える。一は実在《じつざい》の統一《とういつ》の面であり、二は実在の多様性《たようせい》の面（万物の世界）である。統一の面からいえば一であるが、その一は多様性をそのなかに含《ふく》むがゆえに二（多）である。多様性の面からいえば二（多）であるが、それは常に一に統一されるものであるから一なのである。西田のいう多は陰陽《いんよう》の立場をとる梅園においては二であり、二はあい反《はん》しつつ、あい反するがゆえに合一《ごういつ》する。この原理を彼は「反観合一」とよんだのである。そして彼はこの一即二、二即一の原理が宇宙のすべて、自然のいっさいを貫《つらぬ》くと考えた。これが彼のいう条理であり、この条理に従って宇宙の構造を根源的《こんげんてき》に説明しようとする彼の学問の体系が「条理《じょうり》の学《がく》」とよばれるものである。

気と物

彼の一即《そく》二、二即《そく》一という反観合一《はんかんごういつ》の原理は具《ぐ》体的《たいてき》には気《き》と物《もの》との関係として展開《てんかい》される。天地は一見《いっけん》すると多くの物からなりたっているようにみえるが、ほんとうはただかたちある物一つとかたちのない物一つ以外にはない。このかたちのない物が気なのである。ところでこのかたちのない物＝気は一般に虚無《きょむ》であるとか空無《くうむ》であるとか考えられるが、彼はこれを虚《きょ》ではあるが体あるもの（虚体《きょたい》）として通説《つうせつ》から区別《くべつ》する。彼はこの考え方の説明として、このかたちのない気が真《しん》の空無であったら太陽や月や星、さらには、われわれも物も存在しえないであろう、といっている。

気がこのような性格《せいかく》のものであるとすれば、気は実体である地のなかにも、虚体《きょたい》である天にもみちみちている。したがって天地において天は気であり地は物であるけれども、この地上の物も気と物とからなり、さらにこの物も気と物とからなるというふうに、はてしなく一は二に分かれていくとともに、二は一つに帰《き》してついには一大天地に帰する。彼はこのように宇宙の大《だい》から万物《ばんぶつ》の小《しょう》にいたるまで、宇宙の構造《こうぞう》のすべてのうちに一大シンメトリーをみる。これが天地の条理《じょうり》なのである。

「鬱勃《うつぼつ》の神《しん》」と「混淪《こんりん》の物《ぶつ》」

梅園は張横渠《ちょうおうきょ》や伊藤仁斎《いとうじんさい》などと違って気一元論《きいちげんろん》をとらず、気と物とを分けるので、気そのものを生命とすることができにくくなった。そこで気のうらに「鬱勃《うつぼつ》の神《しん》」というヴァイタリティーがあるとし、これは場所をもたず、自在《じざい》に活動すると考える。この「鬱勃の神」に対応《たいおう》して、物のさらにもとになる質料《しつりょう》として「混淪《こんりん》の物《ぶつ》」を想定《そうてい》する。そして体《たい》を具《そな》えたものは「鬱勃の神」によって生命を与えられ、生命は「混淪の物」によって具象化《ぐしょうか》されるとした。そして人間は、万物のなかの一物、各気のなかの一気として渺《びょう》たる存在でありながら、大きな「鬱勃の神」によって生かされ、「混淪の物」によって肉体を形成しているとした。すなわちここには大宇宙《だいうちゅう》に対する小宇宙《しょううちゅう》というごとき人間の把握《はあく》のしかたがみられる。

梅園は人間の身心関係においても非常な興味《きょうみ》をいだいている。人間においてこの「鬱勃の神」は特に神（精神）とよばれる。この神がからだにいる状態《じょうたい》が生であり、神が喪失《そうしつ》した状態が死である。また神が病《や》む状態が狂である。神がからだを使役する状態を覚といい、からだが神を使役する状態が夢なのである。この神が物と交接《こうせつ》して生じるものが情欲《じょうよく》であり、これに対して霊（霊についての梅園の説明は不十分）が物と交接して生じるものが意智《いち》である。情欲が感応《かんのう》の態《たい》であるのに対して、意智は運営《うんえい》の態であるとし、この受動《じゅどう》、能動《のうどう》の働きによって人間の精神生活が営《いとな》まれるとした。そしてこの意智が情欲を率《ひき》いている人が聖人《せいじん》であり、逆に情欲が意智を率いる人が小人《しょうじん》なのである。しかし彼は人間における情欲の存在を否定《ひてい》するものでなく、情欲を塞《ふさ》ぐことなく、これを保通《ほつう》してやるのが政治家のつとめであると考えていた。

二人の奇才《きさい》の登場

新しい時代の胎動《たいどう》は偉大《いだい》な自然哲学者三浦梅園を生んだが、われわれは彼にひきつづいて平賀源内《ひらがげんない》（一七二八―七九年頃《ころ》）、司馬江漢《しばこうかん》（一七三八―一八一八年）らの奇才が歴史の舞《ぶ》台《たい》に登場するのをみる。彼らには梅園のような質実《しつじつ》さ、持続力、思考力はないが、そのかわり不羈奔放《ふきほんぽう》な才気《さいき》と多面性《ためんせい》とがあった。たとえば源内は「本草学《ほんぞうがく》を薬学上《やくがくじょう》から農工業のうえへまで発展せしめ、朝鮮人参《にんじん》の栽培《さいばい》、甘蔗《かんしょ》の栽培および製糖法《せいとうほう》等の研究、鉱石《こうせき》の鑑定《かんてい》、石綿《いしわた》の製造」（高橋磌一『洋学論』）に従事するなど多面的な自然研究者であり、その著《あらわ》した『物類品隲《ぶつるいひんしつ》』五巻（一七六三年）は近代科学的な即物的実証主義的方法《そくぶつてきじつしょうしゅぎてきほうほう》に貫《つらぬ》かれた本草学上の画期的業績《かっきてきぎょうせき》とされている。また彼の発明するところのエレキテルは当時の人を驚《おどろ》かした。他方『風流志道軒伝《ふうりゅうしどうけんでん》』五巻（一七六三年）や『根無志具佐《ねなしぐさ》』『放屁論《ほうひろん》』等の戯作《げさく》はありあまる才能《さいのう》の人が時代に対する風刺《ふうし》と世に容《い》れられぬ憤懣《ふんまん》とをはきだしたものだが、彼には『神霊矢口渡《しんれいやぐちのわたし》』（一七七〇年初演）のような江戸ふうの浄瑠璃《じょうるり》もある。そして次に述《の》べる司馬江漢の洋画の手ほどきをしたのも源内だった。

江漢はまた源内に劣《おと》らない多才《たさい》の人であり、野心児《やしんじ》であった。彼の名は洋画の開拓者《かいたくしゃ》として名高いが、地動説の提唱者としても重要な位置を占めている。著作においても『西洋画談』（一七九九年）のほかに『銅版地球全図』（一七九二年）、『地球全図略説』（一七九三年）、『和蘭《オランダ》天説』（一七九五年）、『和蘭通舶』（一八〇五年）、『刻白爾《コッペル》天文図解』（一八〇八年）等々の天文、地理、航海についての著がある。またそのほかに『西遊《さいゆう》日記』（一八一五年）のような新しいスタイルの旅行記、晩年の虚無的心情《きょむてきしんじょう》を示す『春波楼筆記《しゅんぱろうひっき》』（一八一二年）、『天地理談《てんちりだん》』（一八一四年）等の著作もあって、江漢の精神生活の振幅《しんぷく》の広さを物語っている。

彼らはともに自由人としてその生を終えた。このような新しいタイプの人間が生まれたことは、一見平穏無事《いっけんへいおんぶじ》に、また停滞的《ていたいてき》にみえる徳川社会の底流《ていりゅう》には大きな変動がおこりつつあったことを示すものであろう。このような変動の原因として、社会経済的面の変化とともに、長崎を通じてはいる西洋文化の影響《えいきょう》も見のがせない。そしてまた彼らの才能の花を開かせたのは、田沼《たぬま》時代とよばれる幕政《ばくせい》三百年の間にも珍《めずら》しい自由な時代であったように思われる。

自由人の最後

源内《げんない》も江漢《こうかん》も専門の洋学者ではない。しかしそれだけにかえって思いきったこともいっている。「書を読む計《ばかり》を学問と思ひ、紙上の空論を以《もっ》て格物窮理《かくぶつきゅうり》と思ふより間違《まちがひ》も出来るなり」と儒教《じゅきょう》を批判《ひはん》し、「唐《とう》の反古《ほご》にしばられて、我身が我自由にならぬ」「腐儒《くされがくしゃ》」「屁《へ》ッぴり儒者《じゆしや》」と儒者を罵倒《ばとう》する源内、あるいはまた「支那《シナ》及《および》わが日本に究理《きゆうり》の学なし」と断《だん》定《てい》する江漢には、西洋の近代科学に触発《しよくはつ》された実証《じつしよう》主義的、合理的精神の目覚《めざ》めがあった。そしてまたそのゆえに、夷狄観《いてきかん》から解放され、それとともに中国文化の盲目的崇拝《もうもくてきすうはい》からも脱することができた。たとえば源内は、

唐は唐、日本は日本、昔は昔、今は今なり。三代といへども礼楽《れいがく》は同じからず、立つて拱《きよう》するが礼なりとて今貴人の前で立たれもせず、聖人の政《まつりごと》なりとて、井田《せいでん》の法を行はば百姓《ひやくしよう》どもには安本丹《あんぽんたん》の親玉にせられなん。

と中国文化を相対化《そうたいか》する。江漢《こうかん》は、レサノットに対する幕府の処遇《しよぐう》を「夷狄《いてき》のふるまひ非《ひ》礼《れい》ならずや」ときめつけ、「オランダは人類にあらず、獣の類《たぐひ》なり」という公家衆《くげしゆう》の織田《おだ》某《ぼう》に対しては「人は獣に及ばず」とことば鋭《するど》く反論《はんろん》する。「上《かみ》、将軍より、下《しも》、農工商、乞食《こじき》に至るまで、皆以《みなもつ》て人間なり」とする平等観《びようどうかん》をとっていた江漢にとって、身分の差などなにものでもなかった。たとえば晩年の江漢は「白川侯《こう》博学敏才《はくがくびんさい》にはあれど、地理の事においてはいまだ究《きは》めざる事あるに近し」、と批判することをはばからなかった。

「我らはしくじるを先に仕候《つかまつりさうらふ》」と知的冒険《ちてきぼうけん》の精神を誇示《こじ》し、「天地の広大なる、万物

の際限《さいげん》なき」を認識《にんしき》しつつ、自然の開発によって「日本の益をなさん」とした源内も、油《あぶら》絵《え》による近代絵画《かいが》、銅版画《どうはんが》、画論《がろん》、天文地理の著というように探究《たんきゅう》の跡《あと》をゆるめなかった江漢も、ともに当時の人々からは「山師《やまし》」といわれた。そしてみずから「大山師」であることを誇示した源内も晩年には「智恵《らゑ》なき者智恵あるものを……只《ただ》山師山師と譏《そし》る」とあたりちらし、社会との激しい精神的緊張《きんちょう》のうちに精神の失調《しっちょう》をおこして発作的《ほっさてき》に人を殺し、獄死《ごくし》してしまう。またあくなき究理者《きゅうりしゃ》であった江漢も、晩年には「天文も窮理《きゅうり》も細工《さいく》もおらんだも、残らずあき候《さうらひ》て困入申《こまりいりまうし》候」と告白するにいたった。老荘的《ろうそうてき》ニヒリズムが彼のゆきついた世界であった。

　いったい、どうしてそういうことになったのだろうか。第一の原因として、田沼《たぬま》の失脚《しっきゃく》後《ご》、それに対する反動としておこった統制的なきびしい政治のあり方がこれらの自由人の才能を伸《の》ばすのに不都合《ふつごう》であったことがあげられよう。第二の原因としては、彼らの自然《しぜん》観《かん》が物活論的《ぶっかつろんてき》性格のものであって機械論的自然観ではなかったため、東洋的自然主義や虚《きょ》無《む》主義への回帰《かいき》は非常に容易《ようい》であったことも考えられる。しかし機械論的自然観と人生観としての東洋的自然主義ははたして両立《りょうりつ》しえないものか、ここにはまだ問題が残されているように思われる。

三　町人学者、山片蟠桃《やまがたばんとう》

山片蟠桃《やまがたばんとう》の『夢之代《ゆめのしろ》』

山片蟠桃《やまがたばんとう》（一七四八―一八二一年）は大坂の両替屋升屋《りょうがえやますや》の番頭《ばんとう》として経済界に縦横《じゅうおう》の腕をふるった男で、社会や経済の思想においても重要な人だが、まず彼の宇宙観《うちゅうかん》や合理的思考《しこう》の面からみていくことにしたい。

彼は主人升屋《ますや》平右衛門《へいえもん》のよき理解のもとに、丁稚奉公《でっちぼうこう》をしながら懐徳堂《かいとくどう》の中井竹山《なかいちくざん》、履軒《りけん》の兄弟儒者《じゅしゃ》の弟子となり、他方では三浦梅園《みうらばいえん》の友人でもあった麻田剛立《あさだごうりゅう》について天文学を学んだ。彼の合理主義的思考の態度は自由な朱子《しゅし》学者《がくしゃ》中井兄弟の教育と、麻田剛立の教えた天文学に負《お》うところが大きい。彼の主著は『夢之代《ゆめのしろ》』といい、その死の前年に完成《かんせい》した。そしてこの書は彼の経済や社会についての思想を縦横《じゅうおう》に述べた本であるとともに、その前半においては天文、地理について論じ、また科学的宇宙観にもとづいて仏教、儒教《じゅきょう》、神道《しんとう》の前科学的宇宙観《うちゅうかん》が批判《ひはん》され、特に国学者たちによる神代《じんだい》の合理化の試《こころ》みが批判《ひはん》の対《たい》象《しょう》となっている。

山片蟠桃は三浦梅園のように、思弁的《しべんてき》な宇宙解釈の体系をつくることをしないで、西洋の天文学の正しさを認め、それを信奉《しんぽう》する態度をとっている。彼によれば、仏教の須弥《しゅみ》山《せん》説《せつ》、日本の神代《じんだい》の巻《まき》、中国の諸説はみな「居《ゐ》ナガラ天地ヲ測《はか》」ったものであり、あたかも「管《くだ》ヲ以《もつ》テ天ヲ窺《うかが》」うごときものにすぎない。これに対してヨーロッパ諸国においては、海外諸国に往来《おうらい》し、測量試識してその説をつくったものであって、虚妄《きょもう》の説ではない。われわれはその説を信ずべきである。「天地ノコトハコレニ任ジテ、其糟粕《そうはく》ヲナムルノ外《ほか》ハアルベカラズ」というのが彼の基本的態度であり、彼は地《ち》動説《どうせつ》も万有引力《ばんゆういんりょく》の説も率直《そっちょく》にその正しさを認めている。しかも彼においては「致知《ちち》格物《かくぶつ》ノ大ナルハ天学ナルベシ、大抵《たいてい》理ヲ究《きは》メ性《せい》ヲ尽《つく》ス、其極《そのきょく》ニ至ルコト多シト雖《いへども》、天地ノ大ナル何《なん》ゾ究メ尽スベキ」ということばに明らかなように、西洋の天文学は朱子《しゅし》学《がく》の致知格物の精神とは矛盾《むじゅん》しない、という意識があった。朱子学の体系のうちの宇宙論の部分だけが完全に西洋の天文学によっておきかえられている。

　彼の天文学、あるいは地理学についての記述は当時としては画期《かっき》的《てき》な意味を有したが、今ここでそれについていちいち書きしるしても、たいした意味はない。われわれにとって重要なことは、彼がこの天文学という近代自然科学を通して得た合理主義的精神によって前科学的な東洋の世界を批判するその批判の仕《し》方《かた》である。

鋭《するど》い批判的精神

智術《ちじゅつ》たくましい西洋人に対して、当時の東洋人は蟠桃《ばんとう》の目にどう映《うつ》ったであろうか。彼はいう。

ムベナル哉和漢《かなわかん》ノ人ハ、始《はじめ》ヨリ字学ヲナセドモ、一生国字ヲ知尽《しりつく》サズ、ソノ外仏学《ぶつがく》、詩歌《しいか》、茶ノ湯、謡曲《えうきよく》、舞楽《ぶがく》ヲ始メトシテ、無用ノ稽古《けいこ》芸術ニ日ヲ費《つひや》シ、マタソレゾレノ諸芸諸行《しよげいしよぎやう》ヲナシテ、実ニ忠孝仁義《ちゆうかうじんぎ》ヲ学ビテ、身ヲ修ムルコトモナシ得ズ、況《いはん》ヤ天文地理ソノ外ノ義理ニ通ジ、知ヲイタシ物ニ格《いた》ルヲヤ、故ニ淫乱《いんらん》不正ノ業ヲナシテモ是《これ》ヲ愧《はぢ》ルコトナク、王公大人《わうこうたいじん》ト雖《いへども》学ブコトナケレバ、スベテ物理ヲ知ラズ、釈迦老仙《しやからうせん》ノ泥《どろ》ニ酔《ゑひ》テ悟《さと》ルコトモナクシテ、天下万国ノ大体ヲモシラズ、唯《ただ》我国ノ風俗今日ノアリサマヲ是《ぜ》トノミ心得テ、天変地妖《ちえう》外国ノ変事アレバ、何モ分ラズ驚怖《きやうふ》スルバカリニテ、世ヲ過《すご》スコソ口惜《くちをし》ケレ。

このような前科学的状態にある東洋、特に日本人の啓蒙《けいもう》のために、彼はさまざまの言《げん》をついやす。たとえば雷《かみなり》は悪人を殺すという俗信《ぞくしん》に対しては「雷ノ人ヲコロス、ナンゾ其人《そのひと》ノ善悪ニカカハランヤ」といい、また鬼門ということは、最澄《さいちよう》が比叡山《ひえいざん》を開くために言いだしたものであるという。総じて日の吉凶《きつきょう》とか相性《あいしょう》とかという考え方はすべて批判の対《たい》象《しょう》となる。「天火、風雲、天変ノ類、人間ノ吉凶ニアヅカルコトナシ」というのが彼の基《き》本的態度《ほんてきたいど》であり、自然現象《げんしょう》と人間の運命を結びつけようとする考え方をすべて排撃《はいげき》した。

彼の合理主義的、批判的精神は、仏教の須弥山説《しゅみせんせつ》や神道《しんとう》の宇宙開闢論《うちゅうかいびゃくろん》にまで向かう。特に神代記《じんだいき》の記述《きじゅつ》についての彼の批判は鋭《するど》く、伊弉諾《いざなぎ》、伊弉冊《いざなみ》の二神が国土の君たるべきものを生んだという記述に対しては、人民が存在しないのに支配者を生んだということの矛《む》盾《じゅん》を指摘《してき》し、「ソレ臣アリテ後君アリ、臣民ナクシテ誰レカ是《これ》ヲ君ト云《い》ハン」といい、「スベテ神代ノ巻ハ逆《ぎゃく》ナリ」と判定し、これを批判している。

しかしこのような誤謬《ごびゅう》は、科学の発達しない当時においてはやむをえないことだ、と彼は考える。彼が最も憎《にく》んだのは、天文学の知識がだいぶん明らかになった現在、古い時代の謬説《びゅうせつ》をなお弁護《べんご》しようとしてさまざまの遁辞偽説《とんじぎせつ》を述べる仏教学者、なかんずく国学者たちであった。彼らは「時ヲシラザル人」としてけなされ、本居宣長《もとおりのりなが》によって推薦《すいせん》された服部中庸《はっとりなかつね》の『三大考』などは「珍説古今類《ちんせつここんたぐひ》ナシ、其知《そのち》知《しる》ベシ、其愚《そのぐ》及《およぶ》ベカラズ」と罵倒《ばとう》されている。

西洋科学優位の理由

これまでみてきたように、天文学の研究を通じて得た合理主義的精神をもって東洋の欠《けっ》陥《かん》を批判していた蟠桃《ばんとう》は、西洋の科学における優位《ゆうい》がなにに由来《ゆらい》するか、ということについてもいろいろと頭をめぐらす。

彼はあちこちの箇所《かしょ》にこの問題に関する自分の意見を述べているが、まとめてみると、次のような事がらに帰着《きちゃく》する。

(1) 天文、地理の学や航海術の発達と貿易《ぼうえき》の自由。彼はこの問題について、「紅毛《こうもう》ナドノ国ハ、国王元《もと》ヨリ商売ノ大将ナリ、万国ニ奔《はし》リテ天文地理ヲ究《きは》ムルハ、其《その》起リハ通商ノ為《ため》ニシテ、航海スレバ天文ヲ知ラザルコトヲ得ズ」といっている。また西洋人の勇気が、彼らの天文、地理についての知識や航海の経験に由来《ゆらい》することに言及《げんきゅう》していることは注目《ちゅうもく》に値《あたい》する。

(2) 西洋の文字。彼は西洋人が致知《ちち》格物《かくぶつ》の学に詳《くわ》しいことの理由《りゆう》として、西洋の文字がわずか二十六の文字の真行草《しんぎょうそう》と、よせ字、方字、数字等加えて百字ばかりからなっていることに注目し、西洋の子どもが十歳までに国字を学び尽《つ》くして、致知格物の学の勉強に専《せん》念《ねん》していることを非常に高く評価《ひょうか》している。

(3) 西洋では、科学技術の面ですぐれた人があれば、政府でこれを援助《えんじょ》する。

彼はこのように西洋の科学の優越性《ゆうえつせい》を認識《にんしき》し、そのよって来《きた》るところをたずねるのであるが、しかし西洋のように国を開いて積極的に貿易をやることも、また封建制《ほうけんせい》を撤廃《てっぱい》することも考えない。「和漢ノ人ハ幸《さいはひ》ニシテ其賜《そのし》ヲウケテ居ナガラ、天文地理始メ医薬名物ヲ得ルコトナレバ、是《これ》ヨリ幸ハアルマジ、万国ニ艤《ぎ》スルニ及バズ」として開国の必要性を認《みと》めない。また封建制、郡県制の問題に関しては「天下ノ封建《ほうけん》ハ自然ノコト」としてこれを即自的《そくじてき》に肯定《こうてい》し、あるいはまた「封建ハ天下ヲ治《をさむ》ルノ道也《なり》、郡県ハ秦《しん》ノ始皇《しくわう》ニ初《はじま》リテ私《わたくし》ノ法ナリ」といって郡県制よりも封建制を選ぶのである。

鎖国《さこく》の問題に関しては彼が本気に当時の幕府の政策を支持していたかどうか疑わしい。西洋の天文、地理の学問の発達がその航海術の発展、さらには通商政策に由来《ゆらい》することを認めていた彼が、日本に関しては開国の必要を認めないという自己の主張の論理《ろんり》的矛盾《てきむじゅん》に気づかないはずはないし、また何箇所《かしょ》か出る現状肯定《げんじょうこうてい》の文章はいかにもとってつけた印《いん》象《しょう》を与える。

しかし封建制の問題についての彼の主張は本音《ほんね》のように思える。この問題については二つの面からみてみたい。

道徳と科学の関係

この問題は一つには道徳と科学との関係、いわゆる和魂洋才《わこんようさい》の問題として考えられる。彼は、

スベテ人ノ徳行性質ノコトニ於《おい》テハ、古聖賢《こせいけん》ヲ主トシテ是《これ》ヲ取《とる》ベシ、天文、地理、医術ニオイテハ古《いにし》ヘヲ主張シ、是ヲトルモノハ愚《ぐ》ナリト云《いふ》ベシ。

といい、道徳においては儒教《じゅきょう》、自然の問題については西洋の自然科学を採用すべきことを説《と》いている。ここには新井白石《あらいはくせき》以来の和魂洋才、採長補短《さいちょうほたん》の態度がみられる。

ところで彼の場合、科学と道徳、認識と実践《じっせん》との関係に関して興味深《きょうみぶか》い発想《はっそう》がみられる。彼はこう考える。人はみな自分の知らないことを「不測《ふそく》」とし、自分の知っていることを「不測」ではない、と考える。しかしよく考えてみると、まだ知らないことも「不測」ではない、またすでに知っていることもますます「不測」である。宇宙《うちゅう》の問題については、われわれの日常的な経験知《けいけんち》はすべて怪《あや》しくなる。宇宙は無限《むげん》であるか、有限《ゆうげん》であるか。宇宙はいつはじまりいつ終わるのか。だれが天地を生み、だれが元気《げんき》をつくったのか。だれがもろもろの星をつくり、引力をつくって、元気に変化を与え、物質や人をつくったのか。

またなぜ人間には身体とともに精神が与えられて、思考《しこう》し、天地の道理《どうり》を弁《べん》じることができるのか。これらはすべて「不測」である。彼はこのようにカントの『純粋理性批判《じゅんすいりせいひはん》』を思いださせるような問題を提出《ていしゅつ》する。

しかしこのさきの彼の解決はやや唐突《とうとつ》である。彼によれば万物は一体で、すべて陰陽対《いんようたい》待《たい》の道を離れない。生に対しては死があり、有限《ゆうげん》に対しては無限《むげん》がある。したがってこの「不測《ふそく》」は必ずしも不測ではない。人間には霊妙不測《れいみょうふそく》の神があり、しかも必ず心をもって都《みやこ》としている。天の霊妙不測の神も存在し、太陽をもって都としている。そして彼はこう結論する。

是《ここ》ヲ以《もっ》テ一身ノ用ハ悉《ことごと》ク心ヨリ出《いで》、一家《いっか》ノ務《つとめ》ハ悉ク父ヨリ出、一国ノ事ハ悉ク公府ヨリ出、天下ノ政《まつりごと》ハ悉ク朝廷ヨリ出、天地造化《ぞうくわ》ノ妙用《めうよう》ハ悉ク太陽ヨリ出、此故《このゆゑ》ニヨク其身《そのみ》ヲ修《しう》シテ、ヨク其《その》父ニ孝《かう》アリ、其《その》君ニツカヘテ神妙不測《しんめうふそく》ノ天命《てんめい》ヲ畏《おそ》レ慎《つつし》ムハ、我《わが》心《こころ》ヲ以《もつ》テ太陽心ニ冥合《めいがふ》ス、コレゾ宇宙《うちう》ノ至尊《しそん》ニ奉《ほう》ズル所ナルベシ。

こうして彼の科学的宇宙観はみごとに封建的道徳と結びつくのである。

彼における和魂《わこん》は学問の面からいえば江戸時代の大部分の知識人と同じく儒教《じゅきょう》であった。

なぜ儒教が彼において認められたか。それは儒教が宗教ではなく俗学であり、俗をもって俗を治《おさ》め、万民《ばんみん》を治める法であったからである。彼は儒教が高遠《こうえん》を説《と》かず、輪廻《りんね》奇怪《きかい》を説かず、「俗《ぞく》ヲ以《もつ》テ治メ、五常《ごじやう》ヲ以テ五倫《ごりん》ヲ序《つい》デ、孝悌忠信《かうていちゆうしん》ヲ以テ君父朋友《ほういう》ニ行ヒ、的実正《テキジツシヤウ》直《チキ》ナル」点に共鳴したのである。

彼はこのように儒教を尊信《そんしん》したけれども、その当時の儒学者のある人々のように中国を絶対視《ぜったいし》したのではなかった。彼は儒者たちが双方《そうほう》の史書の信憑性《しんぴようせい》の相対性《そうたいせい》を知らず中国の史書のみによってわが国の歴史を解釈しようとする態度をいましめ、「コレ我儒教士《じゆけうし》ノアヤマリナリ、事実ヲ正《ただ》サズシテ、徒《いたづら》ニ我ノ耻《はぢ》ヲシラズ、居ナガラ君命ヲハヅカシムルモノカ」という。あるいはまた「我ヲ以《もつ》テ国ヲ治《をさ》メ、大国ニ侵《をかさ》レザルモノハ『イギリス』ト我日本ノミ、ココヲ以テ天下ニ敵ナシ」ともいう。ここらあたりに、思想のレヴェルよりもっと深い層における彼の和魂を認めるべきであろうか。特に日本の特殊性《とくしゆせい》を町人学者蟠桃《ばんとう》が武《ぶ》においてみたことは注目すべきことであり、幕末《ばくまつ》の武士たちの意識とつながるものすらそこにみることができる。

大町人の立場

蟠桃《ばんとう》の封建制度《ほうけんせいど》肯定《こうてい》は、彼の升屋《ますや》の番頭《ばんとう》としての立場とも結びついている。

大町人である山片蟠桃が封建制度を肯定《こうてい》するということは、ちょっとみると、まったく奇《き》怪《かい》なことのように思われる。それだけでない。彼は意外にも「都会市井《しせい》ノ民《たみ》ヲシヘタゲテ、農民ヲ引立《ひきた》テ耕作ヲススムル政事ヲスル、コレ第一ノ枢要《すうえう》トナス」とか、あるいは「国ヲ治ル八百姓《ひやくしよう》ヲススメ工商ヲ退《しりぞ》ケ、市井ヲ衰微《すいび》サスニアリ」と、商工業を退け、農業を産業の基《き》幹《かん》とすべきことを説《と》いている。これはいったいどうしたことであろうか。

結論をいえば、彼の町人としての立場は、現存の幕藩体制《ばくはんたいせい》を前提《ぜんてい》としてはじめて成立するものであった。すなわち農産物を財政の基礎とする諸藩《しよはん》となんらかの仕方《しかた》で結合することによって大町人たちは利益をあげることができた。彼が仙台藩《せんだいはん》の財政顧問《こもん》となったことはこれらの町人の性格を端的《たんてき》に物語っている。これらの町人の立場は産業資本家ではなく、商業資本家であり、そして高利《こうり》貸《がし》資本家《ほんか》であった。彼が封建制度を擁護《ようご》したのは当然《とうぜん》といわねばならない。

しかしこうした枠組《わくぐみ》のなかで彼は経済的合理主義を貫徹《かんてつ》しようとする。すなわち、

昇平《しようへい》の時にして戦闘の憂《うれひ》なく、万民各其処《そのところ》を得て、争ふものは只《ただ》利のみ。金銀あれば家富《とみ》さかえ、愚《ぐ》も智《ち》となり、悪人も善人となる。（中略）上公侯《かみこうこう》より農工商に至るまで、皆是《みなこれ》を以《もつ》て身命を保《たも》つ第一の宝となる。

と、富と利益の追求《ついきゅう》を肯定《こうてい》し、それが知識や道徳の進歩に寄与《きよ》すると考えるとともに、他方では、物価《ぶっか》統制《とうせい》や株仲間《かぶなかま》の結成に反対して、商行為《しょうこうい》の自由を主張したのである。

四　海保青陵《かいほせいりょう》と安藤昌益《あんどうしょうえき》

海保青陵をとりあげる理由

山片蟠桃《やまがたばんとう》における経済合理主義に注目《ちゅうもく》したわれわれは、さらにその方向をより徹底《てってい》させたものとして海保青陵（一七五五―一八一七年）をとりあげてみたい。しかし「和魂洋才《わこんようさい》への道」と題するこの章で洋学を学んだ形跡《けいせき》のない海保青陵をとりあげることが、やや場違《ばちが》いの感じがしないでもないという感じをもたれる人もあるいはあるかもしれないが、ここでは二つの理由で青陵をとりあげてみた。一つは司馬江漢《しばこうかん》が『天地理談《てんちりだん》』のなかで次のようにいっていることに注目した。

壬申《みづのえさる》ノ年、京ニ居《をり》ける時、押小路富小路《おしのこうぢとみのこうぢ》西へ入処《いるところ》に、青陵と云《いふ》儒者ハ、海保義平《かいほぎへい》と云《いふ》て、東都の人なり。今六十の内外ニして、甚《はなは》ダおもしろき人なり。常に門人ニ云《いひ》て曰《いはく》、吾《われ》親ゾクもなし、死《しに》タラバ火葬《くわさう》ニして、其《その》骨を粉《こな》となし、大風時を俟《まち》て、天へ吹《ふき》散《ちら》シメヨト。是《これ》天に帰ルと云事也《いふことなり》。亦《また》蘭説窮理を以《もつ》て、支那の書を訳し、談話おもしろき人ニて……。

この風葬《ふうそう》の話は青陵の人となりを浮かびあがらせるが、それはともかく、江漢が青陵をもって「蘭説窮理《らんせつきゆうり》を以《もつ》て支那の書を訳し」としているところは注目に値《あたい》する。「鶴《かく》（青陵の名）はただ文章ずきにて、何流の学問などといふこと大きにきらひなり。わかき時から何派の学問でもなし。即《すなはち》鶴が一家の学なり」とみずから称したほど学問に対して自由な態度をとった青陵に、長崎を窓口《まどぐち》としてはいってきた西欧《せいおう》の合理主義的思考はなにがしかの影響《えいきょう》を与えていたのではなかろうか。これが第一の点である。

第二の点は、青陵のなかに展開されている徹底《てってい》した経済合理主義、あるいはまたそれを可能にした当時の商業資本の発展は、西洋の近代資本主義社会を理解する鍵《かぎ》として重要な意味をもったのではないか、というわたしの予測《よそく》である。彼はこういっている。

阿蘭陀《オランダ》は国王が商《あきな》ひをすると云《いふ》て、どつと云ふてわらふことなり。されども己《おの》れもやはり物をうりて、物を買《かふ》なり、物を売て物を買は世界の理《ことわり》なり、笑ふことも何もなきなり、世界の理《り》を笑ふこそ勿体《もつたい》なきことなり……。

一八六七年（慶応三年）、徳川昭武侯《とくがわあきたけこう》のお供《とも》をしてヨーロッパを訪《おとず》れた渋沢栄一《しぶさわえいいち》はベルギーの国王がみずから商売の話をしたとして驚《おどろ》き、やがてそれは彼の近代資本主義への開眼《かいげん》となっていくが、この新しい西洋認識を炯眼《けいがん》な青陵《せいりょう》はすでに文政《ぶんせい》年間（一八一八―二九年）にもっていた。そのことを可能にしたものが江戸の中期以後の商業資本の発展であった（これがなぜ直線的に明治維新につらならなかったかについては拙稿「明治維新と実学思想」を参照されたい）。

江戸時代最大のプラグマティスト

海保青陵《かいほせいりょう》をとりあげた理由はこのくらいにして、青陵とはどういう人かについて簡単《かんたん》に述《の》べよう。彼は今日の京都府の宮津《みやづ》の城主青山侯の家老筋《かろうすじ》の生まれだが、自由の境涯《きょうがい》を求めて家督《かとく》を弟に譲《ゆず》り、関東、北陸、近畿《きんき》の間を遊歴《ゆうれき》しながら、いたるところで町人や百姓《ひゃくしょう》のために、また心ある武士たちに致富《ちふ》の道を説いてまわった。今日の経営コンサルタントのはしりであろう。彼は徂徠《そらい》派の宇佐見恵助《うさみけいすけ》（灊水《しんすい》）に学んだというが、さきほどしるしたように、その学風は自由であり、江戸時代の生んだ最《もっと》もすぐれたプラグマティストということができよう。著書に『稽古談《けいこだん》』五巻（一八一三年）、『前識談《ぜんしきだん》』『升小談《ますこだん》』などがある。

彼の学問や思考を貫《つらぬ》くものは徹底《てってい》したプラグマティックな態度と合理《ごうり》主義《しゅぎ》的思考《てきしこう》である。彼は学問を経世済民《けいせいさいみん》という大きな目的に奉仕《ほうし》すべきものと考え、国を治めるには聖賢《せいけん》の書もなにもいらない、まして註疏《ちゅうそ》などはまったく不用だ、といって、当時大流行の考証学《こうしょうがく》を批判《ひはん》する。彼がこのような経世済民という大きな目的のために必要だと考えたのは、生きた知恵《ちえ》(活智)である。治国安民《ちこくあんみん》は生きた社会、生きた人間を相手としてなされるのであるから、状況に応じて臨機応変《りんきおうへん》に働く生きた知恵が必要である。これが活智《かっち》である。そうでないもの、古典の知識が重荷《おもに》になって身動きできなくなっている当時の儒者《じゅしゃ》たちの頭や心の働きを、彼は死智《しち》とよんだ。

ではこのような活智はどうすればわれわれの身につくか。ここにおいて彼は極めて興味《きょうみ》深《ぶか》いプラグマティックな認識論《にんしきろん》を展開する。このような場合、一般の日本の思想家たちは、自分の心を正直《しょうじき》にする、誠《まこと》にする、というように認識主観《にんしきしゅかん》の心術《しんじゅつ》のあり方を問題にするのが普通《ふつう》であるが、青陵《せいりょう》の場合、心術のあり方を問うよりも、操作的《そうさてき》に問題を解決し処理《しょり》しようとしている。

彼の主張はこうである。認識主観はいっさいの偏見《へんけん》にとらわれてはならない。知恵は知恵から自由でなければならない。彼はこの知恵の自由な働きを空位といい、それに対して固定化した対象《たいしょう》の存在を実位(定位)とよんだ。彼に従えば、「実位のものを空位《くうい》にいながら自由自在にすること」が人の職《しき》とされた。

知恵の諸段階

このように、空位《くうい》にいながら実位《じつい》のものを自由自在にするとき、われわれの生きた知恵は働くのであるが、この知恵にはいくつかの段階がある。第一の段階に位《くらい》するのが孔子《こうし》である。彼はこういっている。

正直《しやうぢき》はよき事なり。偽《いつはり》はあしき事也《なり》。なれども其父《そのちち》羊を攘《ぬす》めるときは偽《いつはり》を云《いふ》が即《すなはち》正直ぢやと孔子《こうし》の仰《おほ》せられたことのある、是《これ》善に居《をり》きりに居ることとあしき証拠《しようこ》也。

彼のいおうとするところは、人は善悪の二つの定位《ていい》(実位)の外に、善悪から自由な空位を一つ作って、そこにたって善悪を事によって使うのが理《り》であり、孔子が教えているのはこのような生きた知恵だと青陵《せいりよう》は解釈する。

しかし青陵によれば、孔子の空位はまだじゅうぶんではない。孔子のように善悪の外に自己の居所《きよしよ》を定めることは善悪の渦中《かちゆう》にいるよりずっとすぐれているが、さらにこの自己の居所をあわせて外から見るくふうが必要である。この絶対《ぜつたい》の空位にたってはじめて、人は迷《まよ》いを脱《だつ》し執着《しゅうじゃく》を絶《た》つことができる。これを教えたのが釈迦《しゃか》だと青陵は解するのである。

　この釈迦の説く絶対《ぜったい》の空位《くうい》は地水火風《ちすいかふう》の風にあたる。風は地水火に対して真《しん》の空《くう》である。そして彼はさらに老子《ろうし》の四大《しだい》（王〔人〕、地、天、道。このうちの道が空位にあたる）も、ヨーロッパの四元行《げんぎょう》もこれにあたる、という。ここにいうヨーロッパの四元行とは水火土《すいかど》気《き》であり、この気がこの空位にあたる、というのである。このヨーロッパ——といってもそれはギリシアのエレメント説だが——の解釈《かいしゃく》はかなり強引《ごういん》なこじつけの解釈だが、それはそれとして仏教、老荘《ろうそう》、西洋思想が究極《きゅうきょく》の空位として一致《いっち》すると解釈した青陵の説はおもしろい。われわれは青陵《せいりょう》のなかに、東洋の空《くう》や無《む》の思想とプラグマティックな思考とがユニークな仕方《しかた》で結合しているのをみる。

　こうして彼に従えば、知恵の順序《じゅんじょ》は、釈迦《しゃか》、弘法《こうぼう》、老子《ろうし》、孔子《こうし》の順序になる。彼は東洋の空や無の立場にたって、仁義《じんぎ》礼智《れいち》信《しん》というような価値《かち》規範《きはん》を道具（彼はこれを器《き》という）として、営利《えいり》という目的を達していこうとする。しかしこの利益の追求《ついきゅう》においても、過《か》、不及《ふきゅう》はともに愚《ぐ》であり、天の理《り》ではない。こうして天理は中すみ（中央）であるという中庸《ちゅうよう》の処世倫理《しょせいりんり》が説《と》かれる。

社会経済的現象の解明

これまでみてきたように青陵の思考法《しこうほう》を貫《つらぬ》くものは一種のプラグマティズムであり、東洋の空《くう》や無《む》の思想さえこれと結びついているが、他方われわれが見おとしてならないのはその合理的思考である。彼はいう、「天地の間のことは皆理《みなり》也《なり》、皆理中《りちゅう》也、理外《りぐわい》なし。畢竟《ひっきやう》理外と云《い》ふは理の推《お》しやうの足《た》らぬ故《ゆゑ》に理外のやうに見ゆる也」。天地間のことはすべて理に貫《つらぬ》かれている、というのが彼の信念である。

しかし彼においては、その合理的思考は自然現象《しぜんげんしょう》よりもむしろ社会経済的現象の解明《かいめい》において発揮《はっき》された。そして彼における理は朱子《しゅし》学《がく》におけるような自然法則と倫理《りんり》規範《きはん》を結合したような理ではなく「左《さ》なければならぬと云《い》ふ事」であって、必然的な因果《いんが》関係《かんけい》によって貫かれる法則の力を意味した。そして彼は特に、現実の政治、経済、社会を対象《たいしょう》として、そこに貫いている法則を明らかにしようとした。彼においてたいせつなのは聖賢《せいけん》のことばではなく、彼の直面している徳川の社会の現実であった。

彼は徳川社会が、孔子《こうし》の当時の社会とも、孟子《もうし》の当時の社会とも違うことを認識《にんしき》する。長い平和がつづいた徳川社会は経済的利益社会に変貌《へんぼう》し、そこでは営利《えいり》をめざす経済の道（覇道《はどう》）が必要である。彼はいう。

今の儒者《じゅしゃ》ひじをはりて利をうとんずるがよい、孔子《こうし》がさやうに仰《おほ》せられた。民をやたらに愛するがよい、孟子《まうし》がさやうに説《と》かれたといふは、捧腹《ほうふく》にたへたことなり。

彼においては、「田も山も海も金も米も、凡《およ》そ天地の間にあるものは皆《みな》しろもの（経済的財貨）」であった。そしてこの財貨を売買して新しい財貨（収益）をあげることは天理《てんり》であり、また逆《ぎゃく》に働かずに衣食することは天理にそむくことになる。このように彼は売買関係、取り引き関係を天理として認《みと》め、この取り引きが公正に天理に即《そく》して行わるべきことを説く。もちろんこの場合、商売のかけひきは公正なものとして認められる。そしてまた政治はこの経済社会の天理に即して行われなければならない。政治の目的は天理に即して上下を富ますことにあるとされ、その具体的《ぐたいてき》な方法としては貨幣《かへい》を適当《てきとう》に上にまきあげ、また適当に下にまわすような措置《そち》、つまり通貨の循環《じゅんかん》をなめらかにするような方法が考えられた。

君臣は市道なり

われわれがここで最も注目すべきことは、彼がこの売買関係、取り引き関係こそ理《り》であるという考え方を、封建《ほうけん》社会の基本的人倫《じんりん》たる武士社会の君臣関係にまで適用《てきよう》したことである。「義は君臣、情は父子」というような考え方が一般的であったときに、彼は敢然《かんぜん》と「古《いにし》へより君臣は市道なりと云《いふ》なり。（中略）君は臣をかひ、臣は君へうりてうりかひなり。うりかひがよきなり」といって、君臣関係をギブ・アンド・テイクの取り引き関係として説明する。あるいはまた「天子は天下と云《いふ》しろものをもちたる豪家《がうけ》なり、諸侯《しよこう》は国といふしろものをもちたる豪家なり。このしろものを民《たみ》にかしつけて、その利息《りそく》を喰《く》うてをる人なり」といい、一般武士に対しては「卿大夫士《けいたいふし》は己《おの》れが智力《ちりよく》を君へうりて、其日雇賃銭《そのひやといちんせん》にて喰《く》うてをる人なり……雲助《くもすけ》が一里《り》かつぎて一里だけの賃《ちん》をとりて、餅《もち》を得《え》、酒を得《う》るに何もちがひなし」とまで極論《きよくろん》する。

　彼にとっては、商品経済の機構《きこう》を離れては一日も生活できないのに、金をいやしみ、商《しよう》行為《こうい》をさげすんで一日一日と窮乏《きゆうぼう》していく武士の姿が笑止《しようし》であった。彼は武士の窮乏を救うためには、武士は商行為から超然《ちようぜん》たる存在である、という偏見《へんけん》を除かねばならないとし、

　金を貴《たふと》ぶ人をば大《おほい》に笑ふて商売中の人なりといふこと武士一統《いつとう》の風《ふう》なり。商売人の風とて笑ふほどならば、己《おの》れは商売はせぬかと云《い》へば、先《ま》づ大国の大名《だいみやう》より年々米を売りて金にして、扨《さて》公用を勤《つと》め万事《ばんじ》ととのふなり。米を売るは商売なり。大国の大名より皆《みな》商売中の人なり。商売中の身分《みぶん》でゐながら、商売を笑ふゆゑ、己《おの》れが分と所行《しよぎやう》と

違ふなり。

という。

武士は商売中の身分である、ということばを山鹿素行《やまがそこう》が、士《し》は「耕《たがや》サズ造《つく》ラズ沽《う》ラ」ざるがゆえに三民の道徳の儀表《ぎひょう》たるべきであるとした士道観《しどうかん》と比較《ひかく》しよう。百五十年間の歳月が徳川社会の構造を変え、その間における商品経済の発展が、それを認めなくては武士社会を存立《そんりつ》させないところにきていた事情を、われわれは青陵を通して知ることができる。享保期《きょうほうき》において、荻生徂徠《おぎゅうそらい》もこの問題を知りはじめていた。しかし彼は、武士の土着によって問題は解決できると考えていた。その後多くの思想家によっていろいろの対策が講《こう》ぜられたが、青陵においてはっきりと武士の商業的経済機構への適応《てきおう》が説かれ、さらに武士の君臣関係を売買関係、取り引き関係において説明するということすらなされた。徳川封建社会《ほうけんしゃかい》の基本的矛盾《きほんてきむじゅん》は、封建的要素を否定し、商業的社会機構、経済機構を伸《の》ばすことによって解決される、というのが青陵の真意であろう。問題は来るところまで来たというのが、われわれの率直《そっちょく》な感想である。しかし青陵の場合、徳川の政治機構《きこう》に対する批《ひ》判《はん》はなに一つなされなかった。また開国の問題については全然触《ふ》れられていない。これらは彼につづく人々によって答えられねばならない課題《かだい》であった。

ユニークな思想家安藤昌益

江戸時代の多くの思想家たちが、その社会の矛盾《むじゅん》を封建的社会組織《ほうけんてきしゃかいそしき》、農本主義《のうほんしゅぎ》的経済構造と中央集権的社会組織、商業的経済機構との矛盾にありとし、その間の調整《ちょうせい》に苦慮《くりょ》したこと、そして大勢《たいせい》は商業的経済機構の重視という方向に向かいつつあったことはこれまでみてきたとおりであるが、この間にあっていっさいの権力組織を否定し、農業を基本とする無政府主義的共産主義的思想を唱《とな》えたユニークな思想家があらわれた。それは安藤昌益《あんどうしょうえき》である。

昌益の存在は今日もなお神秘《しんぴ》のヴェールにおおわれ、われわれはこれをじゅうぶんに明らかにしえないのであるが、彼が今日の秋田県大館《おおだて》（出羽国秋田郡二井田村）の人であり、延享《えんきょう》・宝暦《ほうれき》の間（一七四四—五七年）に八戸《はちのへ》で活躍《かつやく》し（昌益が故郷の二井田村に帰ったのは宝暦八年—一七五八—である）、何冊《なんさつ》かの本を出版し、そして故郷大館で生を終えたことだけは明らかである。彼の現存《げんぞん》する著書は、『自然真営道』十五冊（未公刊稿本。もと百巻九十三冊、残りは関東大震災で焼失）、『統道真伝』五巻（未公刊稿本《こうほん》）、『自然真営道』三巻（刊本）である（三宅正彦編『安藤昌益の思想的風土——大館二井田民俗誌』参照）。

昌益は、これまでみてきたような同時代ならびにそれにつづく時代の思想家たちがきわめて現実主義的な態度によって、徳川社会の矛盾《むじゅん》を現状に即《そく》して解決していこうとしたときに、ある意味では空想的な、しかし他の思想家たちが思いもつかなかったような飛躍的《ひやくてき》な結論を出している。すなわち彼は、封建的支配の構造そのものを批判《ひはん》するのである。彼はいう。

天下を治《をさ》むと云《い》ふは失《あやま》りなり。自然には乱《らん》も無く、治《ち》も無く、唯直耕安食安衣《ただちよくかうあんしよくあんい》あるのみ。故に天地に継《つ》ぎて直耕安食安衣し、其《その》余力を以《もつ》て他を養《やしな》ふ直耕者は是《こ》れ転（天の意）の赤子《せきし》なり。直耕して米穀《べいこく》を生じ、王侯《わうこう》等凡《すべ》て不耕者を養ふ。是れ転《てん》の生道《せいだう》を継《つ》ぐ者なるが故に、真に転《てん》の赤子なり。此《この》直耕者は王侯将士、僧侶《そうりよ》、神官《しんくわん》等凡《すべ》て不耕《ふかう》貪食者《とんしよくしや》の父母なり。

すなわち彼は、すべての人が支配することも支配されることもなく、「自然に直耕する」というユートピア思想をいだいている。農民こそ彼の理想的人間のあり方であり、彼は、

農は直耕、直織、安食、安衣、無欲、無乱、自然の転（天）子なり。故に貴《たふと》からず賤《いや》しからず、上ならず下ならず、賢《けん》ならず愚《ぐ》ならず、転定《てんち》（天地の意）に応じて私無き者なり。

として、人間の生き方のモデルとする。そして農民は万民の「養父《ようふ》」であるのに、農民を武士階級の下におく聖人《せいじん》の罪《つみ》がおそろしいという。

このように農業を人間の自然に最《もっと》もかなったしごととし、万人が農業生産に従事《じゅうじ》し、その間に支配する者も支配される者もない社会状態を理想として昌益は、このような理想の実現をはばんでいると考えられる封建的《ほうけんてき》支配関係《はいかんけい》やそれを基礎《きそ》づけるいっさいのイデオロギーを批判《ひはん》した。

人は自然に直耕《ちょっこう》して生き、互《たが》いに支配することも支配されることもない状態《じょうたい》にあるとき、ことばの真《しん》の意味において人である、と昌益は考える。力あるものがみずから働くことなく、自然に直耕する者を支配し、これを搾取《さくしゅ》するとき、人は人であることをやめて禽獣《きんじゅう》の状態におちいる。そして人をこのような禽獣の状態におとしいれたものは聖人である。

彼のいう聖人《せいじん》とは、社会の現実の支配者、ならびに社会における支配関係を正当化《せいとうか》した知的道徳的指導者《ちてきどうとくてきしどうしゃ》のいっさいをさす。秀吉《ひでよし》や家康《いえやす》のごとき支配者だけでなく、儒者《じゅしゃ》たちによって理想的君主《りそうてきくんしゅ》とされた堯《ぎょう》も舜《しゅん》も、あるいは聖人として仰《あお》がれた孔子《こうし》をはじめ孟子《もうし》以下の儒者たち、老荘《ろうそう》までがことごとく彼の批判《ひはん》の対象《たいしょう》となる。そして彼の批判は、儒教に説くパターナリズム（慈恵《じけい》主義）を批判することによって、最も徹底《てってい》したものとなる。

封建的イデオロギーへの徹底的批判

あらためて説《と》くまでもなく、儒教《じゆきよう》の政治理想は専制《せんせい》主義を肯定《こうてい》するものではなく、政治は人民のためになされねばならないとする民本《みんぽん》主義的傾向《けいこう》を強くもっている。儒教理念《じゆきようりねん》に浸透《しんとう》された支配者たちは民《たみ》をわが子といい、あるいは仁政《じんせい》をしくことを自己の政治の理想とした。王覇《おうは》の弁《べん》は古来やかましい問題だが、儒教の王道思想はこのような支配者のパターナリズムにもとづいて成立するものであり、昌益と同時代の上杉鷹山《うえすぎようざん》や細川重賢《ほそかわしげかた》ら、当時名君《めいくん》とたたえられた人たちは、このような意識の持ち主だった。しかし昌益の目からすれば、覇道《はどう》はもちろんのこと、このような王道すらいいかげんのものだった。彼はいう、「己《おの》れ民《たみ》に養《やしな》はれて民の子でありながら民は吾《わ》が子と云《い》へり、只《ただ》狂人なり」。あるいは仁《じん》という儒教道徳の根本《こんぽん》ともいうべき徳目《とくもく》に対しては、

聖人は仁《じん》を以《もっ》て下民を仁《めぐ》むと云《い》ふ。甚《はなは》だ私失《ししつ》の至《いた》り笑ふべきなり。聖人は不耕《ふかう》にして衆人の直耕《ちよくかう》、転《てん》（天）業《げふ》の穀《こく》を貪食《とんしよく》し、口説《こうぜつ》を以《もっ》て直耕転《てん》（天）職《しよく》の転《てん》（天）子《し》なる衆人を誑《たぶら》かし、自然の転《てん》（天）下《か》を盗《ぬす》み、上に立ちて王と号す。故に己《おの》れ手よりして一粒《ひとつぶ》・一銭《いっせん》をも出すこと無く、我が物と云《い》ふ。持たざる者は、聖人なり。然《しか》るに何を施《ほどこ》して民を仁《めぐ》むべけんや。故に笑ふべきなり。

そして「仁《じん》と云《い》ふは罪人の根なり」とさえ極言《きょくげん》する。これは江戸時代においてなされた封建的《ほうけんてき》イデオロギーに対する最も根本的批判《こんぽんてきひはん》である。そして人は昌益のこれらのことばに接《せつ》して、『忘れられた思想家安藤昌益』の著者ノーマンとともに、カントの次のことばを思いだすであろう。

父の子に対するごとく人民に対する慈恵《じけい》の原則《げんそく》にもとづく政治は温情政治《おんじょうせいじ》imperium paternale であり、そこでは、したがって、臣民は自分にとって有用《ゆうよう》なものと有害《ゆうがい》なものとを判別《はんべつ》しえない未成年者《みせいねんしゃ》であって、受動的の態度を保《たも》つことを余儀《よぎ》なくされる。——かかる政治は最大の専制政治である。（『道徳の形而上学』）

彼はいったいどのような根拠《こんきょ》において、時流《じりゅう》をはるかに抜く発想《はっそう》をし、封建社会そのものを批判《ひはん》したのだろうか。

大自然に学ぶ

彼は常に、われは無学であるとか、われに師なし、われ生まれながらにして知る、といっているが、このことは彼が儒教《じゅきょう》や老荘《ろうそう》、あるいは仏教の古典を学ばなかったことを意味するのではない。彼の文章はよい漢文とはいえないが、彼はこれらの古典についてはひろく学び、またこれらをじゅうぶんに理解する力はもっていたようである。しかし、彼はこれらのおびただしい書物からよりはむしろ、大自然から直接に、人間社会の真《しん》のあり方を学んだようである。この問題に関する彼の見解をいくつか要約《ようやく》し、現代ふうに解釈しなおしてみよう。

(1) 自然ははじめも終わりもない。自然は自己原因である。

(2) 天地ははじめもなく終わりもなく、また上もなく下もなく、尊卑《そんぴ》の別もなく、先後《せんご》の順位《じゅんい》もなく、ただささながらの自然である。

(3) 天地も人も物も、宇宙間《うちゅうかん》のいっさいのものは微塵《みじん》にいたるまで、相対的存在《そうたいてきそんざい》であり、相補的《そうほてき》であり、そしてそれゆえに相互作用的《そうごさようてき》である。万物の相対的、相補的性格を「互性《ごせい》」とよび、この「互性」ゆえにおこる万物間（天と地、男と女、等々）におこる相互作用を「活真《かっしん》」とよぶ。この相互作用によって自然は進退《しんたい》をくりかえす。

(4) 宇宙間のいっさいのものは、天と地、日と月、男と女、雌《めす》と雄《おす》、善と悪、生と死……等のように常に二つに分かれて現象《げんしょう》するが、これらは自然の一つの真なる営み（真営《しんえい》）の進退《しんたい》であり、これらの多種多様《たしゅたよう》の仕方《しかた》で、二つの対《つい》なるものの間におこる進退が自然の一真営なのである。

上下尊卑《そんぴ》の価値観《かちかん》の否定

彼のこうした自然観《しぜんかん》をみると、彼もまた梅園《ばいえん》と同じく、『易経《えききよう》』の影響《えいきよう》を強くうけているように思われる。しかし彼の場合、二つの点において独自《どくじ》の点をもっている。一つは相《そう》対的《たいてき》、相補《そうほ》的《てき》関係にある二つのものの間の相互作用《そうごさよう》をきわめてダイナミックにとらえたことであり、この点梅園とは異なっている。梅園の自然哲学が条理《じようり》の学というよび名からもわかるように、非常に合理的性格を強くしていたのに対して、昌益の考え方は物活論《ぶつかつろん》の傾《けい》向《こう》を強くもつ。第二の点は非常に重要な問題であるが、彼は易《えき》の影響を強くうけながら、そこにある上下尊卑《そんぴ》の価値観を徹底的《てつていてき》に否定《ひてい》した。彼はいう、

> 然《しか》るに伏羲《ふくき》〇《コレ》を太極《たいきよく》の図と為《な》し、中に何も無き所に於《お》いて衆理《しゆうり》を具《そな》ふと為《な》し、空理《くうり》を以《もつ》て極意《ごくい》と為すこと甚《はなは》だ失《あやま》れり。円相《ゑんさう》は気象《きしやう》の象《かたど》り、積気《せきき》の貌《かたち》なり。之《これ》を以て転定《てんち》（天地）の異前《いぜん》と為し、是《こ》れが動にして陽儀《やうぎ》を天体と為し、静《せい》にして陰儀《いんぎ》を地体《ちたい》と為し、天地を二と為し、上尊下卑《じやうそんかひ》の位《くらゐ》を附《ふ》す。是れ己《おの》れ衆の上に立たんがため、私法を以て転《てん》（天）下《か》に道を失《あやま》る根源《こんげん》なり。是《これ》より上下私欲を争ひ、乱世の始本《しほん》と為る。而《しかう》して今の世に至るも止《や》むこと無し。拙《つたな》いかな。自然を失《あやま》てるかな。

ここに書いてある伏羲《ふっき》というのは彼の誤解《ごかい》で、周濂渓《しゅうれんけい》、朱子《しゅし》らの宋学者《そうがくしゃ》にその罪は帰《き》せらるべきであろうが、それはともかく、彼は中国思想（特に朱子学）の宇宙論《うちゅうろん》にもとづく封建的社会秩序《ほうけんてきしゃかいちつじょ》の正当化《せいとうか》を徹底的《てっていてき》に否定したのであった。これまで述べてきた人をみても、たとえば山片蟠桃《やまがたばんとう》などは、朱子学の宇宙論を西洋の天文学によっておきかえ、朱子学のもつ合理的側面《そくめん》を自由に伸ばしたが、他方封建社会的秩序を肯定《こうてい》する一面をもっていた。これに対して昌益《しょうえき》は、互性《ごせい》、活真《かっしん》という自然観をもち、宇宙間の万物は相対的《そうたいてき》、相補的存在《そうほてきそんざい》であり、その間に価値の優劣《ゆうれつ》の差はないとし、それらの相対的、相補的存在の間の相互作用のなかに自然の真営《しんえい》をみていこうという立場なので、天地、上下、優劣《ゆうれつ》というような人《じん》為的範疇《いてきはんちゅう》をつくり、これらの関係を固定的《こていてき》に、あるいはまた絶対的《ぜったいてき》に考えようとする思想を徹底的に批判《ひはん》したのであった。昌益の立場からすれば、天地、上下、優劣というごときものは、聖人たちが自分の支配を正当化しようとする私法にすぎない。このようにして、昌益の自然観は、人間の平等《びょうどう》という一種の自然法思想を生みだした。これは東洋世界においては稀有《けう》のことであり、また徳川の封建社会の価値観《かちかん》とは根本的《こんぽんてき》にあい対立するものであり、彼の現実の徳川の封建社会に対する批判は峻烈《しゅんれつ》をきわめた。彼が知己《ちき》を百年ののちに求めて、その主著『自然真営道』を出版しなかったことも当然《とうぜん》とせねばならない。

男女はあわせて一体

彼の自然観は両性《りょうせい》の問題に関しても、興味《きょうみ》ある問題を提出している。彼に従えば男女はあわせて一体であり、その間になんらの価値的差別《かちてきさべつ》はない。一夫一婦《いっぷいっぷ》が人間にとって最《もっと》も自然な人間らしい生き方である。一夫が多女に交《まじ》わるという蓄妾《ちくしょう》の制度も、あるいはまた一女が多男に交わる売妾《ばいしょう》の制度もともに人間を禽獣《きんじゅう》の地位におとしいれるものである。また姦淫《かんいん》に対しては「若《も》し密通《みっつう》して犯《をか》す者之《これあ》有るときは一族談合《だんがふ》して之を殺し、人知れずに行ふべし」と強い態度《たいど》をとっている。そしてまた、蓄妾制度の起源《きげん》として、堯《ぎょう》の娘《むすめ》二人をめとった舜《しゅん》をあげ、聖人が人間を禽獣におとしいれたとする。当時、家制度を維持《いじ》するために蓄妾の制を肯定《こうてい》した多くの儒者《じゅしゃ》たちにくらべると、この点でも彼は卓然《たくぜん》と抜きんでている。

この問題に対する彼の批判は、儒教《じゅきょう》だけでなく仏教にも向かう。彼は一夫多妻《いっぷたさい》制度や一《いっ》妻多夫《さいたふ》制度に反対するとともに、独身主義にも反対する。

転定《てんち》（天地）は無始無終《むしむしゅう》にして、転定にして一体なり。……転定（天地）にして一体、男女にして一人、是《こ》れ自然の進退する一気なり。男を去れば女無く、女を去れば男無く、男女合して一人なる則《とき》は人倫常《じんりんつね》なり。心と形にして一身、男心と女心にして一心なり。男心を去れば女心無く、女心を去れば男心無く、男心・女心一心なり。常に男は女を思ひ、女は男を思ふ。自然進退《ひとりするしんたい》の一気《いつき》なり。……一気断絶《だんぜつ》するときは転定・人・物・世界有《あ》ること能《あた》はず。然《しか》るに釈迦《しやか》は、私の分別知《ぶんべつち》を以《もつ》て、離《はな》るれば離れ、絶《た》つれば断《た》つると思ひて妻子を離れ愛子の念を断《こと》はり、父母の妙徳《めうとく》を無《な》みし、出家《しゆつけ》して独身と為《な》り、不《ふ》耕貪食《かうとんしよく》して虚談《きよだん》の弁口《べんこう》を以《もつ》て渡世《とせい》を為《な》す。是《こ》れ自然転《ひとりするてん》（天）道人道《だうじんだう》を盗《ぬす》み私法を立て衆《しゆう》を誑《たぶら》かし世を貪《むさぼ》る妄狂の失《あやま》りなり。故に弁説《べんぜつ》を以《もつ》て男女恩愛の念を離ると言ひ、執着《しふちやく》の念《ねん》を断切《だんせつ》すと雖《いへど》も、身形のみ離ると雖も、府蔵神心《ふざうしんしん》に具《そな》はる所は断絶《だんぜつ》する者に非《あら》ず。男女親子は自然の一気なる故、互《たが》ひに常に思ひて止《や》むこと能《あた》はざる故は自然の為《な》せる所なり。

といって、釈迦の不自然な独身主義が僧侶《そうりょ》の性的放縦《ほうじゅう》を来《きた》したという。そして肉食妻帯《にくじきさいたい》を許した真宗《しんしゅう》の興隆《こうりゅう》は、仏法が滅《ほろ》びて自然の世に帰るべき前兆《ぜんちょう》であるとする。

これまでみてきたような態度を儒教《じゅきょう》や仏教に対してとっていた彼は、儒教、仏教の影響《えいきょう》をうけていた当時の制度的、教派的神道《きょうはてきしんとう》に対しては好意をもたなかったが、自然神道に対しては好意をもっていた。そして仏教を信仰し、儒教に好意をもった聖徳太子《しょうとくたいし》を強く批判《ひはん》した。この点、その仏教採用のゆえに聖徳太子を口をきわめて非難《ひなん》した山片蟠桃《やまがたばんとう》とあい通じるものがある。本居宣長《もとおりのりなが》のような国学者をまつまでもなく、和魂《わこん》の自覚《じかく》は江戸中期の開《かい》明《めい》思想家たちに共通にあらわれつつあったといえよう。

オランダへの関心

昌益《しょうえき》の思想は、西洋思想の助けをかりないで独創的《どくそうてき》に考え抜かれたものであるが、彼は西洋に対しては深い関心をもっていた。彼は禁《きん》を犯《おか》して海外渡航《かいがいとこう》する志《こころざし》をもっていたが果《はた》さなかったという。長崎には彼の門人がおり、彼も長崎に遊んでこの門人を通して下役《したやく》人《にん》らからいろいろの西洋についての知識を得ようとした。その成果は『統道真伝《とうどうしんでん》』のなかの「万国巻」に示されている。彼の西洋に関する知識は不正確であり素朴《そぼく》であるけれども、彼の志向《しこう》するところがどこにあったかを示すものとして重要な意味をもっている。

彼は西洋諸国のなかでもわけてオランダに興味《きょうみ》をいだき、これに対して賞賛《しょうさん》のことばを惜《お》しまない。そこにはオランダの気候、風習、国民的性格等々いろいろなものが描《えが》かれているが、とりわけ興味深く思われるのは次の三点である。

(1)（オランダでは）国を七つに分け、この七つの国の支配者たちは同列である。他国から攻めてきた場合には、これらの国々が志を一つにして協力するから侵略《しんりゃく》されたことがない。また国内において争乱《そうらん》があったためしがなく、もとより他を攻めたことがない。

(2) オランダの商人は世界を舞台《ぶたい》に海外貿易《ぼうえき》に従事し、その利益の一割をそれぞれの国主に納めることになっている。この法律があるために、国主と商人とが利益の配分《はいぶん》をめぐって無謀《むぼう》な争いをすることがない。国民は教育と旅行の経験によって知識が著《いちじる》しく発達している。

(3) オランダでは道徳水準が非常に高く、妻は夫の顔色をみただけで自分に忠実であるかどうかを看破《かんぱ》する。あるオランダ商人が日本に一年滞在している間に遊女《ゆうじょ》を買ったところが妻に看破され、一族によって殺された。

これらの記述をみれば、彼はオランダが封建的分権《ほうけんてきぶんけん》を認めない点や、オランダの道徳水準の高さに注目していることがわかる。問題は、オランダの商人の賛美《さんび》と彼の農本主義《のうほんしゅぎ》とはどのような関係にあるか、ということである。この記述をみれば、彼はかたくなに商行《しょうこう》為《い》を否定したのではなく、封建的支配に寄生《きせい》し、なんらの危険や責任も負《お》わない江戸時代の高利貸資本《こうりがししほん》を否定したことがわかる。全体を通じて偏執《へんしゅう》の癖《へき》が強いような印象《いんしょう》を与える昌益《しょうえき》は予想外《よそうがい》に柔軟《じゅうなん》な心の持ち主であったかもしれない。

五　幕末《ばくまつ》への架橋《かきょう》

本多利明《ほんだとしあき》の課題《かだい》

開放的な田沼《たぬま》時代に和魂洋才《わこんようさい》への道は大きな前進を遂《と》げた。平賀源内《ひらがげんない》、司馬江漢《しばこうかん》らがその代表的な人物であり、質実《しつじつ》な研究者としてわが国の洋学史上に不朽《ふきゅう》の金字塔《きんじとう》をうちたてたのは前野良沢《まえのりょうたく》、杉田玄白《すぎたげんぱく》らの『解体新書』の翻訳《ほんやく》である。良沢、玄白らのしごとはゆるぐことなく次の時代を準備したが、一代の才人《さいじん》であり、また「大山師《おおやまし》」であった源内は五十一歳のおり発作的《ほっさてき》に人を殺し、獄中《ごくちゅう》で死ぬという悲劇的運命《ひげきてきうんめい》をたどった。また源内に西洋画法をおそわったのち、みずからくふうし、あるいはオランダ人に学ぶなどして日本の洋画史上に大きな足跡《そくせき》を残し、また地動説《ちどうせつ》を発表するなど多彩《たさい》な活動を示した司馬江漢も、晩年には「画を需《もと》むる者ありと雖《いへど》も不描《ゑがかず》。諸侯召《しょこうめ》せども不往《ゆかず》。蘭学《らんがく》天文或《あるい》は奇器《きき》を巧《たく》む事も倦《う》み、啻老荘《ただろうそう》の如きを楽し」んで東洋的世界に回帰《かいき》していった。

舞台《ぶたい》は一暗転《いちあんてん》、老中松平定信《まつだいらさだのぶ》（一七八七—九三在任）の時代になる。そしてこの時代になると海防の問題がおこり、時代は新しい局面を迎《むか》えた。幕末の紛糾《ふんきゅう》の到来《とうらい》の近きを思わせるきびしい空気がただよいはじめる。この時期にあらわれるべくしてあらわれ、江戸中期と幕末とをつなぐ役割《やくわり》を果《はた》したのが本多利明《ほんだとしあき》（一七四四―一八二一年）である。

利明の父はもと加賀藩《かがはん》の武士であったが、人を害して越後《えちご》に去り、この地で利明をもうけた。利明は十八歳のおり江戸に出て、関孝和《せきたかかず》の高弟今井兼庭《こうていけんてい》につき数学を、千葉歳胤《ちばとしたね》について天文学を学んだ。二十四歳のおり音羽《おとわ》に塾《じゅく》を開き、数学、天文学、地理、測量について教えたが、のち教育のことを高弟に託《たく》して各地を遊歴《ゆうれき》した。そしてこの遊歴によって彼は自分の学問を生かし、この時代を代表する思想家となった。著書に『西域物語《せいいきものがたり》』（一七九八年）、『渡海新法《とかい》』（一八〇四年稿）、『経世秘策《けいせいひさく》』がある。

彼の思想家としての課題は、⑴武士と農民の経済的困窮《こんきゅう》をどのようにして解決するか、⑵北辺の防備の問題をどのように解決するか、という二つのきわめて切実《せつじつ》な問題に集約《しゅうやく》される。⑴はこれまでみてきたように以前からつづいている問題であり、⑵は新しく出てきた問題である。彼はこの二つの問題を統合的《とうごうてき》にとらえたが、そのような視角《しかく》において幕末《ばくまつ》・維新《いしん》の思想家に先駆《せんく》し、そのとらえ方、解決の仕方《しかた》において独自の地位を占《し》める。すなわち彼は、これまでの思想家が気づかなかったが、あるいはあえていう勇気をもたなかった交通の問題に注目したのである。

交通と貿易の開拓《かいたく》

第一の問題は自然経済と貨幣《かへい》経済、封建的支配《ほうけんてきしはい》と集権的支配《しゅうけんてき》、という足並みのそろわない二頭立ての馬車をあやつってきた幕藩体制《ばくはんたいせい》の基本的矛盾《むじゅん》に由来《ゆらい》するものであった。この問題に気づいた荻生徂徠《おぎゅうそらい》は武士の土着化《どちゃくか》によって問題を解決していこうとしたが、弟子の太宰春台《だざいしゅんだい》になると商品経済の発達に積極的に対応《たいおう》する以外に道はないとして、各藩が特産物を奨励《しょうれい》し、専売政策《せんばいせいさく》をしくべきことを説《と》き、王道《おうどう》より覇道《はどう》を選び、富国強兵《ふこくきょうへい》の道をすすめた。三浦梅園《みうらばいえん》は王道政治の立場から藩の専売政策を否定、ひとえに藩主の倹約《けんやく》をすすめた。しかし商業資本の発達はおさえることができない問題で、山片蟠桃《やまがたばんとう》は高利貸資本《こうりがしほん》の擁《よう》護《ご》のために自由販売を主張し、物価統制《ぶっかとうせい》を否定した。海保青陵《かいほせいりょう》になると、封建社会の骨格《こっかく》をなす君臣《くんしん》関係すら売買の関係で説明した。このように解決の方法はジグザグであったが、全体の方向としては商品経済の発展に即応《そくおう》するような方途《ほうと》がとられ、海保青陵においてその極点《きょくてん》に達した観《かん》がある。しかしそれとても、先行《せんこう》する思想家たちの発想と同じく、幕府の現在の政策を不変なるものとしてその前提《ぜんてい》のうえに考えられていた。これに対して利明《としあき》は、交通問題の解決なくしては、問題の根本的解決はありえないとした。

この交通には、陸上交通の問題も、海上交通の問題も含まれる。現在のように交通の発達が悪ければ、利益は一部商人に壟断《ろうだん》されるのは当然《とうぜん》であるし、また各地に産業がおこらないのも当然のことである。真《しん》の仁政《じんせい》をおこし、農民を経済的困窮《こんきゅう》から救うためには、交通路を開き、産物の流通をなめらかにする以外にはない、と利明は考えた。また海上交通の権は商人の手から離して幕府が掌握《しょうあく》せねばならないともした。

彼の海上交通論はひとり国内の海上交通だけにかぎらず、何人《なんぴと》もあえていわなかった開国の問題に発展するのである。彼は際限《さいげん》ある土地から生じる産物で、際限なく生じる万民《ばんみん》の衣食住の需要《じゅよう》を満たすことはむりな話であり、二百年間の太平の間種々考えぬいたあとであるから「今更《いまさら》日本の土地限りのやりくり経済は迚《とて》も埒明《らちあく》べきにあらず」と判定《はんてい》を下す。そして百四、五十年前までは日本も異国貿易《いこくぼうえき》に船舶《せんぱく》をつくった例もあるから、その先例《せんれい》にならって官船をつくり、積極的に海外貿易をなすべきだという。

さらに彼の夢ははてしなくひろがる。小笠原《おがさわら》諸島などの属島《ぞくとう》をひらくとともに、北海道、樺太《からふと》、カムチャツカを開拓《かいたく》し、これを大日本といって、カムチャツカに首都をきずく（在来の日本は古日本とよぶ）。この新日本によってひろく北辺の諸国と貿易を営む。彼は当時の一般の人々のように、貿易は有用の品を出すことによって日本の損失《そんしつ》になるとは考えていなかった。貿易によって利《り》するのは相互《そうご》である、という認識《にんしき》をいだいていた。しかし「異国貿易は相互に国力を抜《ぬき》とらんとする交易《かうえき》なれば、戦争も同様なり」ときびしい現実の直視《ちょくし》も忘れなかった。

よい意味での現実家であった彼は、その他さまざまの具体的方策《ぐたいてきほうさく》を考える。貨幣《かへい》の問題に関しては物価と貨幣の数量との関係に注目して、貨幣の物価調節の機能《きのう》について言及《げんきゅう》（これは江戸時代の貨幣論としては非常にすぐれたものと考えられる）、また米価《べいか》の調節のためには日本中の港に「交易館」をつくり、毎年十二月自然の相場で米を買ってここに収納《しゅうのう》し、米価がこの自然の相場《そうば》の一、二割以上の高値《たかね》になった場合、この米を放出するというように、米価の安定をはかる。このようにして彼は貨幣政策と食糧政策の両面から物価の安定をはかり、一般人民の経済的安定をはかろうとする。しかしここでわれわれが見おとしてならないことは、彼のさまざまの「経世秘策《けいせいひさく》」が山片蟠桃《やまがたばんとう》のように商人の立場から発想《はっそう》されたのではなく、武士の立場から発想されたこと、しかも中央政府としての幕府権力が経済政策の主導者《しゅどうしゃ》として大きな意味をもってくることである。当時の為政者松平定信《いせいしゃまつだいらさだのぶ》による寛政異学《かんせいいがく》の禁《きん》にみられるような教育の国家統制とにらみあわせると、時代の新しい動向《どうこう》が察知《さっち》される。

ユニークな人口論

彼の陸上、海上の交通路の開拓《かいたく》、積極的貿易論の背後《はいご》にはユニークな人口論がある。当時天明《てんめい》の飢饉《ききん》などによって多くの餓死者《がししゃ》があらわれ、また東北地方はじめ全国に「間引《まび》き」の悪習がひろくゆきわたっていた。彼は「人倫《じんりん》の本《もと》は夫婦に始まる」と考え、この夫婦の生む子孫が繁栄《はんえい》するような条件をつくってやるのがよい政治であると考えていた。ところで子孫繁盛《はんじょう》の理想的状態として彼は次のように考える。

ここに十五歳の夫、十三歳の妻がある。この夫婦が隔年《かくねん》に一人子どもを生むとして、三十三年間に男女あわせて十七人の子どもを生む。子どもは男十五歳、女十三歳になれば結婚し、親と同じような条件で子どもをもうける。そうすれば二組の夫婦から三十三年後には子ども三十四人（長子三十三歳、末子《ばっし》一歳）、孫四十五人（彦孫《ひこまご》七、八人は算せず）計七十九人が生まれる。したがって、人口は三十三年間に79÷4＝19.75で一九・七五倍にふえることになる。これだけ人口がふえたときに、子孫は最《もっと》も理想的《りそうてき》な繁栄《はんえい》を遂《と》げたといわねばならない。ところでかぎられた土地から三十三年間に一九・七五倍の産物を出すことは不《ふ》可能《かのう》である。したがって為政者《いせいしゃ》は、渡海《とかい》、運送、交易《こうえき》の制度をたてる以外にはない。このように利明《としあき》は、マルサスの人口論のような発想《はっそう》をしながら、マルサスとは違った結論を導《みちび》きだすのである。海外貿易は彼にとってあらゆる不可能を可能にする七色《なないろ》の虹《にじ》であった。

海洋国日本の自覚《じかく》

このような彼の積極的貿易論の背後《はいご》には海洋国日本の自覚があった。そしてそれはまた、ながく中国文化の影響《えいきょう》のもとにあった日本の主体的立場《しゅたいてきたちば》の自覚でもあった。彼はいう。

唐土《もろこし》は欧羅巴《ヨーロッパ》亜夫利加《アフリカ》にも地続《ぢつづき》の山国にて、南面一方に海洋を帯《お》び、国中へ渡海運送不便利の国なり。……周廻《しうくわい》に海洋を包巻《はうくわん》せし日本に比《ひ》すれば、大《おほい》に悪国なり。其《その》証国務に闕《けつ》あり洩《えい》ありて、亀鑑《きかん》とするに足らず。日本は海国なれば、渡海運送交易《かうえき》は固《もと》より国君の天職最《もつとも》第一の国務なれば、万国へ船舶《せんぱく》を遣《や》りて、国用の要物《えうぶつ》たる産物、及び金銀銅を抜き取《とり》て日本へ入れ国力を厚くすべきは海国具足《ぐそく》の仕方《しかた》なり。

彼は考える。

西洋人の大業を興《おこ》せし手段を見るに、我骨肉《わがこつにく》を削《けづり》て渠《かれ》に与《あたへ》んとするの策《さく》なれば、衆是《これ》を助《たすけ》てならしむ。支那人の大業を興したるを見るに、最初より渠《かれ》が骨肉を削て取《とら》んとするゆゑ、渠も亦酬《またむくゆ》るに是《これ》を以《もつ》てするゆゑ、終《つひ》に存亡《そんばう》の境に係《かかは》るなり。

すなわち日本は、中国のように侵略《しんりゃく》による国家の発展ではなく、西洋のように貿易による国家の発展を考えねばならない。

彼はこのように、立国のモデルを西洋に仰《あお》ぐとともに国字問題にも注目し、西洋の二十五字のアルファベットが西洋文化興隆《こうりゅう》の基礎《きそ》であるとみなし、日本人は数万の漢字をおぼえるのに汲々《きゅうきゅう》としないで、仮名《かな》を活用することが便利ではないか、という。また、西洋における学問の公開が西洋の興隆の源《みなもと》となっていることに注目して、秘伝《ひでん》を公開しない日本人のあり方を反省《はんせい》する。そして彼は、さらに学問としては西洋の窮理学《きゅうりがく》の採用がなによりもたいせつだと考える。学習の手つづきとしては、数理《すうり》、推歩《すいほ》、測量の法からはいって、まず天文、地理、渡海の書を学ぶべきだとする。彼はまた、今日においては、日本の直面する問題の根本的解決には才徳能の兼備《けんび》が必要であるが、才と徳とは支那学によって達成《たっせい》されるが、能の一つだけは西洋から学ぶ以外はない、とする。この能とは彼によれば、天文、地理、渡海の法をいう。そして国民の代表ともいうべきエリートたる士は、「寸陰《すんいん》を空《むな》しくせず、古今和漢西域《ここんわかんせいゐき》の事蹟《じせき》に心を用」いねばならないとした。

ここにいたって、その後武士階級によってすすめられた日本の和魂洋才《わこんようさい》への道は、はっきりとその進路を定められた感がある。しかしそれとともに、彼は一般国民の問題にも注目し、「余りに国民の愚魯《ぐろ》は他国より掠《かすむ》るの憂《うれひ》あり」と、国民の知的水準《ちてきすいじゅん》の向上の必要を説《と》く。この点においても、彼は明治の政治家の見識《けんしき》に先駆《せんく》する。利明《としあき》はまさに、江戸の中期の終わりにたって、幕末《ばくまつ》・維新《いしん》の日本に橋をわたす重要な役割《やくわり》を果した思想家であった。

幕末志士《ばくまつしし》の悲願《ひがん》

一　志士の登場

志士とはなにか

まず最初に志士とはなにか、ということからはじめよう。志士ということばは幕末の歴史においてよく使われているにもかかわらず、人によってかなり用法を異《こと》にするからである。たとえば津田左右吉《つだそうきち》氏などは、志士＝浪士《ろうし》という使い方をしておられるが、松本三之介《さんのすけ》氏などは、政治的行動のうえでこうした浪士的志士とは明らかに異なる佐久間象山《さくましょうざん》なども志士として数えあげている。また高坂正顕《こうさかまさあき》氏は、幕末の新しいタイプの知識人を、先覚者《せんかくしゃ》と志士とに分け、先覚者のなかには渡辺崋山《わたなべかざん》や高野長英《たかのちょうえい》らだけでなく、佐久間象山、横井小楠《よこいしょうなん》も含《ふく》められ、これに対して志士とは尊攘《そんじょう》運動に従事した吉田松陰《よしだしょういん》以下の人々が含められる。こうした用例をみても、志士には広狭《こうきょう》二つの用法があるように思われる。一つは、幕末以前の知識人と比較《ひかく》して性格を異にする実践的《じっせんてき》、政治的タイプの知識人を総称《そうしょう》して「志士」という、いわば広義《こうぎ》において志士をとらえるものであり、他は尊攘運動、討幕《とうばく》運動に従事した政治実践家たちを志士とする、いわば狭義《きょうぎ》において志士を理解するものである。

　わたしがここで「幕末志士の悲願」というとき、おおまかにいえば広義の志士、すなわち幕末になってあらわれた実践的、政治的タイプの知識人という立場をとるが、しかもこのなかには渡辺崋山《わたなべかざん》、高野長英《たかのちょうえい》、高島秋帆《たかしましゅうはん》、江川太郎左衛門《えがわたろうざえもん》などは含《ふく》めない。津田氏の解するような尊攘運動に従事した浪士的志士《ろうしてきしし》よりずっと幅《はば》が広いが、幕末の政治変革《へんかく》の過程になんらかの仕方《しかた》で実践者、運動家として参与《さんよ》するということが志士の条件であろう。しかしこの実践ということは必ずしも討幕《とうばく》のための政治的実践とかぎる必要は少しもなく、開国論者《かいこくろんしゃ》であり、公武合体論者《こうぶがったいろんしゃ》であった佐久間象山《さくましょうざん》も横井小楠《よこいしょうなん》も橋本左内《はしもとさない》もそのなかに含めてよい。わたしのここでいう幕末の志士とは次の条件を満たすものでなければならない。

一　幕末の外圧《がいあつ》に触発《しょくはつ》されて国防の危機を感じ、日本の国家的独立を守るために、幕藩体《ばくはんたい》制《せい》になんらかのしかたで変更を加える必要を痛感《つうかん》してそのための運動に従事した武士的意識の持ち主。

二　改革意識《かいかくいしき》の持ち主でも立場上、幕府側《がわ》の人は含まれない。また公卿《くぎょう》も含まれない。農民、町人等の場合は、武士的意識をもち、変革的行動に出ることによって志士と認められる者（草莽《そうもう》の志士）。

つまり志士たちは社会的変革のにない手ではなく、外圧を機《き》としてたちあがった憂国《ゆうこく》の士であり、また国を憂《うれ》うるがゆえに無力な政府である幕府を改革《かいかく》、もしくは変革《へんかく》しようとした政治的改革者ないしは変革者である。彼らのうちには知力《ちりょく》に恵《めぐ》まれ、世界の大勢《たいせい》に通じて無謀《むぼう》の攘夷論《じょういろん》の非《ひ》をいち早く悟《さと》った人々と、必ずしもそうでなかった人々とがあるが、いずれも気節慷慨《きせっこうがい》の士であり、実践的《じっせんてき》、行動的人間であるという点において共通するものがあった。時代は彼らに読書人的知識人として静かに書斎《しょさい》にとどまることを許さなかったのである。

志士的人間像の形成

このような幕末の歴史をいろどる新しいタイプの人間はいつ頃《ごろ》から成立したであろうか。ごく一般的には一八五三年（嘉永《かえい》六年）の黒船《くろふね》の来航《らいこう》を機として出現したといえようが、先駆的《せんくてき》には文化《ぶんか》・文政年間、ようやく英、露、米の海上勢力がわが国におよんできはじめた頃《ころ》からであろう。一八二四年（文政七年）、イギリスの捕鯨《ほげい》船員が常陸《ひたち》の大津浜《おおつはま》に上陸したとき、当時十九歳であった藤田《ふじた》東湖《とうこ》は、父幽谷《ゆうこく》の、すぐに行って異国人《いこくじん》を斬《き》れ、の命《めい》に従ってただちに挺身《ていしん》している。この熱情的な青年東湖は、斉昭擁立運動《なりあきようりつうんどう》のために藩法《はんぽう》を犯《おか》して、「決死《けっし》の覚悟《かくご》」で江戸にかけつけたのであるが、このときのことを「此《こ》レ国家ノ大事、志士命ヲ授《さず》ケ国ニ報《むく》ユルノ秋《とき》ナリ」と詠《えい》じている。

ここにはのちの志士の原型がある。すなわち一方では、国防の危機を感じて激発《げきはつ》する感情のもとに勇躍挺身《ゆうやくていしん》するとともに、他方ではこのような国家的危機を、名君《めいくん》のもとにすぐれた人材を集め、強力な政府をつくることによって越えていこうという国内政治への志向《しこう》をもつ一個の熱情的、行動的な青年武士の姿がみられる。この人々は、当時の状況《じょうきょう》を「内《ない》憂《ゆう》、外患《がいかん》」ということばでよんだが、彼らは日本のおかれた国防、国内政治の危機を解決するために行動へと促《うなが》されかりたてられたのである。このような外圧や国内政治の危機はひとり青年藤田東湖の直面した問題ではなかったので、やがて全国の青年武士たちは、東湖的、熱情的、行動的人間像を理想として自己自身を形成《けいせい》していった。アヘン戦争による中国の敗北《はいぼく》、そしてその後十一年して訪《おとず》れるペリー提督《ていとく》の率《ひき》いる四艘《そう》の黒船は、このような志士的人間像の形成を決定的にした。

町人化した武士

しかし当時の青年武士たちのすべてが「志士」に変貌《へんぼう》したのではない。当時江戸に住む武士たちについては、志士的武士たちとはまったく対蹠的《たいしょてき》な町人的武士とでもいうべき町人文化に浸潤《しんじゅん》された武士たちが形成されていたことを見おとしてはならない。彼らは経済生活や文化生活においてはまったく町人に圧倒《あっとう》され、将来への希望もなく、精神的に頽廃《たいはい》した日々を送っていた。たとえばわれわれはこれを川路聖謨《かわじとしあきら》の記録にみよう。

一　以前寄合衆之内《よりあひしゆうのうち》屋敷に宜《よろし》き馬場《ばば》有之候《これありさうらふ》に付《つき》、為稽古来《けいこのためきた》り候処《ところ》夫《それ》より懇意《こんい》に相成《あひなり》、一夕被相招《いっせきあひまねかれ》候に玄関より奥へ参　候《まゐりさうらふ》処座敷悉《ことごと》く雨漏《あまもれ》にて打腐《うちくされ》、畳を揚《あげ》、ねたも無之《これなく》候に付、取次之《とりつぎの》もの草履《ざうり》を差出し、奥へ案内いたし申候。扨《さて》奥は只一間《ただひとま》雨もり無之《これなき》古座敷有之《これあり》候而《て》、何も歟《か》もいかかなる体《てい》、驚入候儀《おどろきいりさうらふぎ》に御座候へ共《ども》、飲食は相応《さうおう》にいたし妾《せふ》二人有之候。右之《みぎの》家《いへ》代々妾斗《ばかり》にて五十年来も婚姻之《こんいんの》礼《れい》は無之《これなき》様子嘆　敷《なげかはしく》　奉　存《ぞんじたてまつり》候。右之《の》次第に付《つき》武器之儀は遠く議論に不及《およばず》、一匹馬之《の》鐙《あぶみ》さへ折々質物《をりをりしちもの》に成相趣《あひなるおもむき》に御座候。……（以下略）

一　松平之御称号《まつだひらのごしようがう》を御許相成居《おんゆるしあひなりをり》候三百石《こく》之人有之候処《ところ》、御徒方地借《おかちかたぢしやく》にて下女下男も無之《これなく》、私幼年之節近所に付折々《をりをり》参り見受《みうけ》候に、冬は銭湯《せんとう》に参り夏は玄関式台《しきだい》にて行水《ぎやうずい》いたし候故、怪敷《あやしき》ことに存候を覚《おぼ》え申候。かかる有様にても度々三曲の鄭声《ていせい》などに人を集め或《あるい》は相撲取《すまふとり》の出入なと有之《これあり》、二日又は三日目には、にぎやかなることに御座候……此人之叔父は魚売と相成、其頃《そのころ》松平肴屋《さかなや》と別名を呼《よび》候ことに候得共何之《さうらえどもなんの》子細《しさい》も無之立行《これなくたちゆき》申候。これにても例の甲州へ被遣《つかはされ》候面々《めんめん》よりは遥《はるか》に立優《たちまさ》りたる人物に可有之《これあるべく》候。

このような川路聖謨の記録をみると、武勇を誇《ほこ》った三河武士《みかわぶし》の後裔《こうえい》も、今は時代に直立《ちょくりつ》する気概《きがい》もなく、むしろ町人文化のなかに身を浸《ひた》すことによって精神的安穏《あんのん》さを得ていたように思われる。このような状況《じょうきょう》において、旗本《はたもと》出身の戯作者《げさくしゃ》柳亭種彦《りゅうていたねひこ》などが出たことも不思議《ふしぎ》ではない。また旗本《はたもと》出身ではないが、二世為永春水《ためながしゅんすい》や高畠藍泉《たかばたけらんせん》などもれっきとした武士出身であったのだ。

もちろん江戸の武士たちがすべてこうだったのではない。いまあげた川路《かわじ》をはじめ、勝《かつ》海舟《かいしゅう》、大久保一翁《おおくぼいちおう》、岩瀬忠震《いわせただなり》ら、幕末の幕府をささえた武士たちはみな、見識《けんしき》においても人物においてもすぐれた武士だった。彼らを志士たらしめなかったのは、一《いっ》に立場の相違《そうい》といわねばならない。しかし概《がい》していうと、人材は旗本より諸藩《しょはん》の武士に多かった。そしてこの諸藩の青年武士の間から多くの志士が出たのだ。いったいそれはなぜだろうか。

人材はなぜ諸藩《しょはん》に多かったか

これにはいろいろの原因が考えられるだろう。第一には、幕府と諸藩という立場の相違《そうい》があるだろう。しかしそれだけでなく、第二には、江戸の文化と田舎《いなか》の文化との違いというものも考慮《こうりょ》に入れねばならぬだろう。諸藩の武士たちには戦国時代以来の武士の気風《きふう》がまだ生き残っていた。彼らは剣術、弓術、馬術等の武道もたしなまねばならなかった。しかも江戸時代の中期以後は、田舎の城下町にはしだいに藩校《はんこう》ができ、あるいはまた郷学《ごうがく》が設立《せつりつ》されて、武士たちは儒教《じゅきょう》を学び、学問あり教養ある武士となっていた。また藩によっては、たとえば薩摩《さつま》の場合のように、青年の間に自治組織《じちそしき》をつくり、そのなかで切磋琢磨《せっさたくま》を行わせ、そこから身分家柄《みぶんいえがら》を問わず、人望《じんぼう》あり指導力《しどうりょく》ある人材を選抜《せんばつ》した。このようなことは旗本《はたもと》にはほとんどみられないところであった。

第三に問題になるのは、彼らの思想であり学問である。荻生徂徠《おぎゅうそらい》以後の江戸の儒教は折衷学派《せっちゅうがくは》や考証《こうしょう》学派が主流を占《し》め、学問研究のレヴェルは非常に向上していたけれども、彼らは儒教を思想としてはまじめにとりあつかわなかった。すなわち彼らにおいては儒教は儒学となっていた。これに反して田舎《いなか》の武士たちにおいては、儒教は思想として生命をもっていた。彼らは儒教を武器として、彼らの直面する問題を解決していこうとした。学問を理解する力において彼らはとうてい江戸の学者にはかなわなかったが、彼らには質朴《しっぼく》さとヴァイタリティとがあった。彼らには江戸の学者にはない問題意識があった。そうしたものが彼らを歴史の舞台《ぶたい》に登場《とうじょう》せしめた。

志士と学問、思想

志士たちの行動の源泉《げんせん》となった学問や思想はなんであったか。詳《くわ》しいことはいちいちの志士についていうほかないが、おおまかにいえば、儒教《じゅきょう》であり国学《こくがく》であり、また兵学である。人によっては洋学をかね修《おさ》めた人もある。また儒教に関しても何学派と厳密《げんみつ》に規定《きてい》することはできない。たとえば志士の一人真木《まき》和泉守《いずみのかみ》は、水戸学《みとがく》や蒲生《がもう》君平《くんぺい》、頼山陽《らいさんよう》などの尊王思想《そんのうしそう》を鼓舞《こぶ》する本に接触《せっしょく》しただけでなく、熊沢蕃山《くまざわばんざん》や荻生徂徠《おぎゅうそらい》などの経世《けいせい》の書に親《した》しんでいる。また吉田松陰《よしだしょういん》がたぐいまれな読書家で、可能《かのう》なかぎり多様《たよう》な学派の門をたたき、驚《おどろ》くべきほどの読書ノートを残していることはあまりに有名である。

志士たちの学的志向《しこう》がこのようなものであれば、彼らをいちいち、しいてなにかの学派に所属《しょぞく》せしめることはさほど意味がないであろう。彼らに共通な態度は、学問と実践《じっせん》とを結びつける態度であり、政治と学問の統一であり、学者と武士とをかねる生活態度である。彼らはそれぞれの目的とするところにしたがって最《もっと》も有用《ゆうよう》であり、最も効果的《こうかてき》なものを真《しん》とする実用主義的《じつようしゅぎてき》、実践的真理観《じっせんてきしんりかん》をいだいて、いろいろの学問から実践のためのいろいろの知的栄養《ちてきえいよう》を吸収《きゅうしゅう》した。このような彼らの学問に対する態度を、ここでは実学的志向とよぼう。

このような基本的志向のうえに、彼らの思想は、他の時代に比してどのような特色を、また彼らの間ではどのような共通性をもっていたであろうか。

まず第一にあげねばならないのは、彼らの攘夷意識《じょういいしき》である。彼らに思慮《しりょ》あり知力《ちりょく》が高い場合には、この問題はやがて、国家的独立を保《たも》つにはどうすればいいか、という問題に深められて、攘夷意識はやがて克服《こくふく》されていくけれども、長い間の鎖国《さこく》になれ、国防の任《にん》にあたる責務《せきむ》を感じた誇《ほこ》り高い武士たちは、「神州不滅《しんしゅうふめつ》」の地が「夷狄《いてき》」の土足《どそく》に汚《けが》されることを耐《た》えがたいと感じて、まず感情的に攘夷意識に燃えた。そうしてこのこととともに、彼らのなかに藩《はん》をこえた国家観念《こっかかんねん》がめざめていった。

第二に、このような国家観念にめざめた彼らにとって重要なのは、国家統一の問題である。外圧《がいあつ》に抗《こう》するためには、国家の諸力《しょりょく》の凝集《ぎょうしゅう》が必要である。このとき生命をよみがえらせたのが尊王思想《そんのうしそう》の伝統である。従来《じゅうらい》も尊王意識は国民感情として人々のなかに生きていたのであるが、それは必ずしも政治に結びついたものではなかった。ところで外圧の問題がおこると、尊王思想は政治との関連をもちはじめるにいたった。

この場合、二つの型《かた》の尊王思想が考えられる。一つは、天皇に対する宗教的感情が現実政治の媒介《ばいかい》を経《へ》ることなしに、観念《かんねん》としての政治に直結《ちょっけつ》するもの（平田派《ひらたは》の国学など）。二つは、儒教《じゅきょう》の名分論《めいぶんろん》に立脚《りっきゃく》して、幕府権力《けんりょく》を規制《きせい》し、もしくは強化するものとして主張された尊王《そんのう》思想である（後期水戸学その他）。すなわちこの場合には、現実政治の脈絡《みゃくらく》において尊王思想が展開《てんかい》される。一見《いっけん》すると、この第二の型の尊王思想は無力で不徹底《ふてってい》な感を与えるが、現実の政治過程《かてい》においてより有力な働きをしたのは、この型の尊王思想である。

第三に、われわれの見おとしてならないのは、志士における経世家的意識《けいせいかてきいしき》である。激派《げきは》の志士とか浪士《ろうし》とかはこの経世家的意識は非常に薄《うす》かったかもしれないが、一般の幕末の志士たちにはかなりに経世家的意識が強かった。彼らの大部分は、急激《きゅうげき》な政治的変革《へんかく》を最初から望《のぞ》んだのではなく、彼らの直面《ちょくめん》する問題を一つ一つ解決するという現実主義的態度がかなりに強く、やがてそうしたことの抜本的解決《ばっぽんてきかいけつ》として幕藩体制《ばくはんたいせい》や鎖国制度《さこくせいど》の廃止《はいし》が構《こう》想《そう》されてくるのである。彼らが単《たん》なる革命的心情《かくめいてきしんじょう》の持ち主にすぎなかったならば、明治の新政府はもろくも崩壊《ほうかい》したであろう。彼らの大部分は貧乏士《びんぼうし》族《ぞく》の子弟として生活の困難《こんなん》についてはじゅうぶん知り、またそのことから民政《みんせい》への関心はかなりに強かった。このことは注目《ちゅうもく》すべきことだと思う。真木《まき》和泉守《いずみのかみ》のように後年政治変革《へんかく》に邁進《まいしん》する人でも、最初は熊沢蕃山《くまざわばんざん》や荻生徂徠《おぎゅうそらい》らの経世《けいせい》の書に親《した》しんでいたのであり、後年の急進化は彼が現実政治改革の道をふさがれたからにほかならない。

志士の学問や思想の一般的性格についてはこの程度《ていど》にして、これから具体的《ぐたいてき》に志士たちの思想、彼らの悲願《ひがん》を検討《けんとう》しよう。まず最初に問題になるのは後期水戸学派《みとがくは》の人々とその思想運動である。

二　後期水戸学派《みとがくは》の人々

『新論《しんろん》』は志士《しし》のバイブル

幕末《ばくまつ》の多くの思想のうちで志士たちに最も大きな影響《えいきょう》を与えたのは後期水戸学である。現実の政治過程《かてい》におけるその有効性《ゆうこうせい》は、一八五八年（安政《あんせい》五年）の和親条約《わしんじょうやく》の締結《ていけつ》までと考えられるが、慶応《けいおう》年間においても、志士たちの間では、会沢正志斎《あいざわせいしさい》の『新論』を読まねば志士の資格なし、とされていたようだ（田中光顕《こうけん》や石黒忠悳《いしぐろただのり》の談話）。名も知らぬ他藩《たはん》の志士たちがどこかでおちあったとき、『新論』を読んでいるということで、お互《たが》いを認めあい、信頼《しんらい》しあったというのであるから、それはまさに志士たちのバイブルともいうべきであった。

ところでさきにも述べたように、志士という名まえでよばれるべき人は藤田東湖《ふじたとうこ》（一八〇六—五五年）からはじまると考えてよいが、後期水戸学の思想を理解するためには、東湖の父幽谷《ゆうこく》（一七七四―一八二六年）や会沢正志斎（一七八二―一八六三年）からはじめなければならない。三者の役割《やくわり》は、藤田幽谷は後期水戸学を思想的に基礎《きそ》づけた人、会沢は幽谷の思想をより包括的《ほうかつてき》により体系的に表現し、後期水戸学の存在を世に知らせたすぐれた祖述者《そじゅつしゃ》、東湖は、その思想を「回天詩史《かいてんしし》」や「常陸帯《ひたちおび》」のごとき熱情的な詩や文章に表現して、全国の青年武士たちを感奮《かんぷん》させるとともに、斉昭《なりあき》の補佐役《ほさやく》として思想を政治的実践《じっせん》の場に移し、全国の志士たちのコミュニケーションの中枢的役割《ちゅうすうてきやくわり》を果《はた》した人というべきであろう。

後期水戸学の創始者《そうししゃ》藤田幽谷《ふじたゆうこく》

幽谷は水戸城下の古着商《ふるぎしょう》の家に生まれたが、異常《いじょう》な英才《えいさい》をもって注目され、ときの彰考館《しょうこうかん》の総裁《そうさい》で師にもあたる立原翠軒《たちはらすいけん》に抜擢《ばってき》されて、十五歳から史館《しかん》にはいり、『大日本史』の編纂《へんさん》に従事した。十七歳のおりの「安民論《あんみんろん》」や十八歳のときの「正名論《せいめいろん》」は彼がいかに早熟《そうじゅく》の人であったかを示している。ちなみに老中松平定信《ろうじゅうまつだいらさだのぶ》は、彼の学才《がくさい》を聞いて幕府に登用《とうよう》する気があったが、この「正名論」を読んで、そのことを断念《だんねん》したという。今日読むと幕藩体制《ばくはんたいせい》を否定《ひてい》するものでもなんでもなく、奇異《きい》の感《かん》にうたれるが、当時の幕府では、天皇と幕府との間の君臣《くんしん》の分《ぶん》を説《と》くことにはまだ抵抗《ていこう》があったのであろうか。

ところでこの名分論《めいぶんろん》は前期水戸学以来唱《とな》えられてきたことであって、事新《ことあたら》しいものではない。後期水戸学の新しさは、新たに攘夷論《じょういろん》が加わったこと、ならびにこの尊王《そんのう》攘夷論と富国強兵論《ふこくきょうへいろん》とがあわせ論ぜられたことにあると思われる。この点が外圧《がいあつ》に激発《げきはつ》され、また内政《ないせい》に苦しんだ諸藩《しょはん》の有志《ゆうし》の心をひいたのである。

幽谷においては富国論は「勧農或問《かんのうわくもん》」（一七九九年）に、攘夷論は「丁巳封事《ていしふうじ》」（一七九七年）以下の、藩主治保《はるもり》（文公）、斉修《なりなが》（哀公）に提出《ていしゅつ》したたびたびの封事《ふうじ》（密封《みっぷう》された意見書）のなかに展開されている。彼は当時鎖国《さこく》の夢を見つづけていたわが国の周辺を騒《さわ》がす異国船《いこくせん》をみては「開闢《かいびゃく》以来、神州《しんしゅう》の安危《あんき》の機、実に今日に在《あ》」ると考え、それに対してなんらの対策《たいさく》も講《こう》じない幕府に対しては「堂々《どうどう》タル幕府、曽《すなは》チ北条氏《ほうでうし》ニ若《し》カザルカ」と批判《ひはん》した。けだし彼によれば西洋諸国のねらいは「戦ハズシテ人ノ国ヲ取」ることであり「我土地人民を専《もつぱら》にして、我風俗を変じて、彼十字教を奉ぜしめる」ことにあったし、しかも彼らは海路にも熟《じゅく》し、舟師《ふないくさ》にも長じ、上下心をあわせ、生死をともにして堅《かた》いきずなに結ばれており、尋常《じんじょう》の夷狄《いてき》ではなく、そのわざわいは蒙古《もうこ》より百倍するという認識《にんしき》があったからである。彼はもし幕府が攘夷《じょうい》を行わないなら、まず水戸藩から模範《もはん》を示して武備に着手すべきだとした。しかしその問題をいざ実現しようとするとまずゆきあたるのは経済の問題である。彼は「勧農或問」を書き、藩財政《はんざいせい》の根本的《こんぽんてき》たてなおしを説いた。それは儒教《じゅきょう》的王道主義《てきおうどうしゅぎ》にたって、冗費《じょうひ》をはぶき、農民の負《ふ》担《たん》を軽くすることによって富《ふ》国《こく》をはかろうとするものであった。

これらのことと関連して一つ注目すべきことがある。この幽谷のたびたびの攘夷に関する封事《ふうじ》に接《せつ》して、藩主《はんしゅ》の斉修《なりなが》は幽谷への親書の一節に「から学者は畏れすぎ、武人はあなどりすぎ候様《さうらふやう》に有之候《これありさうらふ》」としるしたが、このことは幽谷を刺《し》激《げき》してさらに反駁《はんばく》の封事を書かせた。いわく、

から学者と申《まうす》も、春秋《しゅんじう》の義《ぎ》内外の名分《めいぶん》をも存候《ぞんじさうらふ》ものは、漢学やはり大和魂のたねと罷成《まかりなり》候。国学者抔《など》の自分勝手を申候は、児童の我まま、申たき儀を申すと同様、不足論候《ろんずるにたらず》。扠蘭学者抔《さてらんがくしゃなど》は……心術何共難測《しんじゅつなんともはかりがたく》候間、容易《ようい》に信用罷成申間敷《まかりなりまうすまじく》　奉存《ぞんじたてまつり》候。

これによって儒教がどれほど幕末当時の武士の心に浸透《しんとう》していたかがわかるであろう。国学者たちの懸命《けんめい》の反撃《はんげき》にもかかわらず、儒教と和《わ》魂《こん》とが両立《りょうりつ》しうるというのが幕末の志士たちのゆるがない信念であった。

このように幽谷《ゆうこく》の思想をみてみると、後期水戸学の基本的考えがいちおう彼において出《で》

尽《つ》くしている感じがする。しかしそれはまだまとまった著作《ちょさく》として出たのではなく、一般に公刊されたのでもなかった。幽谷の弟子会沢正志斎《あいざわせいしさい》の『新論《しんろん》』においてはじめて後期水戸学はまとまった思想的表現をみることができた。

会沢正志斎《あいざわせいしさい》と『新論』

この『新論』は、彼が大津村でイギリス人をとりしらべた翌年の一八二五年（文政八年）に書かれ、幽谷《ゆうこく》を経《へ》て藩主斉修《なりなが》公に献《けん》ぜられたが、当時の情勢をかんがみて公刊《こうかん》を許されず、筆写《ひっしゃ》によって門人同志に伝わり、偽《ぎ》版《はん》まで出たので天保《てんぽう》年間にようやく刊行される運びになったという因縁《いんねん》をもった本である。この本のかもしだす雰囲気《ふんいき》を知るためには、次の冒頭《ぼうとう》の個所《かしょ》をみればよい。

> 謹《つつし》みて按《あん》ずるに、神州《しんしゅう》は太陽の出《い》つる所、元気《げんき》の始まる所にして、天日《あまつひ》之嗣《つぎ》、世々宸《しん》極《きょく》を御《ぎょ》したまひて、終古易《しゅうこかわ》らず。固《もと》より大地の元首《げんしゅ》にして、万国《ばんこく》の綱紀《こうき》なり。誠に宜《よろ》しく宇内《うだい》に照臨《せうりん》し、皇化《くわうくわ》の曁《およ》ぶ所、遠邇《ゑんじ》有ること無かるべし。而《しか》るに今西荒《せいくわう》の蛮夷《ばんい》、脛足《けいそく》の賤《せん》を以《もっ》て、四海に奔走《ほんそう》し、諸国を蹂躙《じうりん》し、眇視《べうし》跛履《はり》、敢《あへ》て上国を凌駕《りようが》せんと欲す。何ぞそれ驕《おご》れるや。

この本が血の気の多い青年武士たちにおよぼした心理的効果《こうか》は想像《そうぞう》にかたくない。実にこの書は、長い間の鎖国《さこく》によって外からの刺激《しげき》に対して過度《かど》に敏感《びんかん》になり、また戦国時代以来の気風《きふう》や江戸時代において醞醸《うんじょう》されたイデオロギーによって誇《ほこ》り高くなっていた武士たちを攘夷運動にかりたてる煽動《せんどう》の書であった。会沢は、兵法《へいほう》にいうところの「其来《そのきた》らざるを恃《たの》むこと無く、吾《わ》が以《もっ》て之《これ》を待つ有るを恃《たの》む」の精神にのっとって、慷慨悲憤《こうがいひふん》のうちに当時の危機に対する方策《ほうさく》として、やむにやまれない気持でこの書を書いたという。すなわち彼は、(1)国体《こくたい》、(2)形勢《けいせい》、(3)虜情《りょじょう》、(4)守禦《しゅぎょ》、(5)長計《ちょうけい》、の五部に分けて「国家の宜《よろ》しく恃《たの》むべき所の者」を述べたのであった。

今この書を手にすると、新旧両思想、江戸時代の鎖国の間に形成された保守的意識《ほしゅてきいしき》とこれまでの思想にみられない革新的面《かくしんてきめん》とがあざないあっている感じがする。よくいわれるように彼の提唱《ていしょう》した政策《せいさく》のうちの農本主義《のうほんしゅぎ》や武士の土着論《どちゃくろん》は当時の経済の進展に逆行《ぎゃっこう》するものであったし、武士の立場からする愚民観《ぐみんかん》もそこには存在する。またキリスト教を邪教視《じゃきょうし》する伝統的態度もあれば、蘭学者《らんがくしゃ》に対する不信の念も強い。その尊王論《そんのうろん》といっても幕府を否認《ひにん》するものでもなんでもない。それらは維新《いしん》の過程《かてい》において志士《しし》たちが一つ一つ越えていったものである。だとすればどこにこの書の革新的意味《かくしんてきいみ》があったのだろうか。それは彼が、日本の国家的独立を保《たも》つためには、現在の幕府のあり方は不可《ふか》であるとし、幕府の根《こん》本的批判《ぽんてきひはん》を試《こころ》み、あわせて高度国防国家建設のための具体的方策《ぐたいてきほうさく》を示したところにあると思われる。彼は「東照宮《とうせうぐう》の興《おこ》るや、其《そ》の務《つと》むるところは亦本《またもと》を強めて末《すゑ》を弱むるに在《あ》りき」として幕府の政策が国家本位《ほんい》でなく幕府本位であることを指摘《してき》し、当時の状態《じようたい》を、

夫《そ》れ既《すで》に天下を弱くせんとして天下弱し、黔首《けんしゆ》（人民のこと）を愚《ぐ》にせんとして黔首愚なり。弱にして且《か》つ愚なれば、則《すなは》ち自ら動揺《どうえう》せんと欲するも得《う》べけんや。故に天下変無《へんな》き所以《ゆゑん》のものは、一言《いちげん》にして尽《つ》くすべし。曰《いは》く、戦《いくさ》を畏《おそ》るるのみと。

と率直《そつちよく》に認識《にんしき》し、このような政策《せいさく》は幕府の統治《とうち》には好都合《こうつごう》であったろうが、国防問題のおこった今日では不可《ふか》であるとし、国家全体の富強《ふきよう》をはかるべきことを提言《ていげん》した。「天下を以《もつ》て浜松《はままつ》となせ」（「浜松」とは三河武士の強さをさしたものと思われる）というのが彼の主張であった。ここには、幕府本位《ほんい》でもない、また自《じ》藩《はん》中心主義でもない、国家という見地《けんち》からの発想《はつそう》がみられる。たとえ会沢《あいざわ》の思想が幕府の存在を否定したものではないにせよ、そこには封建割拠体制《ほうけんかつきよたいせい》をうちやぶって国家統一をなすべき日本の方向が志向《しこう》されている。

さらにわれわれが見おとしてならないのは、彼が公然《こうぜん》と幕政《ばくせい》の批判《ひはん》をしていることである。一部の処士《しよし》（官に仕えない士）であればともかく、それまで責任ある立場の者から幕

政批判をなすことはなかった。国防の問題をめぐっておこった国家的独立の保全《ほぜん》という至《し》高《こう》の課題《かだい》が、このような批判を可能《かのう》にしたのである。

志士の中心人物藤田《ふじた》東湖《とうこ》

会沢《あいざわ》の提出《ていしゅつ》した国防の具体案《ぐたいあん》についてはあとで触《ふ》れることにして、藤田東湖に移ろう。彼こそは幽谷《ゆうこく》以来の、学問と実践《じっせん》との、あるいは学問と政治との、あるいは文と武との統《とう》合《ごう》の理想《りそう》を一身に具現《ぐげん》した人といえよう。彼は幽谷の子として幼時より読書、講学《こうがく》につとめ、あるいは父より毎晩文天祥《ぶんてんしょう》の「正気歌」を聞くというような生活を送ったが、十五歳から二十歳頃《ごろ》までほとんど文事を省《かえり》みず、あるいは神道無念流《しんとうむねんりゅう》の岡田十松のもとで剣術に励《はげ》み、あるいは伊能一雲斎《いのういちうんさい》について宝蔵院流《ほうぞういんりゅう》の槍《やり》を学び、あるいは馬術、弓術の訓練《くんれん》に夢《む》中《ちゅう》になるという日を送った。国防問題の発生は、彼を学問の世界にのみとどめなかった。やがて彼は学問の廃《はい》するべからざるを知って、また勉学をはじめるが、こうした彼であれば文武は二つに分かれず、学問は政治的実践《じっせん》と分離しない実学でなければならない、という堅《かた》い信念をもつようになった。のちにこの考えは『弘道館記《こうどうかんき》』や『弘道館記述義』二巻（一八四六年）のなかに展開される。

しかし時局と彼の性格と能力《のうりょく》は、彼を書斎《しょさい》の人たるを許さず、あるいは斉昭擁立《なりあきようりつ》運動に狂奔《きょうほん》し、あるいは郡宰《ぐんさい》となって民政《みんせい》の改革《かいかく》をしたり、最後には斉昭の側用人《そばようにん》として縦横《じゅうおう》に活躍《かつやく》、全国の尊攘《そんじょう》運動の中心的人物となる。その間、藩主クラスの人としては真田幸貫《さなだゆきつら》、鍋島閑叟《なべしまかんそう》、山内容堂《やまのうちようどう》、島津斉彬《しまづなりあきら》と交わり、よく主君斉昭をたすけ、西郷隆盛《さいごうたかもり》、橋本左内《はしもとさない》、佐久間象山《さくましょうざん》、横井小楠《よこいしょうなん》らの志士《しし》と交わって尊攘運動を全国にひろげていった。彼の存在するかぎり、国防のための幕政改革《ばくせいかいかく》を望む志士たちの要求は実現の可能性《かのうせい》があるように思えた。彼にはそれだけの能力と人間的魅力《みりょく》とがあった。彼が安政《あんせい》の地震《じしん》で死んだとき、これらの志士たちは暗澹《あんたん》たる気持に襲《おそ》われた。そして斉昭の行動は以後それまでの円滑《えんかつ》さを欠いたように思われる。

東湖《とうこ》の本領《ほんりょう》は実践家《じっせんか》たるところにあるのであって、思想家としては、幽谷《ゆうこく》、正志斎《せいしさい》をこえるものではない。しかし彼の詩文の素質《そしつ》はこれらの先人《せんじん》をしのぎ、彼が幽囚中《ゆうしゅうちゅう》にしるした「回天詩史《かいてんしし》」「常陸帯《ひたちおび》」「正気歌」は久坂玄瑞《くさかげんずい》ら多くの志士たちを励《はげ》まし、彼らによって愛唱《あいしょう》された。たとえば、

三度死を決して而《しか》して死せず。二十五回刀水《とうすい》を渡る。
五度閑地《かんち》を乞《こ》うて閑《かん》をえず。三十九年七処《しょ》に徙《うつ》る。
邦家《ほうか》の隆替偶然《りゅうたいぐうぜん》に非《あら》ず。人生の得失豈徒爾《とくしつあにとじ》ならんや。

という句をもってはじまる「回天詩史」は、志士という志士に朗吟《ろうぎん》されたという。山県有朋《やまがたありとも》がまだ狂介《きょうすけ》といった頃の「読回天詩史」という題の詩も残っているくらいである。

　東湖の思想がいちばんまとまって表現されているのは『弘道館記述義』である。ここにみられるのは国体の儒教的解釈《じゅきょうてきかいしゃく》である。すなわち彼はわが国の建国の原理《げんり》も、宝祚《ほうそ》の無窮《むきゅう》も、国体の尊厳《そんげん》も、すべて「斯道《しどう》」によって基礎《きそ》づけられている。そしてこの「斯道」の内容は儒教の説く道と一致《いっち》する。こうした考えは、教育勅語の「斯《こ》ノ道ハ我カ皇祖皇宗《くわうそくわうそう》ノ遺訓《ゐくん》ニシテ子孫臣民ノ倶《とも》ニ遵守《じゅんしゅ》スヘキトコロ」という考えのなかに生かされている。

　わたしは、水戸学的気分《きぶん》をもっていた昭和十年代の一部の青年たちを知っている。また「回天《かいてん》」という名まえの特攻隊《とっこうたい》があったことも、ある年齢以上の人にとっては生々《なまなま》しく記憶《きおく》されているにちがいない。それに教育勅語。こうしてみると、後期水戸学は幕末《ばくまつ》の志士だけでなく、昭和二十年までの日本に生命をもっていた思想といえよう。

三　佐久間象山《さくましょうざん》と横井小楠《よこいしょうなん》

和親条約《わしんじょうやく》以後の展開《てんかい》

これまでみてきたように、後期水戸学《みとがく》は国防問題を契機《けいき》として成立した当時最も有力な改革思想《かいかくしそう》であり、政治と経済とを、あるいは尊王論《そんのうろん》、攘夷論《じょういろん》、王道論《おうどうろん》等の多面的問題を、統合《とうごう》するような性格をもち、また後期水戸学の首唱者《しゅしょうしゃ》たちの所属《しょぞく》する水戸藩《みとはん》が御三家《ごさんけ》の一つとして全国の改革派の意見を幕府に通じる有力なチャンネルであったために、幕末の初期の段階《だんかい》においては、全図の志士《しし》たちは水戸藩の改革派を通じて凝集《ぎょうしゅう》した。これらの志士のなかにはいろいろの考えがあり、またいろいろの世代《せだい》があって、後期水戸学への関心や共感《きょうかん》の仕方《しかた》もさまざまであったが、一般的にいえば、安政の和親条約頃《ごろ》までは全国の改革派は水戸を中心にして一つにまとまっていたといえよう。

しかし政局の変転《へんてん》とともに、後期水戸学はもはやこれらの多様《たよう》な思想や人を凝集《ぎょうしゅう》する力を失い、加《くわ》うるに藤田東湖《ふじたとうこ》のごとき有力な存在を失って、ここに多様な思想や運動が成立する。そして後期水戸学のもつ思想としての不徹底《ふてってい》さや制限が批判《ひはん》、克服《こくふく》され、その過程《かてい》において、封建《ほうけん》日本は近代日本に徐々《じょじょ》に脱皮《だっぴ》していく。われわれはしばらくその過程をたどっていこう。そしてまず、これを比較的年長の世代、佐久間象山《さくましょうざん》（一八一一—六四年）、横井小楠《よこいしょうなん》（一八〇九—六九年）から検討しよう。

代表的な幕末の志士

佐久間象山と後期水戸学との学問的系譜《けいふ》関係はない。しかし国防問題に対する態度《たいど》において、象山は後期水戸学のあとを追い、そしてやがてそれを越えていった。彼の開国論は攘夷論《じょういろん》の論理的帰結ともいうべきものであり、幕末の国学者大国隆正《おおくにたかまさ》の用語を借《か》りるなら ば「大攘夷《だいじょうい》」的開国論であった。

後期水戸学というと、われわれがすぐ連想するのは攘夷論であるが、斉昭《なりあき》や東湖《とうこ》を絶対的攘夷論者と解するのは誤《あやま》りであろう。彼らは蘭学者《らんがくしゃ》を採用したり、反射炉《はんしゃろ》を築《きず》いて大砲を鋳造《ちゅうぞう》したり、大艦《たいかん》を建造したりもするヘロデ主義者（先進国のすぐれた制度、技術をとりいれてこれに対抗しようとする人々）であって、西洋のいっさいを排撃《はいげき》した大橋訥庵《おおはしとつあん》や復古《ふっこ》神道家《しんとうか》のようなゼロット（狂信主義者）ではなかった。彼らは西洋の科学技術のすぐれていることはじゅうぶんに知り尽《つ》くしていた。また彼我《ひが》の兵力、国力に大きな差があり、開国がやむをえないということもよく知っていた。しかも彼らが「和」の字を伏《ふ》せ、攘夷を主張したのは、国家的独立を保《たも》つためには、国民の中核《ちゅうかく》としての武士のスピリットを高めることがなによりもたいせつだと考えていたからである。東湖らの攘夷論には政治家的戦《せん》略《りゃく》があるように思われる。これに対して政治的かけひきを苦手《にがて》とする象山は、開国論への転向後《てんこうご》は堂々《どうどう》とその所信《しょしん》を表明した。その自信、自負《じふ》が彼をついに凶刃《きょうじん》に倒《たお》れさせる運命におくのであるが、政治運動家的側面《そくめん》の欠如《けつじょ》にもかかわらず、彼こそは幕末《ばくまつ》の代表的志士の一人であろう。彼は激情《げきじょう》の人というよりむしろ理性《りせい》の人であったけれども、日本の独立を保とうとする「志」が、彼の思想と行動とを決定したのである。

彼は信州松代藩士《しんしゅうまつしろはんし》佐久間一学《いちがく》の子として生まれ、幼時より抜群《ばつぐん》の秀才《しゅうさい》の誉《ほま》れが高く、郷里では藩老鎌原桐山《はんろうかまはらとうざん》について、上京しては佐藤一斎《さとういっさい》について経学《けいがく》を学んだ朱子《しゅし》学者であったが、もし国防の問題がおこらず、また彼を見いだし認《みと》め、そして保護《ほご》した伯楽《はくらく》ともいうべき藩公真田幸貫《さなだゆきつら》の存在がなかったならば、彼は傲岸《ごうがん》なる一田舎儒者《いなかじゅしゃ》として終わるか、あるいはその自負《じふ》のゆえに身を誤《あやま》ったかもしれない。

彼の学問の基本は朱子学であり、二十三、四歳の頃《ころ》佐藤一斎の門に学んだおり、一斎が表面は朱子学を奉じながら心では陽明学《ようめいがく》に服していたのにあきたりず、一斎を文章の師として尊敬《そんけい》しても、経学《けいがく》の師としては認めないというくらいである。彼の朱子学のうけとり方に二つの特徴《とくちょう》がある。一つは易《えき》を重んじた宋《そう》学者邵康節《しょうこうせつ》を重んじたことからわかるように、朱子学を合理的なものとしてうけとっていたことである。次に、彼が大塩平八郎《おおしおへいはちろう》の乱《らん》を陽明学に起因《きいん》すると批評《ひひょう》したところからわかるように、彼は社会秩序《ちつじょ》を維持《いじ》するものとして朱子学をうけとっていたことである。前者はのちに彼が西洋の近代科学をうけいれるときに大きな役割《やくわり》を果《はた》した。後者は討幕運動《とうばくうんどう》に対する彼の嫌悪《けんお》となってあらわれた。これらについてはあとで触《ふ》れる。

佐久間《さくま》説と会沢《あいざわ》説

一八四二年（天保《てんぽう》十三年）のアヘン戦争における中国の敗北《はいぼく》、藩主真田幸貫《さなだゆきつら》の海防係就《しゅう》任《にん》は、彼にとって画期的《かっきてき》できごとで、彼はこの年幸貫の顧問《こもん》となり、有名な「海防八策《はっさく》」を書き一躍《いちやく》有名になった。この「海防八策」の具体的政策《ぐたいてきせいさく》を、山路愛山に拠《よ》りながら会沢の『新論』のそれと比較検討《ひかくけんとう》しよう。（山路愛山『佐久間象山』）

佐久間説（一八四二年）

㈠諸国海岸要害《ようがい》の地に砲台《ほうだい》を築き大砲を備えること。

㈡銅の交易《こうえき》をやめ大砲を鋳《い》ること。

会沢案（一八二五年）

㈠京都、江戸、大阪、相模《さがみ》および房総《ぼうそう》、ならびに伊勢《いせ》、熱田《あつた》の守備を厳《げん》にし、辺境《へんきょう》に城堡《じょうほう》を設《もう》けること。

㈡辺境防備のために屯田兵《とんでんへい》の制を設けること。

(三)西洋の製《せい》にならい大艦を作り江戸廻《かい》米《まい》に用いること。

(四)海運取締《とりしま》りの官を設《もう》け異国《いこく》との通《つう》商《しょう》はもちろん海路全般の奸謀《かんぼう》を取締ること。

(五)洋製にならって船艦を作り水軍《すいぐん》のかけひきを習わせること。

(六)辺地《へんち》にいたるまで学校を興《おこ》し、教化《きょうか》を盛んにして愚夫愚婦《ぐふぐふ》にいたるまで忠孝節義《ちゅうこうせつぎ》をわきまえさせること。

(七)賞罰《しょうばつ》を明らかにし、民心を結合すること。

(八)貢士《こうし》の法をおこすこと。

(三)斥候《せっこう》、信号《しんごう》、駅逓《えきてい》の制を整《ととの》えること。

(四)巨艦を建造し、虜《りょ》の船にあたらせること。事《こと》なきときは天下の米穀《べいこく》および諸物《しょぶつ》を運び、糶糴《ちょうてき》の権《けん》（米の売買）を政府に収めること。

(五)水戦を習わせること。

(六)大砲その他の火器《かき》を練《ね》ること。

(七)資糧《しりょう》をたくわえ、金、銅の貿易をやめること。

(八)浮冗《ふじょう》の民《たみ》（生産や国防に従事しない人々）は農《のう》に帰《き》せしめること。

こうしてくらべてみると、佐久間説にいくらかの進歩が認《みと》められるが、十七年の歳月《さいげつ》を考慮《こうりょ》に入れるとたいした進歩はない。この時期の象山《しょうざん》は、ここに示されるかぎりにおいては、『新論』の圏内《けんない》にあったといえよう。

しかしこのとき、彼は注目《ちゅうもく》すべき発言を行っている。「外寇《ぐわいこう》の義は国内の争乱《さうらん》とも相違《さうゐ》仕《つかまつり》……独《ひと》り徳川家の御栄辱《ごえいじょく》にのみ係《かかは》り候義に無二御座一候《ござなくさうらふ》、神州闔国《かふこく》の休戚《きうせき》を共に仕《つかまつり》候事《こと》に候……」。後期水戸学《みとがく》が幕府の本強弱末《ほんきょうじゃくまつ》政策《せいさく》を批判《ひはん》したとき、すでにこのような意識《いしき》はあったのであるが、ここには幕府、諸藩という区画《くかく》を越《こ》えた国家意識がより端的《たんてき》に表明されている。同年、藩公《はんこう》に提出《ていしゅつ》した上書《じょうしょ》においては、洋式の船艦建造その他のことを建白《けんぱく》しているが、その際《さい》「天下の為《ため》に立させられ候御法《ごほふ》を、天下の為《ため》に改《あらた》めさせられ候に何の憚《はばか》りか御座候べき」として、国家理性《りせい》のためには旧慣《きゅうかん》、旧例《きゅうれい》を打破《だは》すべきことを高らかに唱《とな》えている。日本の独立をいかにしてはかるか、ということが一八四二年以後の彼の行動の準則《じゅんそく》となり、国家利益ということが彼の価値観《かちかん》の規準《きじゅん》となった。日本の国家の利益のためにはあらゆる障害《しょうがい》を排除《はいじょ》してまっしぐらに妥協《だきょう》なしにつきすすむというのが、彼の生き方であった。

洋学を学ぶ

一八四二年彼は江川太郎左衛門《えがわたろうざえもん》の門にはいり西洋砲術《ほうじゅつ》を学びはじめたが、原書講読《げんしょこうどく》の必要を痛感《つうかん》し、一八四四年(弘化《こうか》元年)、三十四歳の年、新たに蘭学《らんがく》の研究に志《こころざ》した。集中力の強い彼は、一日二、三時間の睡眠《すいみん》で、人の一年かかる文法書をわずか二ヵ月でマスターし、次から次へと科学書や軍事関係の書籍《しょせき》を読破《どくは》していった。そして彼はやがて東西兼備《けんび》の先覚者《せんかくしゃ》として青年たちを暗夜《あんや》に導《みちび》く星となった。この際《さい》彼に、西洋の学問をすることが夷狄《いてき》に屈することでない(大橋訥庵《とつあん》などはあらゆる種類の西洋化を拒《こば》んだ)という確信をもたせたのはさきの朱子学《しゅしがく》であった。彼はいう。

宇宙《うちゅう》の実理《じつり》は二つなし。斯《こ》の理《り》の在《あ》る所は異《こと》なること能《あた》はず。近年西洋発明する所許多《あまた》の学術は要するに皆《みな》実理にして、ただ以て吾《わ》が聖学《せいがく》を資《たす》くるに足る。

「東洋道徳。西洋芸術。精粗《せいそ》不遺《のこさず》。表裏兼該《ひょうりけんがいす》」という和《わ》(漢)魂洋才的《こんようさいてき》西洋文化受容《じゅよう》の定式《ていしき》は、このような思想的根拠《こんきょ》から発せられたのである。

誇《ほこ》り高い武士たちも、もはや洋学を学ぶことをためらう必要はなかった。洋学を学ぶことは夷狄《いてき》に屈《くっ》するのではなく、聖人《せいじん》の道を輔翼《ほよく》することになるのだから。こうして彼のきりひらいた道を多くの俊秀《しゅんしゅう》たちが歩いていった。従来のような医師出身の洋学者でなく、武士出身の士魂《しこん》をもった洋学者がその後輩出《はいしゅつ》するのである。直接《ちょくせつ》彼の門をたたいた人を数えてみても、勝海舟《かつかいしゅう》、吉田松陰《よしだしょういん》、小林虎三郎《こばやしとらさぶろう》、山本覚馬《やまもとかくま》、橋本左内《はしもとさない》、河井継之助《かわいつぐのすけ》、坂本竜《さかもとりょう》馬《ま》らの志士《しし》的人物のほかに、加藤弘之《かとうひろゆき》、津田真道《つだまみち》、西村茂樹《にしむらしげき》などの洋学者があり、彼に心《しん》服《ぷく》していることが注目されねばならない。

日本を世界のなかでとらえる

彼の思想と行動は、国防の責務《せきむ》を背負《せお》わねばならないとする武士としての意識の発展として生まれた。孫子《そんし》の兵法《へいほう》に忠実であった彼はまず西洋の事情を正確に知ることがたいせつであると考え、「間諜《かんちょう》」としての役割《やくわり》を果《はた》させるため吉田松陰には渡航《とこう》をすすめた。またオランダ語の学習をくわだてたのも「夷俗《いぞく》ヲ馭《ぎょ》スルハ先《ま》ヅ夷情《いじょう》ヲ知ルニ如《し》クハナシ。夷情ヲ知ルハ先ヅ夷語《いご》ニ通ズルニ如《し》クハナシ」と考えたからである。彼の旺盛《おうせい》な西洋の科学や兵学の研究は「敵人の用る所の物を見候ては、必ず効《なろ》うてこれを用ひ、これと侔《ひと》しからん事を思ふは、いにしへより軍法の第一義にて御座候」という兵学者的意識にもとづいていた。

この場合、感情や主観《しゅかん》によって認識《にんしき》を曇《くも》らされないところに彼の特徴《とくちょう》があり、一八四二年当時《とうじ》には、まだ「元来《ぐわんらい》道徳仁義を弁《わきま》へぬ夷狄《いてき》の事にて唯《ただ》利にのみ賢《かしこ》く候」といっていた彼も、一八六二年（文久《ぶんきゅう》二年）には「只管《ひたすら》外邦他国を貶《おと》し、学術技巧制度文物此方《こなた》より備はり候と見え候有力の大国を戎狄夷狄《じゆうてきいてき》と御称呼被為在候《ごしようこあらせられ》は甚《はなはだ》如何《いかが》の御義《おんぎ》と奉存候《ぞんじたてまつりさうらふ》」として、外蕃（外蛮でないことに注意。蕃は「しげる」の意）という称呼を用いることを提《てい》唱《しよう》して攘夷《じようい》思想を克服《こくふく》し、さらに、

古代神聖の已《おの》れを舎《す》て、人に従ひ、人に取《とり》て善を為《な》すの御規模《ごきぼ》に被為則《のつとらせられ》、外蕃《ぐわいばん》の長ずる筋《すぢ》を悉《ことごと》く被為集《あつめさせられ》、外国にて追々《おひおひ》日本領を被為開《ひらかせられ》候様にしくことなしと奉存候。

というにいたった。「予年《よとし》二十以後。乃知匹夫有繫一国《すなはちしるひつぷもいつこくにつながるあるを》。三十以後。乃知有繫天下《すなはちしるてんかにつながるあるを》。四十以後。乃知有繫五世界《すなはちしるごせかいにつながるあるを》」という有名な『省諐録』の一節に彼の意識の展開はみごとに集約《しゆうやく》されているが、それはその後の多くの日本人の意識の展開を先取《せんしゆ》するものである。

常に日本を世界のなかにおいてとらえるというのが彼の視点なのであるが、この場合彼のとらえた世界は力の支配する世界である。このような世界においてはただ力をもってあい対すべきである、というのが彼の認識《にんしき》であり「其《そ》の力無くして能《よ》く其の国を保つもの、古《いにしへ》より今に至るまで、吾未《われいま》だ之《これ》を見ざるなり。誰《たれ》か王者は力を尚《たふと》ばずと謂《い》はんや」として、彼はナポレオン、ピョートル大帝《たいてい》のごとき人々を理想の帝王《ていおう》として称賛《しようさん》する。この点、ワシントンを理想的人物とする横井小楠《よこいしようなん》と好対照《こうたいしよう》をなしている。

彼はこのように列国《れっこく》が対峙《たいじ》する間における国家としての力をなによりも重んじたので、強い政府の必要を強く感じた。彼も当時の志士《しし》たちと同じく尊王意識《そんのういしき》をもっていたけれども、当面《とうめん》の代表政府たる幕府を中心として国家が結集し、外交の衝《しょう》にあたることを最《もっと》も重要と考え、長州《ちょうしゅう》を中心とする尊攘《そんじょう》運動に反対し、種々画策《かくさく》したために一八六四年（元治《げんじ》元年）、五十四歳にして京都で凶刃《きょうじん》に倒《たお》れた。彼は一八五四年（安政《あんせい》元年）から十年間蟄居《ちっきょ》の生活を送らされたのであるが、もし幕府が十年早く彼を用いたなら彼の抱負《ほうふ》もあるいは実現できたかもしれない。だがその間の政局の変転《へんてん》はもはや幕府による国家統一の道を非常に困難《こんなん》なものとしていたのである。

「富国」を代表する横井小楠《よこいしょうなん》

佐久間象山《さくましょうざん》によって日本が近代において歩むべき一つの道が示されたとすれば、他のもう一つの道を示した思想家は横井小楠であろう。いずれも幕末《ばくまつ》の代表的開国論者であるけれども、象山の示した道は、「強兵」をはかることによって、万国対峙《ばんこくたいじ》のなかによく独立を保《たも》とうとする道である。これに対して小楠の示した道は、列国《れっこく》と平和的貿易関係を結び、「富国」を中心として国家の独立を保とうとする道である。もちろん小楠においても強兵論はあるし、「何ゾ富国ニ止《とど》マラン、何ゾ強兵ニ止マラン。大義ヲ世界ニ布《し》カンノミ」というのが彼の究極《きゆうきよく》の理想《りそう》であるけれども、ここで示したような類型化《るいけいか》が一応許《いちおうゆる》されるであろう。

このように、佐久間象山とは違ったタイプの開国論者となり、幕末の政治過程《かてい》に大きな影響《えいきよう》を与えた横井小楠も、一八五〇年（嘉永《かえい》三年）当時には、

夫《それ》我神州は、百王一代三千年来天地之《の》間に独立し世界万国に比類無レ之《これなき》事に候へば、譬《たとへ》人民は皆死果《しにはて》、土地は総《すべ》て尽き果て候ても決して醜虜《しゆうりよ》と和《わ》を致し候道理無レ之《これなく》候。

と、本土決戦を主張する攘夷論者《じよういろんしや》であった。また彼が一八四三年（天保《てんぽう》十四年）当時書いた「時務策《じむさく》」は、水戸学的王道論《おうどうろん》に立脚《りつきやく》する節倹主義《せつけんしゆぎ》の経済政策《けいざいせいさく》を主張《しゆちよう》したものである。これらをみれば、小楠は象山《しようざん》と違って、開国論への転向《てんこう》以前はほとんど完全に後期水戸学《みとがく》的思想圏内《てきしそうけんない》にあった尊攘《そんじよう》の志士《しし》の一人であったといえよう。

彼の思想的転向は一八五五年（安政《あんせい》二年）になされた。この年は安政の和親条約《わしんじようやく》の締結《ていけつ》された年であるが、彼はこのときの斉昭《なりあき》の態度《たいど》に失望《しつぼう》し、その根本《こんぽん》の原因を水戸学の学問的誤謬《ごびゆう》にあるとした。さらにこの年彼は清代《しんだい》の学者魏源《ぎげん》の『海国図志』一〇〇巻（一八五二年）を手に入れ、これまでの攘夷論を放擲《ほうてき》して断然《だんぜん》開国論に移った。さらにまた二十年

来の畏友長岡監物《いゆうながおかけんもつ》とも別れ、自己の独自の道を歩きはじめた。

彼が長岡監物と別れたのは、『大学』の首章《しゅしょう》の「明徳新民《めいとくしんみん》」の句の解釈《かいしゃく》の仕方《しかた》において、両者の間に基本的な差異《さい》が生じたためである。監物が、民《たみ》を新たにするにはまず支配者がその徳を明らかにしなければならない、そうすれば民もおのずから新たになる、という朱子学《しゅしがく》の正統的解釈に従ったのに対して、小楠は、今日の急務は民を新たにするにある、そのことを通じて君主の徳は明らかになる、という見解をとった。彼の解釈は朱子学の正統的解釈を逸脱《いつだつ》するものであるが、しかしそのことによって思想が機能的《きのうてき》にとらえられ、実践的行為《じっせんてきこうい》を通じて思想自身が創造的《そうぞうてき》に発展していく可能性《かのうせい》が開けてくる。この頃《ころ》彼は、彼自身のことばに従えば「三代の学」に帰りつつあった。彼はこの「三代の学」にたつことによって儒教《じゅきょう》の真精神《しんせいしん》を生かしつつ、幕末のあらゆる問題にこたえうるとした。ではこの三代の学とはなにか。

三代の学

小楠《しょうなん》も幕末の他の志士と同じように、いかにして国家の独立を保《たも》つかということをその思想的課題《かだい》としたが、彼においてはこの課題は具体的《ぐたいてき》には、開鎖《かいさ》の論《ろん》をめぐる国防の問題と、徂徠《そらい》以来の思想家が問題にし、後期水戸学《みとがく》も問題とした徳川社会の形式と内容の矛盾《むじゅん》、すなわち封建制《ほうけんせい》と商業資本との矛盾の問題の二者を、儒教の精神を失うことなく解決するにはどうすればよいか、ということであった。彼はこの問題を考えれば考えるほど、一方においては自分の学問の骨格《こっかく》を形成していた朱子学《しゅしがく》や、他方においては彼が気概《きがい》ある武士として多大の影響《えいきょう》をうけた後期水戸学的な傾向《けいこう》、が疑《うたが》わしくなってきた。そして儒教思想《じゅきょうしそう》としての首尾一貫性《しゅびいっかんせい》をもってこの問題を考えぬいたときに形成されたのが、彼のいわゆる「三代の学」であり、実学なのである。

　基本的に朱子学に立脚《りっきゃく》する彼は、朱子学にいうところの「格物《かくぶつ》」ということを重んじる。しかし朱子学の格物という考え方からは、幕末の日本が最も必要とした「砲艦器械百工の精《せい》技術の精」も「利用厚生《りようこうせい》」も実現できない。彼はこの原因を、朱子学の格物が「理《り》をつめて見ての格物」であることに求める。彼は格物が「思の用」であり「天下の理を究《きわ》める」という側面《そくめん》のほか「現在天帝《てんてい》を亮《たす》くるの格物」「天工を亮くるの格物」として、天という普遍的超越者《ふへんてきちょうえつしゃ》のはたらきを助けるものとして生産的機能《きのう》をもたねばならないとする。彼に従えば、そのような機能を果《はた》したのが三代の格物である。そしてこの三代の経綸《けいりん》は、富国強兵《ふこくきょうへい》の策《さく》として幕末という時点に生かされねばならなかった。彼における三代の治《ち》とは、けっして単《たん》なる復古《ふっこ》主義《しゅぎ》を意味したのではなく、最《もっと》もすぐれた理想類型《りそうるいけい》であり、思想と行動の原型《げんけい》となるべき政治であった。彼のいう三代は、歴史的に固定された時間ではなく、いわば原時間《げんじかん》であった。だからこそ彼においては堯舜《ぎょうしゅん》の治《ち》はただちにワシントンによってはじめられたアメリカの共和制《きょうわせい》とも重なりあうのである。

彼のいう三代の治とは、名分論《めいぶんろん》を強調《きょうちょう》する多くの日本的儒教《じゅきょう》と違って、儒教の本来の姿に帰った姿ともいえる。彼は一方においては封建的《ほうけんてき》支配関係を認《みと》めるとともに、他方では為政者《いせいしゃ》に究極《きゅうきょく》の政治的責任をとることを要求した。彼は堯舜の治にならって有徳者《ゆうとくしゃ》（ここにいう徳は徳行という意味だけではなく、能力という意も含《ふく》まれる）が、有徳者に位《くらい》を譲《ゆず》る共和制をその政治理想とした。

人君《じんくん》何ノ天職。天ニ代リテ百姓《ひゃくせい》ヲ治《をさ》ム。天徳ノ人ニ非《あら》ザルヨリハ、何ヲ以《もっ》テ天命ニ愜《かな》ハン。堯《げう》ノ舜《しゅん》ニ巽《そん》スル所以《ゆゑん》、是《こ》レ真《しん》ニ大聖《たいせい》ト為《な》ス。迂《う》儒《じゅ》此《こ》ノ理ニ暗ク、之《これ》ヲ以テ聖人ノ病《やまひ》トナス。アア血統論、是レアニ天理ニ順《したが》ハンヤ。

このように血統論、世襲《せしゅう》政治を否定する彼は「全国の大統領の権柄《けんぺい》、賢《けん》に譲《ゆずり》て子に伝へず、君臣の義を廃《はい》して一向《ひたすら》公共和平を以て務とし」とアメリカの共和政治をほめたたえる。彼にとってはその理想とする堯舜の治《ち》は、アメリカの共和政治のイメージと、堯舜はそしてまたワシントンと自然に重なりあうのである。

王道思想《おうどうしそう》の徹底化《てっていか》

彼のこのような発想《はっそう》は後期水戸学《みとがく》のなかにもあった王道思想の徹底化といえよう。彼のこの新王道思想は、国際政治においても、国内政治においても具体的に展開されている。

彼は開国論にも三つの型《かた》がある、とする。

㈠　国本《こくほん》を正大《せいだい》にして神聖《しんせい》の道を宇内《うだい》にひろめようとするもの。

㈡　自ら強うして宇内に横行《おうこう》するようになるために、まず、水軍《すいぐん》を始め、航海を開くべしとするもの。

㈢　西洋諸国の四海兄弟《けいてい》の説に同《どう》じて、胸臆《きょうおく》を開いて彼と一躰《いったい》の交易《こうえき》の利《り》を逞《たく》ましくすべしとするもの。

明治以後の日本の歩みをふりかえってみると、㈠と㈡の立場が結びつき、皇国神聖《こうこくしんせい》の道は武力によって援護《えんご》せられ、あるいは宇内横行《うだいおうこう》の精神的根拠《こんきょ》が皇国神聖の道に求められた。しかし彼はいう。「神聖の道とも被レ申《まうされ》まじく、道は天地自然の道にて乃《すなはち》我胸臆中に見え候処《ところ》の仁の一字に御座候」。彼は儒教的思考様式《じゅきょうてきしこうようしき》のうちに、国家の即自的《そくじてき》な絶対性《ぜったいせい》を否定して、国家をこえた普遍的原理《ふへんてきげんり》から国家を基礎《きそ》づけようとしている。彼は絶対的平和主義者ではなかった。しかし現実の国際社会において武装のやむをえないことを認めつつ、国家の平和的共存《きょうぞん》を理想とし、仁《じん》の体現者《たいげんしゃ》としての日本が四海兄弟のイニシアティヴをとる

料金受取人払郵便

京都中央局
承　　認

7416

差出有効期間
2026 年10月
30 日まで

（切手をはらずに
お出し下さい）

郵便はがき

6008790

110

京都市下京区
正面通烏丸東入

法藏館 営業部 行

愛読者カード

本書をお買い上げいただきまして、まことにありがとうございました。
このハガキを、小社へのご意見またはご注文にご利用下さい。

お買上 **書名**

＊本書に関するご感想、ご意見をお聞かせ下さい。

＊出版してほしいテーマ・執筆者名をお聞かせ下さい。

お買上
書店名 区市町 **書店**

◆新刊情報はホームページで　http://www.hozokan.co.jp
◆ご注文、ご意見については　info@hozokan.co.jp

24. 11. 50000

ご氏名《ふりがな》	年齢　　歳　男・女	
〒□□□-□□□□　ご住所	電話	
ご職業（ご宗派）	所属学会等	
ご購読の新聞・雑誌名（ＰＲ誌を含む）		

ご希望の方に「法藏館・図書目録」をお送りいたします。
送付をご希望の方は右の□の中に✓をご記入下さい。　□

注文書

月　　日

書　　名	定　価	部　数
	円	部
	円	部
	円	部
	円	部
	円	部

配本は、○印を付けた方法にして下さい。

イ. **下記書店へ配本して下さい。**
（直接書店にお渡し下さい）

（書店・取次帖合印）

書店様へ＝書店帖合印を捺印の上ご投函下さい。

ロ. **直接送本して下さい。**
代金（書籍代+送料・手数料）は、お届けの際に現金と引換えにお支払下さい。送料・手数料は、書籍代計16,500円未満880円、16,500円以上無料です（いずれも税込）。

＊お急ぎのご注文には電話、ＦＡＸもご利用ください。
電話 075-343-0458
FAX 075-371-0458

（個人情報は『個人情報保護法』に基づいてお取扱い致します。）

ことをはかった。「我邦《わがくに》一視同仁《いっしどうじん》明らかに天地の大道を以《もっ》て深く彼等《ら》の私を説破《せっぱ》し、万国《ばんこく》自ら安全の道を示すべき也《なり》」。ここには攘夷思想《じょういしそう》がみごとに克服《こくふく》され、今日の日本がまさにとるべき姿が示されている。

国内政治面に関しては、彼の王道思想《おうどうしそう》はどのように展開したか。彼は幕府の政治を「徳川御一家《ごいっか》の便利私営《べんりしえい》にして絶《たえ》て天下を安《やす》んじ庶民《しょみん》を子とするの政教《せいけう》あることなし」と批判《ひはん》し、経済政策に関してはかつての水戸学的節倹主義《せっけんしゅぎ》を克服《こくふく》し、「民用は交易《かうえき》ならざれば不《たた》レ立《ず》と可レ知《しるべし》」「交通融通《ゆうづう》の道日本全国に取り法制を得ざる故に今《いま》日本如レ此《かくのごとく》貧国《ひんこく》になりたり」と積極的貿易論を展開し、また全国的交通をはばんでいる封建割拠《ほうけんかっきょ》の態勢《たいせい》が批判《ひはん》の的《まと》となる。また彼には能力による身分制《みぶんせい》の否定、という方向にいく思想も生まれている。彼が勝海舟《かつかいしゅう》の求めに応じて書いた「海軍問答書」において彼はこういっている。

伝習既《すで》に熟するに随《したが》ひ別に将校を用《もちふ》ることを禁じ、総《すべ》て此《こ》の諸生をして軍艦の職役《しょくえき》を命じ、其才能長技《そのさいのうちゃうぎ》に随《したがひ》て任用し匹夫たり共《とも》一艦の長一軍の将にも挙《あ》げ用ひ、貴族たり共所長なければ用ひず、一切《いっさい》太平因循《いんじゅん》の習弊《しふへい》を去り、……

さらに一八六七年（慶応《けいおう》三年）の松平春嶽《まつだいらしゅんがく》あての上書《じょうしょ》では、内地に商社をたて、大名だけでなく、望みによっては商人、百姓《ひやくしよう》をもその商社に入れ、ともに交易《こうえき》せしむべきことが献言《けんげん》されている。もちろんこれらが、封建的《ほうけんてき》身分制《みぶんせい》の撤廃《てつぱい》の要求というのではないが、近代の足音《あしおと》はもうすぐそこに近づいているという感じをわれわれはうけざるをえない。

われわれはこれまで佐久間象山《さくましようざん》、横井小楠《よこいしようなん》という志士の出でありながら、やがてわれわれが通常《つうじよう》志士として描《えが》くイメージをはるかに越《こ》えた二人の先覚者《せんかくしや》にあまりページをさきすぎたようだ。これからできるだけ急いで、志士らしい志士の思想と行動を跡《あと》づけねばならない。これらの志士は、佐久間、横井が天保《てんぽう》年間に青年期を送ったのに対して、嘉永《かえい》年間に青年期を迎えた人々である。

四　吉田松陰《よしだしよういん》の思想と行動

志士的意識の極限《きよくげん》

吉田松陰（一八三〇―五九年）は志士《しし》ということについてみずからこう定義《ていぎ》している。「志士と云《い》ふは即《すなは》ち道に志《こころざ》すの士なり、即ち君士《くんし》なり。武門武士として武道を磨《みが》き、国家の洪恩《こうおん》に報じ、父母の美名を顕《あら》はさんと心懸《こころが》くる、是《こ》れ志士なり」。そしてわれわれは松陰を、このような志士的意識をもって尊攘《そんじよう》運動に活躍《かつやく》した典型的《てんけいてき》な人物とみなすことができよう。彼は国防問題を契機《けいき》として、志士としての武士的意識をその極限《きょくげん》にまで深めることによって幕藩体制《ばくはんたいせい》の矛盾《むじゅん》を身をもって示し、そのことを通じて討幕《とうばく》運動へ道をきりひらいた人ということができる。

彼が幼《よう》にして長州藩《ちょうしゅうはん》における山鹿流《やまがりゅう》の師範《しはん》の家である吉田家を継《つ》いだことは、このような志士的意識を養うのにあずかって力があったように思われる。彼は一藩の兵学の責任を負《お》うべきものとしてみずからをみなし、また周囲から期待された。そして山鹿素行《やまがそこう》の書を通じて、兵学に対する関心と、士道に対する自覚《じかく》を深めていった。そして早くも一八四五年（弘化《こうか》二年）、十六歳のおり、兵学の師山田亦介《やまだまたすけ》から東亜《とうあ》の情勢について教えられ、翌年同じく兵学の師であった山田宇右衛門《うえもん》の説に応じて「辺防《へんぼう》を講究《こうきゅう》」する決意を固めた。

幕末《ばくまつ》の志士《しし》のうちでも有数《ゆうすう》の読書人であった彼は、他方ではまた行動の人であった。その数度にわたる旅行において彼は多くの土地を訪《たず》ね、多くの師友を求め、そして多くの書について教えられた。彼においては行動と学問とが他のどの志士よりも交互に深い関係をもっていたように思われる。

佐久間象山《さくましょうざん》と出会う

このように柔軟《じゅうなん》な気持で多くの師から多くを学びながら、しかも持《じ》するところ高かった松陰にとって、佐久間象山との出会いは一種の運命的なものであったろう。彼は兵学者としての自己の立場に忠実であれば、家学《かがく》である山鹿流の兵学を越え、彼の学んだ長沼流《ながぬまりゅう》や荻野流《おぎのりゅう》の砲術《ほうじゅつ》を越えて、西洋の兵学の優秀さを認めざるをえず、その点で先覚者《せんかくしゃ》としての象山の偉大《いだい》さを仰《あお》がざるをえなかった。

　西洋砲術のことは二言にて断《だん》ずべく、故は、彼れは各国実験を経《へ》たる実事、吾《わ》れは太平以来一二の名家座上の空言《くうげん》、此《こ》の二つを以《もっ》て比較致《ひかくいた》し候へば其《そ》の黒白判然《こくびゃくはんぜん》に御座候。

彼はこのような認識においてまさに師象山のよき継承者《けいしょうしゃ》であったのである。彼はまたその行動においても、師の意志の実践者《じっせんしゃ》であった。彼が象山のすすめによって海外事情を探《さぐ》るべきことを決意し、長崎に奔《はし》り、そしてまた下田《しもだ》に失敗して、そのことが二人の長い蟄《ちっ》居《きょ》と幽囚《ゆうしゅう》の生活をもたらしたことは周知《しゅうち》のごとくである。年齢、性向《せいこう》を異《こと》にするにもかかわらず、二人にはその意識において共通する面があった。それは強烈《きょうれつ》な人格的自立《じんかくてきじりつ》の意識であり、エリートとしての使命の自覚《じかく》であり、そしてさらには挙国的《きょこくてき》な天下的意識である。たとえば松陰が下田の挙《きょ》に失敗したとき、兄の杉梅太郎《すぎうめたろう》が「愚《ぐ》の悪《にく》む所は蹉跌《さてつ》して獄《ごく》に下りしを悪むに非《あら》ずして禁《きん》を犯《をか》して海を航するを悪むなり」と戒《いまし》めたとき、松陰はただちに

「禁は是《こ》れ徳川一世の事、今時《こんじ》の事は将《まさ》に三千年の皇国《くわうこく》に関係せんとす、何ぞ之《こ》れを顧《かへり》みるに暇《いとま》あらんや」と答えたとき、彼はさきに引用した「外寇《ぐわいこう》の義は国内の争乱《さうらん》とも相違《さうゐ》仕《つかまつ》り……独《ひと》り徳川家の御栄辱《ごえいじよく》にのみ係《かかは》り候義に無二御座一《ござなく》候《さうらふ》、神州闔国の休戚《きうせき》を共に仕《つかまつり》候事《さうらふこと》に候……」という象山のことばに呼応《こおう》したのである。

しかし松陰には師の象山とは異《こと》なる面があった。それは彼が師よりはるかに実践的《じつせんてき》であり、そしてまたはるかに藩士《はんし》としての意識にしばられていたことである。そしてまた彼は尊王《そんのう》意識において象山よりはるかに強烈《きようれつ》であり（もちろん象山に尊王意識がなかったのではない）、性格的にいって、より情的色彩《じようてきしきさい》が強かった。そしてまた学問において、師の象山が一方において西洋の兵学を重んじつつ、他方経学《けいがく》の重要性を力説《りきせつ》したにもかかわらず、松陰は「歴史を読んで賢豪《けんがう》の事を観《み》て志気《しき》を激発《げきはつ》するに若《し》かず」と譲《ゆず》るところがなかった。要するに松陰は、象山より志士的人物であったのだ。そしてこれらの相違は、松陰を師の象山とは共通の面をもちつつ、しかも異なる道を歩ませる。

象山《しようざん》と松陰《しよういん》の共通点と相違点

ではまずどの点が共通していたか。それは松陰のなかの、国防問題を契機《けいき》としておこった国家理性《りせい》に対する冷静《れいせい》な現実主義的態度である。彼はかつて賛美《さんび》の念《ねん》を惜《お》しまなかった会沢《あいざわ》の『新論《しんろん》』や塩谷宕陰《しおのやとういん》の『籌海私議《ちゅうかいしぎ》』、その他当代名士《とうだいめいし》の海防書に対しても「虚名空論《きょめいくうろん》」と批判《ひはん》し、あるいは「紙上の空言《くうげん》、書生の誇《ほこ》る所、烈士《れつし》の恥《は》づる所」と広言《こうげん》してはばからない。彼には、みずから西洋の科学や兵学をオランダ語を通して学び実験した象山以外のあり方は、国防問題に関しては認められなかった。そして開鎖《かいさ》の問題に関しても、彼は象山と同じく、大攘夷的《だいじょういてき》開国論であり、進取的《しんしゅてき》開国論をとって、幕府のやむをえずとった消極的開国論に反対した。

しかし松陰の藩士《はんし》としての自覚や尊王意識《そんのういしき》、あるいは彼の心情は、彼の思想を象山とは違ったように結晶させた。象山は天下の志士をもって任じ、そして幕府を当面の政府としてこれを助けるという態度をとったが、松陰は象山の悩《なや》まなかった封建的名分論《ほうけんてきめいぶんろん》の問題（忠誠心の問題）に正面からとりくまざるをえない立場におかれた。

名分論に従えば、天皇《てんのう》→幕府《ばくふ》→諸侯《しょこう》→藩士《はんし》……庶民《しょみん》、というような社会的秩序《ちつじょ》の階梯《かいてい》がある。幕府の権力は天皇に裁可《さいか》されることによって正当化《せいとうか》される、というのがこの名分論の基本的考えであるが、諸藩はまた直接には幕府に臣従《しんじゅう》するものとなる。したがって毛利《もうり》家《け》の家臣たる松陰は、尊王の意識に燃《も》えても、このような社会関係に従って天皇に対する忠誠を尽《つ》くさねばならないことになる。松陰ももともとこの名分論の支持者であった。

後期水戸学《みとがく》がこの名分論を武器として幕政《ばくせい》のあり方の批判《ひはん》をはじめたことは、われわれがさきにみたごとくである。しかし水戸学の幕府観はその立場上、当然《とうぜん》江戸幕府に対して肯定的《こうていてき》であった。たとえば『弘道館記』においても「我東照宮、撥乱反正《はつらんはんせい》、尊王攘夷、允《いん》文允武《ぶんいんぶ》、以《もっ》て太平の基《もとゐ》を開く」と、尊王攘夷の実践者《じっせんしゃ》としての家康《いえやす》に対して肯定的である。はじめこのような態度《たいど》をとっていた松陰も、幽囚《ゆうしゅう》の日々に日本の古典に親《した》しむようになってからは、武家政治以後の六百年を争乱《そうらん》の世とみなすようになった。それは「権朝廷を去」ったからである。そして安政《あんせい》の違勅《いちょく》問題を契機《けいき》として、彼には「幕府の恩義重しと雖《いへど》も吾が君の君に非《あら》」ずという考えがはっきりと自覚されるにいたった。

このような彼にとって残された最後の問題は、毛利家の家臣としての彼の立場と、王臣《おうしん》としての彼の立場をどのように関係づけるか、という問題である。この立場をめぐって、黙霖《もくりん》（勤王僧、安芸《あき》出身）と松陰との間に書簡《しょかん》が往復《おうふく》されている。僧侶《そうりょ》の身として封建的《ほうけんてき》身分関係《みぶんかんけい》から自由であった黙霖は、「一筆姦権《かんけん》ヲ誅《ちゅう》」してただちに討幕《とうばく》を計ろうとする。しかし松陰にはそれはできない。彼はいう。

僕《ぼく》は毛利家の家臣なり、故に日夜毛利に奉公することを練磨《れんま》するなり。毛利家は天子の臣なり、故に日夜天子に奉公するなり。吾等《われら》国王に忠勤《ちゅうきん》するは即《すなは》ち天子に忠勤するなり。

しかし彼は武家政治がはじまって以来の六百年間、毛利家が天皇にじゅうぶんの忠節《ちゅうせつ》を尽《つ》くしていないことを知っている。しかも自分は幽囚《ゆうしゅう》の身として、上書《じょうしょ》もできない、直言《ちょくげん》もできない。彼は、自分が他日宥赦《ゆうしゃ》を得た場合には、天下の士と交《まじ》わり、家老《かろう》や主君や、他の諸侯《しょこう》や幕府にこの大罪《たいざい》を知らしめ、天子へ忠勤を遂《と》げさすつもりだ、それができずに中途《ちゅうと》に首を刎《は》ねられるならばそれまでだ。そしてもし自分が幽囚の身で死ぬならば、必ず自分の志を継《つ》ぐ志士を後世《こうせい》に残しておく、と彼は誓《ちか》う。

天下は一人の天下

このような立場にたつ彼は、武家政治を容認《ようにん》する人々と対立せざるをえない。藩儒山県《はんじゅやまがた》太華《たいか》はこのような人々の代表者ともいうべき人で、彼は松陰の『講孟余話《こうもうよわ》』（一八五六年）を読み、松陰の立場は「我が主君には不忠《ふちゅう》になりても皇朝《くわうてう》さへ忠義になれば宜《よろ》し」というところにいたる、とする。彼に従えば藩主は幕臣《ばくしん》であり、天朝《てんちょう》への忠勤《ちゅうきん》はもってのほか、ということになる。太華のこのような考え方は「後白河《ごしらかは》に至り君徳《くんとく》を失《うしな》ひ給《たま》ひしにより、鎌倉氏興《おこ》りてこれに代《かは》りて、終《つひ》に天下の大権《たいけん》を執《と》れり、然《しか》れどもこれ又天といふべし」という歴史の見方にもとづく。さらにその根底《こんてい》には「天下は一人の天下に非《あら》ず、天下の天下なり」という儒教《じゅきょう》の伝統的考え方がある。この太華の天下《てんか》観《かん》は為《い》政者《せいしゃ》は人民のためにあるという儒教本来の考え方にむしろ近い。しかしそれはまた武家政治、幕府政治を承認《しょうにん》するものであった。これに対して松陰は「天下は一人の天下にして、天下の天下に非ず」と天皇に大権《たいけん》のあることを主張し、一君万民《いっくんばんみん》というのがわが国の本来のあり方とする。彼においては中国はともかく、日本においてはあくまで、天下は一人の天下でなければならなかった。

このようなことを契機《けいき》として、松陰の尊王観《そんのうかん》にコペルニクス的転回《てんかい》がおこった。

天朝《てんてう》を憂《うれ》へ、因《よ》つて遂《つひ》に夷狄《いてき》を憤《いきどほ》る者あり、夷狄を憤り因つて遂に天朝を憂ふる者あり。余幼にして家学《かがく》を奉《ほう》じ兵法を講ず、夷狄は国患《こくくわん》にして憤るべからざるを知れり。爾後《じご》偏《あまね》く夷狄の横《わう》なる所以《ゆゑん》を考へ、国家の衰《おとろ》へし所以を知り、遂に天朝の深憂一朝一夕《しんいういってういっせき》の故《ゆゑ》に非《あら》ざるを知れり。然《しか》れども其《そ》の孰《いづ》れか本《もと》、孰《いづ》れか末《すゑ》なるかは、まだ自ら信ずる能《あた》はざりき。向《さき》に八月の間、一友に啓発《けいはつ》せられて矍然《かくぜん》として始めて悟《さと》れり。従前《じゆうぜん》天朝を憂へしは並びに夷狄に憤《ふん》を為して見《けん》を起せり、本末《ほんまつ》既に錯《あやま》れり、真《しん》に天朝を憂ふるに非《あら》ざりしなり。

彼の尊王論はゆきつくところまでいったのである。

「時の終わり」

黙霖《もくりん》には、時を待つ、といいつつ、松下村塾《しょうかそんじゅく》における講学《こうがく》と教育とに充実《じゅうじつ》した日々を送っていた松陰も、一八五八年(安政《あんせい》五年)になるとふたたびなにものかに促《うなが》されたように実践活動《じっせんかつどう》にのりだした。この年の彼の行動は、あたかも「時の終わり」の意識のもとに、自己の命を賭《と》して再臨運動《さいりんうんどう》にのりだす人のごとくである。この年、

梅は百花の魁《さきがけ》となり
春香《しゅんかう》十分に宣《の》ぶ
人誰《た》れか豪傑《がうけつ》の徒《と》
能《よ》く天下の先《せん》たらん
此《こ》の身幸ひ未《いま》だ死せず
例《れい》に沿《よ》つて新年を迎《むか》ふ

と歌って新春を迎えた松陰は正月六日「狂夫之言《きょうふのげん》」を書き、ふたたび政治批判《ひはん》をはじめる。困難な外交問題、将軍継嗣《けいし》問題をひかえて、彼はもはや黙《もく》することができなくなった。「当今《とうこん》天下の亡《ほろ》びんこと已《すで》に決す」というのが彼の時局認識《じきょくにんしき》であり、間部《まなべ》要撃策《ようげきさく》、大原勅《おおはらちょく》

使要駕策《しようがさく》を実現しようとする。それらは外界にあって政治の現実に触《ふ》れている同志たちにとっては危険きわまりないものであり、彼らは、もっぱら「時勢《じせい》」を説《と》いて自重《じちよう》を促《うなが》す。しかしこのときの松陰はもはやかつての現実性を失い、

事義《ことぎ》にして志一ならば、天下其《そ》れ誰《た》れか然《しか》らずと為《な》さん。以《もっ》て唱《とな》へなば則《すなは》ち和《わ》し、以て呼ばば則ち応《こた》へん、是《こ》れ則ち其の人に存《そん》するなり。

義《ぎ》と至誠《しせい》の立場にたてば天下がこれに感応《かんのう》するという信念のもとに、同志の崛起《くつき》を促《うなが》す。そしてそれに応じない同志たちのことを「江戸居の諸友久坂《くさか》、中谷《なかや》、高杉《たかすぎ》なども皆《みな》僕と所《しょ》見違《けん》ふなり、其《そ》の分《わか》れる所は僕は忠義をする積《つも》り、諸友は功業をなす積り」と批判《ひはん》し、あるいは「ぬれ手で粟《あは》をつかむ積《つも》りか」と彼らの観望論《かんぼうろん》を難《なん》じる。この当時《とうじ》の松陰は、真心《まごころ》をささげ、命をささげることを通じてはじめて回天《かいてん》の事業はなる、という忠誠《ちゆうせい》の信仰の立場にたったのである。しかし政治の現実は必ずしもこのような心情の忠誠と天下の大義によっては動かされなかった。むしろ討幕《とうばく》の事業は、松陰によって功業《こうぎょう》の人と難《なん》ぜられた人々によって実現された。政治の世界は力を無視しては動かない。幕府という組織を倒《たお》すにはそれに対抗《たいこう》しうる組織がいる。生き残った志士に松陰が身をもって教えたのはそのこ

とではなかったろうか。

しかしまた、力や組織をもって相対《あいたい》するにしても、たたかいなくして変革《へんかく》の事業はなされなかったであろう。多くの志士の犠牲《ぎせい》のもとに討幕は可能《かのう》になったのであるが、松陰は維新《いしん》の変革運動における志士の死の意味を身をもって教えたともいえる。

むすび

一八五八年（安政五年）、松陰と同じく武蔵野《むさしの》の刑場《けいじょう》の露《つゆ》と消えた橋本左内《はしもとさない》についてはぜひ書きたかった。歴史においては、「もし」という仮定《かてい》は許されないが、そこには松陰とは違う志士のあり方が示され、もし左内が生存したならば維新《いしん》の違ったあり方も可能ではなかったかという感じさえする。しかしこの問題に触《ふ》れえないわれわれは、松陰の死後、問題がどのように展開《てんかい》したかを述べてこの章を終えたい。

松陰以後、尊攘《そんじょう》運動は真木和泉守《まきいずみのかみ》や久坂玄瑞《くさかげんずい》らの激派《げきは》の運動と高杉晋作《たかすぎしんさく》、さらに薩摩《さつま》の大久保利通《おおくぼとしみち》らの現実主義的変革《へんかく》運動に分裂《ぶんれつ》する。久坂らの行動は、「竟《つひ》に諸侯恃《たの》むに足らず、公卿《くぎやう》恃むに足らず、草莽《さうまう》志士糾合義挙《きうがふぎきよ》の外《ほか》にはとても策《さく》これ無《な》」しとするものであって、松陰が最後に到達《とうたつ》した草莽への期待につながるものであったが、一八六三年（文久《ぶんきゅう》三年）の彼らの敗北《はいぼく》以後、討幕《とうばく》運動の主流を占《し》めたのは現実主義者であった。彼らにはその後の下関砲撃《ほうげき》事件や薩英戦争《さつえいせんそう》の苦《にが》い経験があった。かつての攘夷論《じょういろん》の急先鋒《きゅうせんぽう》たちも、佐久間象山《さくましょうざん》や横井小楠《よこいしょうなん》、橋本左内《はしもとさない》の跡《あと》を追って、富国強兵《ふこくきょうへい》をはかりつつ開国する以外に日本のすすむべき道はないことを認識《にんしき》した。しかし彼らはまた、幕藩体制《ばくはんたいせい》を倒《たお》すことを回避《かいひ》すれば、日本の真《しん》の国家統一は不可能であり、近代国家としての再生《さいせい》は不可能であることも自覚した。その結果彼らは、外、攘夷を唱えつつ、内、着々《ちゃくちゃく》と討幕の準備をすすめたのである。彼らは「人心の向背《こうはい》」と「時世《じせい》」に対する注視《ちゅうし》を怠《おこた》らないようにしながら、一歩一歩と挙国的統合《きょこくてきとうごう》への歩みをつづけたのである。

実学史観の提唱

一

まず最初に、実学思想という観点《かんてん》から明治維新史《いしんし》を見直《みなお》すことの意義について、いくらかの私見《しけん》を述べてみたい。従来は、すでに明治八年、西村茂樹《にしむらしげき》が問題を提起《ていき》しているように、尊王攘夷《そんのうじょうい》から文明開化《ぶんめいかいか》への転換《てんかん》、これが明治維新解釈《かいしゃく》の大きな道筋《みちすじ》であった。もっとも尊王攘夷論の解釈は戦前の皇道史観《こうどうしかん》から戦後の前期的ナショナリズムというふうに大きな変化を見せているが、政治思想の方からは尊王攘夷論が幕末《ばくまつ》における指導的思想《しどうてきしそう》として注目をあびていることに変わりはない。私は幕末から明治にかけてこうした転換の歴史的事実があったことを否定するものではない。歴史の大勢《たいせい》としてはそれで別に間違《まちが》いはない。しかし明治維新の解釈としては、それだけでは不十分である。このような見方は、一方においては幕末と維新以後の非連続関係《ひれんぞくかんけい》だけに注目する。すなわち幕末の歴史は体制側《たいせいがわ》の自《じ》己《こ》存続《そんぞく》の運動と反体制側《はんたいせいがわ》の変革運動《へんかくうんどう》との激突《げきとつ》だけによって覆《おお》われ、それ以外には何もなかった、そして明治以後はじめて近代化への努力《どりょく》がなされたかのような印象《いんしょう》を与える。王政《おうせい》復古《ふっこ》による中央政府の樹立《じゅりつ》がはじめて日本の近代化への本格的《ほんかくてき》な歩みを可能《かのう》にしたことは間違いない。しかしこれでは何のために変革運動がおこったのか、ということの説明もつかないし、また日本の明治以後の急速《きゅうそく》な伸展《しんてん》の内在的原因《ないざいてきげんいん》も明らかにならない。欧米《おうべい》の先進諸国の巧妙《こうみょう》な模倣《もほう》、ということだけでは日本の急速な近代化――それが他面《ためん》において大きな問題を残していることは否定できないが――の原因を説明したことにはならない。われわれは、主体《しゅたい》の側《がわ》の原因にも眼をつけるべきであり、そしてわれわれの視野《しや》は徳川時代以来の歴史的蓄積《ちくせき》にも拡《ひろ》がるべきである。

　さらにまたこうした見方の背後《はいご》には、政治をあまりにも狭《せま》くとらえすぎているということがないであろうか。政治は変革への情熱だけにもとづくものではない。変革は歴史の特《とく》殊《しゅ》な状況《じょうきょう》においてのみ可能なのであり、一般の社会的精神的状況や支配者と被《ひ》支配者とのあいだの力学的関係《りきがくてきかんけい》、ときには国際関係、を無視《むし》しては成立《せいりつ》しない。まだその状況に立ちいたっていない場合でも、透視的《とうしてき》に変革《へんかく》のイメージをいだく独創的《どくそうてき》な思想家や、変革の幻《げん》想《そう》にとり憑《つ》かれて現実を直視《ちょくし》しようとはしない狂信的《きょうしんてき》な革命家は存立《そんりつ》し得《う》るけれども、それが現実化し一般化するにはさまざまな条件が成熟《せいじゅく》しなければならない。現実の政治に不《ふ》合理《ごうり》な点があったり、また歴史や社会の進展《しんてん》と政治制度との間に不均衡《ふきんこう》が生じた場合、まず改革という線から問題解決の試《こころ》みがなされるのが歴史の常道であり、そしてそれが人間性の自然にも立脚《りっきゃく》している。その改革《かいかく》で事が解決する場合が大半《たいはん》であるが、その改革の線を押《お》しすすめていく過程《かてい》にどうしても根本的解決《こんぽんてきかいけつ》以外に問題解決の方法がない、という認《にん》識《しき》が生じた場合、改革は変革に転化《てんか》する。そしてこのときはじめてその変革への運動は説《せつ》得力《とくりょく》をおび、広い支持を得て成功するのである。その変革の意図《いと》がいかに強烈《きょうれつ》な社会正義の観念《かんねん》に貫《つらぬ》かれていようとも、それが社会の問題である限り、このようなプロセスをへない場合には、その実現は不可能《ふかのう》に近い。ましてわれわれが正義というところのものの大部分は相対的《そうたいてき》意味での正義なのであり、広い一般の支持を得なければその実現は不可能なのである。われわれはまず改革思想の方に注目する必要がある。こうしてはじめて変革思想もその重みにおいて理解される。

右に述《の》べたことは違った角度から見れば、はげしい政治闘争の下に動いている時代の底《てい》流《りゅう》を把握《はあく》するということにもなる。この底流としてはいろいろのものが考えられようが、私はとくに社会経済的要素《ようそ》と知的要素に注目し、この二つの要素と政治とのからまり合いを問題にしたい。もちろんここに言う政治は、国際政治も国内政治をも同時にさすことはいうまでもない。

政治史と経済史との統合《とうごう》は、今日の維新史《いしんし》解釈《かいしゃく》の最《もっと》も重要な問題である。戦後、経済史家の努力《どりょく》によって多くの新《あら》たな事実が発掘《はっくつ》されたが、それにもかかわらずこの経済史的事実は、依然《いぜん》として歴史の過程《かてい》のなかにぜんぜん組み込まれていないか、あるいは無理な組み込まれ方をして、説得力を欠く説明になってしまっているのではなかろうか。

私はこの困難な問題を解く手がかりとして、改革主義《かいかくしゅぎ》的な現実政治家の、そしてまたそのブレーンであった人々の、具体的《ぐたいてき》政策、あるいは政策論がかなりに有効《ゆうこう》なのではないか、と考えている。彼らは、幕府《ばくふ》のことや自分の藩《はん》の安全のことしか考えなかった保守的《ほしゅてき》な政治家や、王政復古《おうせいふっこ》のことだけしか考えなかった偏狭《へんきょう》な尊王論者《そんのうろんじゃ》よりも、ずっと広い視野《しや》をもっていた。そして対外問題や幕府の問題と共に、藩政治の問題にも直面し、ここで当然《とうぜん》、政治的課題《かだい》の一つとして経済的問題の解決にも苦慮《くりょ》せねばならなかった。したがって彼らの政策《せいさく》ないし時務論《じむろん》の中に、政治の中に経済がどのように組み込まれているか、ということを探《さぐ》ることができる。そしてこれらの改革主義の人々の担《にな》った思想の大方《おおかた》が実用的な意味での実学思想（これについては後述）なのである。私はこのような意味で、実学思想という観点《かんてん》から明治維新にライトをあててみる必要があるのではないかと考える。

さらにこのような観点に立つとき、従来あまり重要視《じゅうようし》されなかった維新史《いしんし》における知的《ちてき》要素《ようそ》の役割《やくわり》について正当《せいとう》な評価《ひょうか》が与えられる。明治維新ならびにその後の日本の歩みにおける知的要素の占《し》める歴史的役割は、より正当に評価されねばならない。とくに鎖国《さこく》によって後進《こうしん》的地位におかれた幕末《ばくまつ》の状況《じょうきょう》では、知的・政治的指導者の認識《にんしき》の内容と、その政治過程における機能《きのう》の仕方《しかた》が実に大きい意味をもっている。またそれが直接《ちょくせつ》に政治に組込まれなかった場合でも、それは王政復古以後の近代化の準備《じゅんび》として重要な意味をもっている。実学思想という観点《かんてん》からの考察《こうさつ》は、この問題を考えるのに決定的に重要である。そしてこの問題はさらにナショナリズムの問題に発展する。ナショナリズムの意識が一面において感情的なものであることはいうまでもないが、しかしそれは知的《ちてき》なものと不可分《ふかぶん》の関係をもっている。認識の拡大《かくだい》・深化《しんか》と共にナショナリズムの意識は拡大・深化し、そして方向を与えられ永続的《えいぞくてき》なものとなる。このようにして実学思想は尊王論《そんのうろん》と深く結びつくのである。われわれはここから明治維新における知的要素《ようそ》とパトス的要素、認識と行動との関係を引き出すことができるであろう。

最後に、幕末において人材の登庸《とうよう》、人才の育成《いくせい》ということに関して幕末の改革主義的な立場の人々がいかに熱心であったか、ということを一言しておきたい。日本教育史資料をみても嘉永《かえい》以後の藩校《はんこう》の増大は飛躍的《ひやくてき》である。しかしこれらの学校は、初期の朱子学《しゅしがく》がめざしたような謹直《きんちょく》の士の育成をめざしたのではなく、いずれも天下《てんか》有用《ゆうよう》の人材を生むことをめざしたのであり、その背景《はいけい》には実学思想があったのである。そのことは多くの改革主義者たちの学校論や教育論に明らかであり、慶応《けいおう》元年には保守的精神の権化《ごんげ》とも見られた昌平黌《しょうへいこう》の学則《がくそく》においてさえも実学思想がとり入れられたのである。

二

ところで私はこれまで実学ということばを自明《じめい》のものであるかのように、何の断《ことわ》りもなしに使用してきた。だがそれは、尊王論《そんのうろん》ということばほどの自明《じめい》さをもっていないのである。それは実は多義的《たぎてき》で曖昧《あいまい》な概念《がいねん》であって、実際の役に立つ功用性（utility）をもつ学問、実用的な（pragmatic）学問、また現実的な、すなわち actual で real な学問、あるいはまた実践的な（practical）学問、場合によっては、実証的な（positive）学問、というようなさまざまのニュアンスをもつ内容を含意《がんい》している。総《そう》じてこれらの種々なる性格を含《ふく》めて、実学は虚学《きょがく》に対するものであり、実学の実は虚なるものに対する実なるものである。

しかしここで注目しなければならないのは、それは厳密《げんみつ》に知的《ちてき》な要求《ようきゅう》、純粋《じゅんすい》な認識論的《にんしきろんてき》な要求から出たものではないということである。そこにおける認識はあくまで performance にかかわる認識なのである。したがって何が実《じつ》であり、何が虚《きょ》であるかを判断《はんだん》する客観的規準《きゃっかんてききじゅん》なるものは存《そん》しない。その人の行動の目的にしたがって、あるいはめざす価値《かち》に応じて、判定《はんてい》の規準は変わってくる。このように、その人の立場に応じて判定の規準が変わるだけでなく、それは当然《とうぜん》時代に応じても変化する。実学はきわめて状況的思考《じょうきょうてきしこう》なのである。実学ということばは、既存《きそん》の思想や価値の体系に不満が感ぜられたとき、不満を感じ始めた側《がわ》から口にされることばであり、学問というかたちでの、その正当性の主張である。したがってそれは本来、きわめてポレミカルな概念《がいねん》なのである。

このように実学の性格は多義的《たぎてき》であり、その思考法《しこうほう》はきわめて状況的《じょうきょうてき》なのであるが、この中では常識的に言って、観念論的思想体系《かんねんろんてきしそうたいけい》に対して実用に役立つ、という点が実学の一般的性格と解してさしつかえない。そして思弁的《しべんてき》な朱子学《しゅしがく》の体系からこのような実学思想が展開《てんかい》してきたという事実そのものが、徳川時代がすでに近代への傾斜《けいしゃ》をもった時代であるということを示す。歴史的・社会的状況はまったく異《こと》なるし、また思想の内容も非常に異なるけれども、イギリスの経験論、とくに功利主義思想《こうりしゅぎしそう》の成立や、アメリカにおけるプラグマティズム成立にも似《に》た状況がそこにあるのではなかろうか。そしてこの実学思想が明治初頭における西洋の近代思想受容《じゅよう》の思想的前提《ぜんてい》として大きな意味をもつのである。

ところでこれまで、実学思想の側面《そくめん》から明治維新《いしん》を考察《こうさつ》した研究は意外に少ない。思想史の方面では、古くは和辻哲郎《わつじてつろう》博士の「現代日本と町人根性《こんじょう》」がある。この論文において和辻博士は、福沢《ふくざわ》におけるブルジョワ精神を、西鶴《さいかく》や三井高房《みついたかふさ》や石田梅巌《いしだばいがん》における町人根性――利福《りふく》を得《う》るために、倹約《けんやく》、正直《しょうじき》、勤勉《きんべん》等の諸徳《しょとく》を守ることだ――と、同質的《どうしつてき》なものとし、徳川中期から明治初頭にかけての連続性に注目しておられる。もっとも和辻博士においても、ブルジョワ精神がその核心《かくしん》において町人根性と同一でありつつ、合理化の精神、個人主義の精神という、町人根性が開展《かいてん》し得なかった他の二つの面を伴《ともな》っていたことは見《み》逃《のが》されていない。しかし博士の強調点《きょうちょうてん》は、あくまで町人根性とブルジョワ精神の連続性《れんぞくせい》にある。

このような観点《かんてん》に立てば、石田梅巌《ばいがん》の心学《しんがく》などにあらわれている実学思想も福沢《ふくざわ》の実学思想も質的な違いはないことになる。このような連続観だけを強調する立場からは、封建《ほうけん》社会《しゃかい》から近代社会への転換《てんかん》の意義、ひいては明治維新の意義は説明され難《がた》い。ここにおいて当然《とうぜん》、両者の非連続性《ひれんぞくせい》が注目されなければならない。このような観点に立って書かれたのが、丸山真男《まるやままさお》氏の「福沢に於ける『実学』の転回」であった。

この二人の先達《せんだつ》の見解《けんかい》についての私の考えを述べながら、私のこの問題に対するアプローチの仕方《しかた》を明らかにすることにしよう。和辻《わつじ》博士が徳川時代の中期から明治にかけての連続性に注目されたことはすぐれた見解《けんかい》である。巨視的《きよしてき》に言ってその間に連続性があることは否定《ひてい》できないし、そういう面がなければ明治以後の急速《きゅうそく》な近代化は説明《せつめい》できない。

その点私は徳川時代の再評価《さいひょうか》が必要であるという見解をとっている。しかし他方では、丸山氏のように実学の意義の転換《てんかん》を認《みと》めなければ明治維新の歴史的意義は説明できない。ただし丸山氏の論文で問題になっているのは、徳川中期の心学、あるいはそれ以前の実学と、福沢の実学との思想構造のうえでの差異《さい》であって、私のように明治維新と実学思想との関連を明らかにしようと考えている者にとっては、それだけで満足することはできない。

したがって今、実学思想の観点《かんてん》から明治維新史《いしんし》を考察《こうさつ》しようと思うならば、(1)徳川時代の中期から明治維新の起点《きてん》にいたる時期、(2)ふつう明治維新史の考察の対象《たいしょう》になる政治的変革《へんかく》の過程《かてい》、すなわち天保改革《てんぽうかいかく》から王政復古《おうせいふっこ》までの時期、(3)王政復古以後の時期、の三つの時期に分け、その時期における実学の性格を分析《ぶんせき》することによって、その間における問題の連続性と非連続性とを統合的《とうごうてき》にとらえる方法をとるべきであると思う。私の論述《ろんじゅつ》はもちろん第二期を、主な対象とするけれども、このような広い展望《てんぼう》において見なければ、第二期の問題も明らかにならない。

ところで実学思想の系譜《けいふ》を考える場合に、儒教《じゅきょう》の系譜と洋学《ようがく》の系譜の二つを考えねばならない。洋学は吉宗《よしむね》以来、実学として受容《じゅよう》され、第一期においても医学、天文学、本草学《ほんぞうがく》の方面においてもかなりの発達を示していたが、第二期において尚歯会《しょうしかい》のグループが結成されたことの歴史的意義は大きい。それは洋学者がたんなる技術家以上のものをめざした第一歩である。蛮社の獄《ごく》による洋学の挫折《ざせつ》は、洋学が政治・社会・経済の諸方面に直線的に伸《の》びることを不可能《ふかのう》にしたが、国防問題を契機《けいき》として、優秀な若い武士たちが洋学研究に志《こころざ》し、そして西洋の軍事的優越《ゆうえつ》の背後《はいご》にある政治・社会・経済・学問等の世界に開眼《かいげん》していった過程は、明治維新の理解《りかい》には欠《か》くことのできない重要な線である。一つは王政復《おうせいふっ》古《こ》後への伏線《ふくせん》として、一つは彼らの知識が当時の有識者《ゆうしきしゃ》に与えた影響《えいきょう》において――。残念ながら本稿《ほんこう》ではこの洋学の系譜《けいふ》については割愛《かつあい》することにするが、佐久間象山《さくましょうざん》の歴史的意義は高く評価《ひょうか》さるべきであり、また当時の洋学者としては箕作阮甫《みつくりげんぽ》、杉田成卿《すぎたせいけい》の存在を見おとしてはならない。この問題については拙稿《せっこう》「明治維新と実学思想」（未来社刊・坂田吉雄編『明治維新史の問題点』所収）を参照されたい。

本稿で主として問題にするのは、儒教《じゅきょう》の系譜《けいふ》の実学思想である。この場合、山鹿素行《やまがそこう》や熊沢蕃山《くまざわばんざん》の意義も大きいが、私が明治維新理解の前提《ぜんてい》として重要視するのは、荻生徂徠《おぎゅうそらい》（一六六六―一七二八）以後の実学思想である。徂徠において思弁的《しべんてき》な朱子学《しゅしがく》がどのような方法論的自覚《じかく》をもって経世済民《けいせいさいみん》をめざす政治学に転回《てんかい》したかについては、丸山真男《まるやままさお》氏の『日本政治思想史研究』に説《と》いて余すところがないが、問題はそれ以後である。丸山氏は徂徠における古文辞学《こぶんじがく》の方面に注目《ちゅうもく》し、その影響下《えいきょうか》に出た国学の政治思想の展開《てんかい》を叙述《じょじゅつ》しておられるが、私は徂徠学の影響の下に形成《けいせい》された他の重要な一面を書き落としておられるように思う。それは経世済民をめざす実学思想の形成である。たとえば徂徠の弟子の太《だ》宰《ざい》春台《しゅんだい》は「凡《およそ》天下国家ヲ治ムルヲ経済ト云《いひ》、世ヲ経《をさ》メ民ヲ済《すく》フト云フ義也《なり》」と定義して、「堯舜《げうしゅん》ヨリ以来、歴世《れきせい》ノ聖賢《せいけん》、心ヲ尽《つく》シテ言ヲ立テ教ヲ垂《たれ》タマフハ、皆経済ノ一事ノ為也《ためなり》。聖人ノ道ハ、天下国家ヲ治《をさむる》ヨリ外《ほか》ニハ所用《しよよう》ナシ」（「経済録」）と断定《だんてい》し、古《こ》文辞《ぶんじ》学的方向《がくてきほうこう》を儒教の本道《ほんどう》ではないと否定《ひてい》している。私は丸山氏が精緻《せいち》に展開された側面《そくめん》と共に、この実学思想の系譜《けいふ》に注目しなければ明治維新の解釈は十分にはできない、と考える。

三

では徂徠《そらい》以下の第一期の実学者たちは経世済民《けいせいさいみん》の問題を具体的《ぐたいてき》にどう考えていたか。この時期はまだ外圧《がいあつ》の問題がぜんぜんおこっていなかった時であり、ここでは政治の問題は具体的には社会や経済の問題であった。すなわちこの時期の政治思想家たちの頭を悩《なや》ました問題は、徳川の封建体制《ほうけんたいせい》と国内における商業資本の発達との間の不均衡《ふきんこう》をどのように調《ちょう》整《せい》するか、ということであった。長い間の国内の平和、多分に集権的《しゅうけんてき》性格の強い封建体制等々のために、封建社会とはいいながら商業資本の発達はめざましかった。加うるに綱吉《つなよし》時代の乱脈財政《らんみゃくざいせい》によって富《とみ》の大半は商人の手にわたり、徳川の中期以前にすでに幕府経済の基礎《きそ》はゆるぎ出し、封建体制の存続《そんぞく》は必ずしも楽観《らっかん》を許さない状況に立ちいたっていた。

この時にあたって徂徠が、上下困窮《こんきゅう》の根本原因《こんぽんげんいん》としているのは「武家旅宿《りょしゅく》の状態にあること」（『政談』）である。彼は、家康《いえやす》が創業《そうぎょう》のはじめ諸侯《しょこう》を江戸に集める政策をとったことを、乱世《らんせい》から太平《たいへい》の世をもたらすものとして高く評価するけれども、彼によればこれは永久につづけるべき政策ではなかった。所期《しょき》の目的を果した以上、諸侯を領所《りょうしょ》にかえし、土着《どちゃく》せしめて自給自足《じきゅうじそく》の生活を行わせること、この農本主義《のうほんしゅぎ》政策が商業資本の圧力《あつりょく》に抗《こう》する唯一《ゆいいつ》の道とされた。彼はこのような根本的解決策《かいけつさく》を行う好機《こうき》は四代将軍の末か五代将軍の初めの頃《ころ》であったとする。すでに時は遅《おそ》いが、今から二十年後くらいまでが残された唯一のチャンスであるとした。彼がこのような言を吐《は》いたのは享保《きょうほう》年間であった。しかし彼のこの主張がまじめに取り上げられたのは天保改革《てんぽうかいかく》の当時であった。

ところが文化《ぶんか》年間に活躍《かつやく》した海保青陵《かいほせいりょう》によれば、武士はすべて自分の智力《ちりょく》を君主に売って、その代償《だいしょう》として報酬《ほうしゅう》を得ている者であり、それは雲助《くもすけ》の場合となんら異《こと》なるところがない。このように君臣の関係は、儒教的《じゅきょうてき》なモラルによる基礎《きそ》づけ方とはちがって、売買関係によって説明される（彼はこれを市道と言う）。そして彼は武士の窮乏《きゅうぼう》を救うには、武士が商行為《しょうこうい》から超然《ちょうぜん》たる存在であるという偏見《へんけん》を除《のぞ》かねばならない、とする。

彼はさらに「阿蘭陀《オランダ》ハ国王ガ商《あきな》ヒヲスルト云《いひ》テ、ドット云フテ笑フコトナリ、サレドモ己レモヤハリ物ヲウリテ物ヲ買《かふ》ナリ、物ヲ売《うり》テ物ヲ買ハ世界ノ理《り》ナリ、笑フコトモ何モナキナリ」と言う。慶応《けいおう》三年、後に日本の資本主義のリーダーとなった渋沢栄一《しぶさわえいいち》がベルギーの国王に会ってはじめて体得《たいとく》した資本主義の現実がすでにここにおいて説《と》かれている。この青陵の考え方は当時の商品経済の発展を承認《しょうにん》し、徂徠《そらい》のように回避《かいひ》することなくそれに即応《そくおう》しようとするものであって、武士の立場からの発想《はっそう》ではあったが非常にブルジョワ的なものであった。

ところがここで疑問が二つおこる。一つはもしこれほど商品経済が発達していたとすれば、なぜ町人自身によるブルジョワ革命《かくめい》が実現されなかったか、ということである。第二は、なぜ青陵《せいりょう》のようなブルジョワ的見解《けんかい》が発展継承《はってんけいしょう》せられないで、維新《いしん》直前もしくは維新後になってはじめて西洋知識を身につけた人々によってそれが受けつがれたか、ということである。純経済史的にみれば、明治維新の政治過程《かてい》の時期はむしろ逆行《ぎゃっこう》の時期なのである。

第一の疑問については、鎖国《さこく》下の町人は鎖国前の堺《さかい》や博多《はかた》の町人とも、またヨーロッパのブルジョワジーとも性格を異《こと》にすることが注目《ちゅうもく》されなければならない。たとえば博多の町人島井宗室《しまいそうしつ》は秀吉《ひでよし》に対しても決して相譲《あいゆず》ることがなく、武士よりもむしろ町人になることを択《えら》ぶ、と昂然《こうぜん》と答えたが、徳川時代の町人は闕所《けっしょ》や徳政《とくせい》に対して泣寝《なきね》入《いり》するほかない町人であった。なるほど彼らの富《とみ》の前に各藩《かくはん》の家老《かろう》以下頭を下げたが、彼らの繁栄《はんえい》も幕府の権力機構《けんりょくきこう》や封建制度《ほうけんせいど》なしには存在し得なかった。このような町人から現状を打破《だは》する運動など出ようはずもなかったのである。

このことは第二の疑問の答えにも結びつく。町人がそうであれば現状改廃《かいはい》の動きは商品経済の発展に対応《たいおう》する自衛策《じえいさく》として武士の側《がわ》から出てこざるを得なかった。彼らは青陵《せいりょう》や佐藤信淵《さとうのぶひろ》の教えるあらゆる政策を試《こころ》みた。それは一時的には成功したが、その利益は幕府や商人に吸《す》いとられるばかりであり（当時の各藩の出費のうち江戸における費用が約六〇パーセントだったという）、生産を奨励《しょうれい》することは農民の利益になるどころか農民の労働負担《ふたん》はかえってますばかりであった。農民は土地を捨てて城下町《じょうかまち》にあるいは江戸に蝟集《いしゅう》した。結《けっ》局《きょく》それは諸藩《しょはん》の窮乏《きゅうぼう》をひどくするものであった。これを解決するために、藩士《はんし》の俸禄《ほうろく》の実質上の切り下げや節倹策《せっけんさく》がしかれた。徂徠《そらい》の説《と》いた武士の土着論《どちゃくろん》が水戸藩《みとはん》で初めて採用された。そしてそれらのゆきづまりの揚句《あげく》に、これらの社会的窮乏の最《もっと》も有力な原因の一つであった幕府の政治のあり方、すなわち幕府中心主義に対する批判《ひはん》が水戸藩からおこったのである。なるほど水戸学のとった経済政策は農本主義《のうほんしゅぎ》であり、節倹策《せっけんさく》であり、そして武士の土着論であって、純経済的観点からみれば時代に逆行《ぎゃっこう》するものであるが、幕府政治のあり方に対する批判という誰《だれ》しもが試《こころ》みたことのない新しい発想《はっそう》を伴《ともな》っていた。ここにおいて政治と経済とは初めて統合的《とうごうてき》にとらえられたのである。それまでのような純経済的側面からだけでは、問題の解決は不可能《ふかのう》であることを自覚《じかく》した点で、それはけっして退歩《たいほ》ではなかった。水戸藩にそういう批判を許したものは、御三家《ごさんけ》の一つとしての幕府に対する特別の地位である。しかしここでさらに重要なのは、この時点においてそういう批判が許されたのは、国防問題の発生にもとづくということである。国防問題は一幕府の問題ではなく、国家全体の問題であった。外圧の問題は、水戸《みと》の政治家や思想家たちに、そしてそれを支持する全国の武士たちに、政治と経済とを統合的に把握《はあく》する視点を与えたのであった。

後期水戸学は名分論《めいぶんろん》、攘夷論《じょういろん》、王道思想《おうどうしそう》、など多面的性格を有する思想であった。さらに学問と実践《じっせん》とが二途《と》に分れないことをめざす思想であった。藤田東湖《ふじたとうこ》は会沢正志斎《あいざわせいしさい》を推《すい》薦《せん》するのに、その学問が実学であることをあげている。この多面性を有する水戸学に全国の革新派《かくしんは》の人々が同調した。長州《ちょうしゅう》の村田清風《むらたせいふう》の行った改革《かいかく》もそうであった。鍋島閑叟《なべしまかんそう》の若い時の藩治《はんち》も水戸藩の政策に学ぶところが多かった。後に激派《げきは》の中心人物となる真木和泉《まきいずみの》守《かみ》も久留米《くるめ》の天保学《てんぽうがく》の同志の一人として水戸学に心酔《しんすい》した。幕末《ばくまつ》における改革派の中心人物の一人である横井小楠《よこいしょうなん》の天保十四年当時の経済政策の考え方は水戸学そっくりであった。天保十三年（一八四二）の佐久間象山《さくましょうざん》の上書《じょうしょ》がいかに会沢の『新論』の説を踏襲《とうしゅう》するものであるかについては、すでに山路愛山《やまじあいざん》が実証《じっしょう》している。

少なくとも天保《てんぽう》年間においては、水戸学の思想は全国の革新派《かくしんは》を結合《けつごう》させる紐帯《ちゅうたい》であった。久留米《くるめ》の天保改革《てんぽうかいかく》の失敗《しっぱい》は、実用的な実学としての性格をもつ久留米天保派の思想を急進思想《きゅうしんしそう》に転化《てんか》せしめた。弘化《こうか》年間には、佐久間象山は早くも開国思想をいだいて、水戸学とは遠い位置に去った。安政《あんせい》年間には和親条約締結《わしんじょうやくていけつ》の問題をめぐって、吉田松陰《よしだしょういん》は水戸学の名分論《めいぶんろん》を徹底《てってい》し、幕府否定の思想に進んだ。横井小楠もその王道思想《おうどうしそう》の側面を徹底し、開国論に転化《てんか》した。水戸学からの分離《ぶんり》、またはその超克《ちょうこく》は和親条約締結の時期において決定的であった。それぞれの思想の性格、また水戸学への共感の仕方《しかた》に応じて、水戸学からの分離も種々様々であった。私はこの中で改革派《かいかくは》の実学思想とその政治的役割《やくわり》について略《りゃく》述《じゅつ》したい。

四

水戸学《みとがく》を中核《ちゅうかく》として結集していた革新派《かくしんは》が安政《あんせい》二、三年ごろさまざまの分派《ぶんぱ》に分れたとき、改革派として自己の立場を自覚《じかく》した人々に共通する性格は何であったか。その政治における基本的性格は、国内政治においては幕府中心主義政策《せいさく》の否定、国際政治においては開国主義、経済政策においては水戸流の節倹《せっけん》主義的、農本《のうほん》主義的政策を超《こ》えた積極的経済政策の採用、という点にその特徴《とくちょう》をもつ。しかし海保青陵《かいほせいりょう》流の君臣関係を市道《しどう》とするような考え方もなく、楠公権助論《なんこうごんすけろん》のような考え方はもちろんそこにはない。儒教《じゅきょう》の王道《おうどう》政治的思想を最大限《さいだいげん》に拡張《かくちょう》して、議会政治その他の西欧《せいおう》の政治形態《けいたい》を吸収《きゅうしゅう》し、他方では軍事上の技術において西欧のものをできるだけ採用しようとする。

この派に属《ぞく》する勢力は、越前藩《えちぜんはん》の松平春嶽《まつだいらしゅんがく》を中心として、文久《ぶんきゅう》二年までは、激派《げきは》によってイニシアティヴをとられた長州《ちょうしゅう》を除《のぞ》き、薩摩《さつま》、土佐《とさ》、宇和島《うわじま》等の諸藩《しょはん》であり、幕側《ばくがわ》では慶喜《よしのぶ》、勝海舟《かつかいしゅう》、大久保《おおくぼ》一翁《いちおう》らの線であった。朝廷との関係では公武合体《こうぶがったい》の立場をとるが、幕府の都《つ》合主義《ごうしゅぎ》的公武合体論にはあくまで反対する。ただし政治責任者としては幕府を認め、幕政の改革《かいかく》をその任務とした。彼らはそれだけが、日本の独立を全《まっと》うする道であると信じていた。文久《ぶんきゅう》二年に春嶽《しゅんがく》が失脚《しっきゃく》するまで、その背後には橋本左内《はしもとさない》、安政《あんせい》の大獄《たいごく》で左内が死んだ後では横井小楠《よこいしょうなん》という二人のすぐれたブレーンがあった。幕府内部では勝《かつ》、大久《おおく》保《ぼ》が諸藩の改革派《かいかくは》と呼応《こおう》する地位にあった。文久二年、春嶽の失脚《しっきゃく》後、勢力はようやく雄《ゆう》藩《はん》の有能《ゆうのう》な臣下の手に移るが、慶応《けいおう》二年、小栗忠順《おぐりただまさ》が一方においてはフランスと手を結び、他方においては郡県制度《ぐんけんせいど》をしこうとするにおよび、薩長連合《さっちょうれんごう》がついに成立した。この間に周旋《しゅうせん》の役割《やくわり》を果《はた》し、全国の大合同をはかったのが、勝の愛弟子《まなでし》であった坂本竜馬《さかもとりょうま》である。

橋本左内―横井小楠―勝海舟―坂本竜馬のこの線が幕末の改革派の基本ラインと考えてよいだろう。薩長の力、とくに終始討幕のイニシアティヴをとった長州の尊王攘夷派《そんのうじょういは》の力がなければ明治維新は当然成立しなかったのであるが、明治維新の平和的解決の仕《し》方《かた》は、いうおうこの改革派の基本線の実現とも考えられよう。

さてこの改革派の人々はどのような思想的根拠《こんきょ》においてこのような政治的行動をとったのであろうか。私はこれを改革派の思想的基礎づけを行った橋本左内、とくに横井小楠において見てみたい。彼らの明治以後の新知識人たちとの機能上《きのうじょう》の違いは、彼らの思想は直《ただ》ちに政治的行動に直結《ちょっけつ》し、政治の方向を変えたのに対して、洋学者たちの場合は、幕末《ばくまつ》においてはいうまでもなく、よりよく遇《ぐう》された明治政府においても、その機能はけっきょくは知識の供給者《きょうきゅうしゃ》ということであって、政治的方向の決定者は政治家であったということである。大久保利通《おおくぼとしみち》が彼らを「芸者《げいしゃ》」と言ったことは政治家たちの洋学者観を端的《たんてき》に物語っている。そういうことに我慢《がまん》がならなかった福沢《ふくざわ》は明治政府にはいらなかったのである。

さて、緒方塾《おがたじゅく》で蘭学《らんがく》を学んだ左内《さない》と、儒教《じゅきょう》の教養の上に漢訳・和訳等を通じてのあるいは耳学問《みみがくもん》を通じての西洋知識しかもたなかった小楠《しょうなん》の考え方は、大きな差異《さい》を予《よ》想《そう》されるにもかかわらず、実はそれほどの差異はない。彼らはいずれも「有用《ゆうよう》の実学《じつがく》」の首唱者《しゅしょうしゃ》であった。

天才的な政治家であった左内において、新しい意識は端的《たんてき》に出ている。彼は、人材《じんざい》を得ること、人材を養うことの必要を説き、聖賢《せいけん》は多能であると称《しょう》する。彼は儒教的なモラルを信ずるが「道は却《かへつ》て技よりして進入候《すすみいりさうらふ》」ものと考える。彼は多くの実学者のように「強兵之基《きょうへいのもとい》は富国《ふこく》」にあることを認識《にんしき》し、生産の問題を考慮《こうりょ》するとともに、わが国の行くべき道は開国以外にないことを始めから信じて疑わない。そして西洋諸国の商業道徳の高さに注目し、積極的に貿易策《ぼうえきさく》を展開するとともに「品物の交易《こうえき》のみならず、智慧《ちえ》の交易」が肝要《かんよう》であるとする。そして積極的内政改革案《ないせいかいかくあん》を提出《ていしゅつ》するが、このような考え方の底には封建的藩意識《ほうけんてきはんいしき》を超《こ》え、「日本国中を一家と見」るナショナリズムの意識がある。彼は他方では教育の問題をまじめにとりあげ、次代を担《にな》う人々の育成のために種々の配慮《はいりょ》をなし、外人教師の招聘《しょうへい》の問題もそのプランの一つになっている。こうして日本を「宇内《うだい》第一の富《ふ》饒《じょう》」の国にするのが彼の希望《きぼう》であった。ここには明治以後の日本が歩いた道の見取図《みとりず》が大半完成されていると言っても過言《かごん》ではない。安政《あんせい》二、三年の時点において、二十数歳の青年によってこのような構想《こうそう》がすでに出来上がっていたのである。

儒教《じゅきょう》の造詣《ぞうけい》が深く、儒教がその精神的中核《ちゅうかく》をなしていた小楠《しょうなん》の場合、彼が水戸学的発想《はっそう》を克服《こくふく》するためには儒教についての深い反省《はんせい》をへなければならなかった。彼は『大学』冒《ぼう》頭《とう》の「大学ノ道ハ明徳《めいとく》ヲ明ラカニスルニアリ、民《たみ》ヲ新タニスルニアリ」の通常の解釈を逆《ぎゃく》にし、民を新たにすることを通じて人君の明徳はおのずから明らかになるというプラグマティックな解釈をうみ出した。更《さら》にまた儒教における思と学との関係を逆にして、思うこと、考えることが学問の基本であるとした。他方では、朱子《しゅし》学《がく》における格物《かくぶつ》の意味を拡《かく》張《ちょう》して生産的に解釈して、富国強兵《ふこくきょうへい》の基礎づけを行おうとした。

　しかし彼を日本の思想史上において不朽《ふきゅう》ならしめているのは、このような富国強兵策とともに、他方では国家理性《こっかりせい》を超《こ》えるものを彼が認めていたことであった。「何ゾ富国ニ止《とど》マラン、何ゾ強兵ニ止マラン、大義ヲ世界ニシカンノミ」というところに彼の真意はあった。この点、彼は「終《つひ》ニ五州ヲ巻《ま》キテ皇朝《くわうてう》ニ帰ス。皇朝永ク五州ノ宗《そう》トナル」と唱《とな》えた佐《さ》久間象山《くましょうざん》や他の幕末《ばくまつ》の思想家をもぬきんでていた。彼は皇国《こうこく》の神聖ということを即自的《そくじてき》に主張する人々に対して、「神聖の道とも被《まうされ》ㇾ申まじく、道は天地自然の道にて乃《すなはち》我胸臆《わがきょうおく》中《ちゅう》に見え候処《ところ》の仁《じん》の一字に御座候」と言う。そしてそれと共に列国《れっこく》の国家的エゴイズムに対しては「我邦一視同仁《わがくにいっしどうじん》明らかに天地の大道を以《もっ》て深く彼等の私を説破《せっぱ》し、万国自ら安全の道を示すべき也《なり》」とする。彼は現実の国際社会において、力の必要なことを認めつつ、国家の平和的共存《きょうぞん》を理想《りそう》として、仁の体現者《たいげんしゃ》としての日本が四海兄弟《しかいけいてい》のイニシアティヴをとることをはかったのである。

　彼はこのように、国家なり幕府なりが自己の絶対性《ぜったいせい》を主張することを容認《ようにん》し得ないがゆえに、徳川幕府に対しては「徳川御一家の便利《べんり》私営《しえい》にして絶《たえ》て天下を安んじ庶民《しょみん》を子とするの政教《せいけう》あることなし」と批判《ひはん》し、参勤交替《さんきんこうたい》の制の廃止《はいし》などの政策をとらせる。そして朝廷に対しては君臣の分《ぶん》を明らかにさせるとともに、政治権力としての幕府を認め、その改《かい》革《かく》によって国家の危機を乗りこえようとする。彼はそれが国家独立の唯一《ゆいいつ》の道であると考えたのである。彼においても「一国独立ヲモッテ本《もと》トナス」の言葉に明らかなようにナショナリズムの意識がその根底《こんてい》にあり、そのためにはできるだけ内乱《ないらん》を避《さ》けようとして、それがこのような改革主義をとらせたのである。

五

枚数に制限のある本稿では多くを語り得ないが、実学思想によって政治と経済との統合的視点を得ることをめざす以上、まず第二期の代表的実学思想たる横井《よこい》の経済思想と、第三期のそれとの交替《こうたい》の問題についてふれよう。それは具体的《ぐたいてき》には横井の弟子であった由利《ゆり》公正《きみまさ》の失脚《しっきゃく》とそれに代わる大隈重信《おおくましげのぶ》の登場という問題になる。幕末において横井が由利と相談して行った経済策は、まず不換紙幣《ふかんしへい》を出してそれを民間に貸《か》しつけ、それによって生産の補助《ほじょ》とする。さらにこの製品を長崎の開港場にもってゆき外人に売る。その結果、元《がん》金《きん》プラス利潤《りじゅん》の正金を得て不換紙幣《ふかんしへい》は兌換紙幣《だかんしへい》となり、加うるに何がしかの利益を得、この過程《かてい》を何度も重ねることによって生産は増《ま》し、経済の規模《きぼ》は大きくなるというのであった。事実、これは由利の巧《たく》みな運営によって万延《まんえん》年間や文久《ぶんきゅう》のはじめに越前藩《えちぜんはん》では大成功を収めたのである。このように開港という新しい状況《じょうきょう》の中で、水戸学《みとがく》の農本主義《のうほんしゅぎ》的経済政策はこえられていった。慌《あわ》ただしい政治的紛糾《ふんきゅう》の中においても経済の力を政治は無視することができなかったのである。

　ところが明治政府において由利によってとられたこの政策《せいさく》は在留《ざいりゅう》外人の劣悪貨幣《れつあくかへい》の攻撃《こうげき》によって放棄《ほうき》せざるを得なくなり、彼は失脚《しっきゃく》するにいたった。その失敗の最大原因は、この不換紙幣《ふかんしへい》が奥羽《おうう》戦争の戦費《せんぴ》として使われて、かつての越前藩《えちぜんはん》の場合のように、生産――貿易による利潤《りじゅん》の獲得《かくとく》――それによる不換紙幣の兌換紙幣化《だかんしへいか》、という構想《こうそう》が実現しなかったことにある。しかしかりにこれが一越前藩の内部であったら、藩権力《はんけんりょく》にたいする否定的気持がおこらないかぎり、領民《りょうみん》たちはこのような事態《じたい》を甘受《かんじゅ》したであろう。しかし外人たちは決して容赦《ようしゃ》しなかった。横井や由利の経済政策は、非情な資本主義の嵐《あらし》には耐《た》えなかった。それは一面においては近代性をもちながら、他面においては封建的《ほうけんてき》パターナリズムを暗々裡《あんあんり》に前提《ぜんてい》する政策であり思想であった。その意味ではあくまで過渡期《かとき》の思想であった。横井の思想はまず経済の側面《そくめん》から近代的実学にとって代わられた。海保青陵《かいほせいりょう》的考え方は、かくして世界資本主義という一つの次元《じげん》の高い世界で新しい教養と知識をもった人々によって回復された。歴史は一つのサイクルを完成したということができよう。

私はこれ以上語る紙幅《しふく》をもたない。ただ私は幕末《ばくまつ》の倒幕《とうばく》、王政復古《おうせいふっこ》のはげしい政治過程《かてい》の中に、一藩や一幕府の利害だけでなく国家全体の進むべき方向を考え、さらには人類の進路についても思いをめぐらし、またそれを可能《かのう》なかぎり実現しようとした改革派《かいかくは》の人々のあったことを強調《きょうちょう》したい。彼らの存在がなければ、徳川から明治へのスムースな転換《てんかん》が不可能《ふかのう》だったのである。彼らを媒介《ばいかい》としてはじめて徳川時代と明治時代との連続性《れんぞくせい》と非連《ひれん》続性《ぞくせい》は統合的《とうごうてき》にとらえられる。実学思想の観点《かんてん》から明治維新《いしん》をとらえることの意義を私が提起《ていき》したゆえんはここにあった。

附記

なお、ここで明治維新解釈として残っている問題は、幕末から明治への転換は新旧二つの実学思想を比較することによって明らかになるけれども、問題はこの場合、この転換を可能にしたものは、そのいずれでもなく、尊王攘夷論に立脚して、政治的実践の基礎を与えるものとして実学を考えていた人々であるということである。ここに改革派と急進派との関係が問題になる。政治史的にはこの点が最も重要なことであるが、元治・慶応年間に入ると長州の激派の中にも、久坂玄瑞や高杉晋作のように実用的な意味での実学の必要を認識するものが出てきていることが注目される。

維新前後の実学思想と近代文学の成立

序

私は「実学思想と明治維新《いしん》」との関連《かんれん》に興味《きょうみ》をもっている者であるが、本稿《ほんこう》においては更《さら》に、実学思想が近代文学の成立にどのような関連を有《ゆう》したかという問題にまで立入って、幕末《ばくまつ》から明治の初頭《しょとう》にかけての思想史と文学史の接触《せっしょく》する地帯に一つの照明をあたえてみたいと思う。私の研究成果がまだ不充分《ふじゅうぶん》であることは自分でよく分っているのだが、一九五七年の「文学」に発表された柳田泉《やなぎだいずみ》、勝本清一郎《かつもとせいいちろう》、大久保利謙《おおくぼとしあき》、猪野謙二《いのけんじ》の四氏による座談会「幕末から明治へ――近代文学の前提《ぜんてい》を求めて――」を最近読み、少なからず裨益《ひえき》されたので、私のような問題の提出《ていしゅつ》の仕方《しかた》が、そこでの豊かな問題意識に対して何らかの解答の手がかりを与えるかもしれないと思って敢《あえ》てペンをとってみることにした。

まず私が表題にかかげた「維新前後の実学思想と近代文学の成立」というテーマ自身に奇異《きい》の念《ねん》をもたれる方が多いだろうと思う。というのはその座談会の中で柳田氏が指摘《してき》しておられる通り、幕末《ばくまつ》の実学というのは広く天下国家のことを問題にする経綸《けいりん》の学であり、文学を否定する精神的態度の学問であり、思想であるからである。幕末に実学を唱《とな》える人々の多くは、当時の俗文学《ぞくぶんがく》たる戯作《げさく》文学に関心をもたなかっただけでなく、彼らの教養の地盤《じばん》である漢文学《かんぶんがく》の研究に対しても「訓詁《くんこ》記誦《きしょう》」の学として排斥《はいせき》の態度をとったのである。実学がこのようなものであれば、それはおよそ文学というものに対して否定的な関係しかもち得ないのではないだろうか、という疑問が出てくるのは当然《とうぜん》である。この疑問に答えるために、まず実学の内容の分析《ぶんせき》とその歴史的変貌《へんぼう》を述《の》べ、更《さら》にそれと文学の関係を見てみることにしたい。

一　実学とはなにか

私がここで問題にする実学とはいったいどういうものであるか。迂遠《うえん》であるがまずこの問題からはいらねばならない。というのは実学思想は江戸時代を通じて広く内在《ないざい》した考え方であるにもかかわらず、それが何であったかということについては殆《ほと》んど明らかにされてはいないからである。それは江戸時代において支配的な観念であったにもかかわらず、その意味が自覚《じかく》されない曖昧《あいまい》で多義的《たぎてき》な観念であった。あるいはそのことが江戸時代というある意味では封建的《ほうけんてき》、ある意味では近代的な、つまり歴史家によって近世として規定《きてい》されてきた奇妙《きみよう》な時代——社会的には厳然《げんぜん》とした封建社会でありながら、思想的には部分的に啓蒙《けいもう》された奇妙な時代——の思想状況を端的《たんてき》に表しているのかもしれない。実学という言葉から直《ただ》ちに予想《よそう》されるように、そこには実際の役に立つ utility をもつ学問、実用的 pragmatic な学問、また現実的な、即《すなわ》ち actual で real な学問、あるいはまた実践的《じっせんてき》 practical な学問あるいはまた場合によっては実証的な positive な学問、というようなさまざまのニュアンスをもつ内容が含意《がんい》されている。総《そう》じてこれらの種々の性格を含《ふく》めて実学は虚学《きょがく》に対するものであり、実学の実は虚に対する実 true, real なのである。それは広く言って real なものを善《よ》しとする精神的態度《たいど》、価値評価《かちひょうか》の上に成立《せいりつ》した学問であり、広い意味での啓蒙的《けいもうてき》精神の一表現であるということができよう。

しかし何がリアルであるか、また逆《ぎゃく》にいえば、何が虚であるか、ということは決して一《いっ》定不変《ていふへん》のものではない。実学的精神態度が自分の対立概念《たいりつがいねん》として虚学《きょがく》を鋭《するど》く意識し、したがって実学という言葉が自覚的に使われている場合もあるし、虚《きょ》が何であるかはあまり意《い》識《しき》されない場合もある。これを今、もう少し歴史的に具体的《ぐたいてき》に検討《けんとう》してみよう。

狭《せま》い意味の実学に問題を限定《げんてい》しないで、実学的精神態度を広い意味での啓蒙思想《けいもうしそう》にとる場合、朱子学《しゅしがく》自体が中世の宗教的世界を支配した仏教を否定《ひてい》するものとしてある意味では実学的機能《きのう》を果《はた》したということがいえるかもしれない。しかしその形而上的《けいじじょうてき》、思弁的性格《しべんてきせいかく》、あるいはまたその倫理思想《りんりしそう》におけるヒェラルヒー的性格は啓蒙的思想と対立するものであった。江戸時代における実学思想は広い意味でも狭い意味でもこの朱子学に対立するものとして生まれた。

私がここで広い意味に拡張《かくちょう》して使った場合の実学思想、即《すなわ》ち虚《きょ》が何であるかを自覚しない場合の思想、――これは厳密《げんみつ》な意味では実学ということができないものであるが、――は、実証的《じっしょうてき》精神の表現であり、これは仁斎《じんさい》の古学《こがく》や、徂徠《そらい》の古文辞学《こぶんじがく》、ならびにその系譜《けいふ》を引く国学《こくがく》の実証的古典研究となって展開《てんかい》されている。また清朝《しんちょう》の考証学《こうしょうがく》の影響《えいきょう》を受けた幕末《ばくまつ》の考証学派の人々が幕末における実証的思想の有力な代表である。問題を幕末の考証学派に限定《げんてい》していえば、この立場は学問研究のドグマからの解放という点において大きな意味をもつのであるが、儒教《じゅきょう》の本来《ほんらい》もつ経世済民的思想《けいせいさいみんてきしそう》との対決なしに、その政治的イデオロギーを棄《す》ててしまっているところに、思想として致命的欠陥《ちめいてきけっかん》がある。儒教の政治的イデオロギーが近代社会を支《ささ》える思想に転化《てんか》しうる可能性《かのうせい》をもつものであるかどうかには大きな問題があるにしても、それへの努力《どりょく》なしに学問研究の自由を主張することは、いわば自分自身を骨抜《ほねぬ》きにしたかたちで自己主張《じこしゅちょう》をなすものであって、結局《けつきょく》は現実を回避《かいひ》した消極的《しょうきょくてき》な意味においてしか意義をもち得ない思想である。この立場が現実において文学の戯作化運動《げさくかうんどう》としか結びつき得ない根拠《こんきょ》はここにある。私はこうして成立した戯作文学に幕末から明治初頭へかけての精神状況の一つの有力な表現を認めはするけれども、近代文学の成立という問題に関しては消極的意味しかもち得ないと考える。だからといって私はこれが考察《こうさつ》に値《あたい》しないというのではもちろんない。時代に対する消極的抵抗《ていこう》という限りでの意味は充分《じゅうぶん》にあるし、またこれが一つの歴史的事実であったことは否定《ひてい》できないことであるから、そのことの歴史的意味は今日また検討し直《なお》さねばならないであろう。

しかし私の関心は狭《せま》い意味での実学思想にある。この立場は右に述べた考証学派《こうしょうがくは》のように文学に直接に結びつくものではない。むしろそれは文学との結びつきを拒否《きょひ》する精神、反文学的精神である。即《すなわ》ちそれは古学派《こがくは》や考証学派などの実証派《じっしょうは》の中に抜《ぬ》けていた実践的《じっせんてき》な態度——政治や社会の現状を改革《かいかく》しようという経世済民的《けいせいさいみんてき》意識《しき》に立脚《りっきゃく》する思想である。それは、文学との結びつきを否定したかたちにおいてしか表現されなかったことに思想としての脆弱《ぜいじゃく》さをもっていると共に、一度はそういう中途半端《ちゅうとはんぱ》な結びつきを拒否《きょひ》したかたちでしか新しい文学は生まれ得なかったという思想状況を見おとしてはならない。この立場が時代に対してそういう自覚的態度をとっていたということはできない。しかし彼らが時代の要求する問題に対して彼らなりに対決していった結果がそのような結果を生んだのである。

議論をもう少し具体的《ぐたいてき》に進めよう。私はこの立場に儒教《じゅきょう》の立場でその思想内容を変容修《へんようしゅう》正《せい》しながら、時代の課題《かだい》にこたえていこうとした実学と、洋学の立場に立つ実学、あるいはまた両者の折衷的形態《せっちゅうてきけいたい》を考えている。いずれにしても彼らが幕末《ばくまつ》の文学の主流たる戯作《げさく》文学《ぶんがく》とは違う次元において発想《はっそう》されたという点、また彼らが当時の戯作文学者や頑迷《がんめい》な朱《しゅ》子学者《しがくしゃ》よりも幕末の日本を襲《おそ》った政治的社会的経済的諸問題とまともにとっくみ、その解決に向かっての前進的努力を重ねた思想である点、の二点において共通の性格を有している。

つまり幕末の実学は当時の文学に対しては否定的関係に立ちつつ、他方においては当時の思想としては最《もっと》も前進的な思想であったのである。したがって「維新《いしん》前後の実学思想と近代文学の成立」の問題を考えるに当たって、⑴なぜ実学は当時の文学に対して否定的な関係しかもたなかったのか、⑵実学はどのような仕方《しかた》において最も前進的な思想であったのか、⑶実学思想はどのような点において近代文学の成立と関係があるのか、⑷このような実学思想によって性格を規定《きてい》された日本の近代文学はどのような性格のものであったか、ということが問題になる。本稿では⑴については簡単《かんたん》に触《ふ》れるにとどめ、⑵⑶の問題に重点をおいて論を進めていきたい。(4)の問題はこの問題の結論ともいうべき部分であるが、明治二十年代にまで及ぶ問題であり、本稿では私の見通しだけを述べることにし、別な機会を得て詳細《しょうさい》に論じてみたい。

二　幕末《ばくまつ》の実学と文学との関係

第一の問題は、江戸時代の思想や文学に関する根本の問題に関わる。ここではまず幕府《ばくふ》がその文教政策《ぶんきょうせいさく》として朱子学《しゅしがく》を正学《せいがく》に採用したことが注目されねばならない。

安土桃山期《あづちももやまき》を通じて文化の世俗化《せぞくか》ということが滔々《とうとう》と進んでいた。中世の統一された宗教的美的世界が世俗化《せぞくか》の方に向かって解体現象《かいたいげんしょう》をおこしていた。この現象に決定的結果を与えたのが朱子学の採用であった。T・S・エリオットのいうように、ヨーロッパでは中世から近世に移るとき、知性《ちせい》と感性《かんせい》との解体現象がおこったのであるが、近世日本においても儒教《じゅきょう》の採用はこの現象を決定的ならしめたのである。そしてこのことは更《さら》に我が国の近世文化の性格を西洋のそれと異《こと》ならしめるにいたった。というのはこの解体現象が、町人文化の勝利によって達成《たっせい》され、いわば同質の社会の中でおこったのでなく、厳重《げんじゅう》な身分《みぶん》制《せい》によって知性と感性との担《にな》い手を分担《ぶんたん》したかたちでおこったからである。

支配者たる武士は主として朱子学によって代表される儒教によって教養され、町人、農民などの被《ひ》支配者はこの支配者的倫理《りんり》の埒外《らちがい》にあるものとされた。彼らは中世以来の信仰の世界にとどまるか、あるいは小説、芝居《しばい》、浄瑠璃《じょうるり》、俳諧《はいかい》、川柳《せんりゅう》、狂歌《きょうか》等の文学や演劇《えんげき》によって教養されるほかなかった。おおまかにいえば知性文化《ちせいぶんか》の担当者は武士であり、感性文化の担当者は町人だったのである。

しかし知性文化の担当者たる武士階級が文学に無縁《むえん》であったかというとそうではない。彼らは被支配者の文学には無縁であったが、彼ら独自の文学の世界をもっていた。それは主として漢文で書かれた詩文《しぶん》の世界であった。彼らは表向《おもてむ》きに経学《けいがく》の合理性《ごうりせい》を貫《つらぬ》こうとしながら、他方それに盛《も》りきれない憂悶《ゆうもん》や悦楽《えつらく》は詩文の世界に表現した。

このように江戸時代の知性と感性は幾重《いくえ》にも分離され、その構造《こうぞう》は非常に複雑《ふくざつ》であった。これがながい泰平《たいへい》の間に相互《そうご》の浸透《しんとう》がいくぶんか行われていって、その構造はますます複雑になっていくのであるが、一般的には、武士についていえば、その経学《けいがく》（哲学）は形式化し、煩瑣《はんさ》な訓詁注釈《くんこちゅうしゃく》の学になってしまい、それにあきたりない連中《れんちゅう》は詩文の世界に韜晦《とうかい》する者が多くなってきた。また町人についていえば、その知性との緊張関係《きんちょうかんけい》をもたない文学は、官能《かんのう》の追求をますますトリヴィアルなものにしていく傾向《けいこう》が強くなった。

江戸時代における社会構造と文化構造は右に述べたようなものであったから、当然それは明治維新《いしん》に対する武士と町人との態度の相違《そうい》となってあらわれる。明治維新の原因は武士及びその背後にある一般農民の経済的窮乏《きゅうぼう》と、国防の問題であった。政治にタッチしない町人には国防問題に責任を感ずる必要はなかったし、また彼らは経済的には裕《ゆた》かであった。彼らには現状改革《げんじょうかいかく》の必要はなかった。彼らの富裕《ふゆう》は幕藩体制《ばくはんたいせい》に結びついた商業組織によってもたらされたものであり、それを壊《こわ》すことは自分の地盤《じばん》をくずすことだった。彼らは武士階級に不満を感じ、内心では馬鹿《ばか》にしていても、たびたびの棄捐令《きえんれい》に見られるように、けっきょく泣寝入《なきねいり》に終わるほかなかった。文学についていえば、彼らは戯作《げさく》によって現実を回避《かいひ》し韜晦《とうかい》した。消極的反抗はあっても積極的な意欲《いよく》はなかった。これは明治維新の起点《きてん》といわれる天保改革《てんぽうかいかく》の前夜の文学を見ればすぐ分ることだ。一九《いっく》や三馬《さんば》の滑稽本《こっけいぼん》にしてもその笑いはたとえばボーマルシェのような社会批判《ひはん》となる笑いではない。春水《しゅんすい》描《えが》くところの人情本《にんじょうぼん》の世界は病的なまでに繊細《せんさい》な耽美《たんび》の世界であり、情痴《じょうち》の世界であった。種《たね》彦《ひこ》の合巻《ごうかん》の世界となると、恋愛はお家騒動解決《いえそうどうかいけつ》の方便《ほうべん》として描《えが》かれる。人情本など、その表現法においてはリアリスティックな方法を使い、逍遙《しょうよう》や硯友社《けんゆうしゃ》のグループでもそれを踏《とう》襲《しゅう》せざるを得ないところまできているが、その世界は武士道徳に無関心《むかんしん》か、またはそれにおもねって、教訓的《きょうくんてき》な粉飾《ふんしょく》を施《ほどこ》して閉鎖的《へいさてき》に形成されている。その文学には政治革命《かくめい》の原《げん》動力《どうりょく》となる人間革命の片鱗《へんりん》だにも見られない。その時代の気力《きりょく》ある文学は、露伴《ろはん》によって時代と直角《ちょっかく》に交わった作家として評《ひょう》された馬琴《ばきん》のそれぐらいのものであった。

　文学が以上のごとくであれば、改革のエネルギーはどうしても違うところから出てこなければならなかった。それは武士と、武士の担《にな》った改革的思想たる実学からであった。儒教で教養された武士は大方《おおかた》の戯作に無《む》関心《かんしん》であるか軽蔑《けいべつ》していた。彼らの読書の範囲《はんい》に上る戯作はわずかに馬琴《ばきん》くらいのものであった。改革者たる実学者たちは町人文学に対しては無関心なまま、直接には詩文の学、訓詁《くんこ》記誦《きしょう》の学となってしまった儒学を批判し、非文学的（町人文学に対して）もしくは反文学的（漢文学に対して）態度をとって経学《けいがく》（哲学）に帰った。そうしてその哲学たる朱子《しゅし》学《がく》が新しい時代に対応《たいおう》する力を失っていることを自《じ》覚《かく》したとき、ある者は朱子学を変容《へんよう》し、ある者は陽明学《ようめいがく》にはしった。ある者は兵学《へいがく》に走った。しかし彼らの学問の底にあるものは経世済民《けいせいさいみん》の実践的《じっせんてき》意欲《いよく》だった。そうして彼らの努力の結果、近代文学生誕《せいたん》の妨害《ぼうがい》をなしていた社会的、思想的諸条件が破壊《はかい》されていった。近代文学が生まれるための闘《たたか》いは、文学に同情的でなかった人々によって非文学的な仕方《しかた》でなされたのである。ここに日本の近代文学の性格を考える場合の基本的問題がある。

　実学者が近代文学の成立に右のような役割《やくわり》を果《はた》したとすれば、われわれは馬琴から逍遙《しょうよう》までの文学史を一度非文学史的にみてみる必要はないだろうか、思想史的に裏返《うらがえ》してみる必要はないだろうか。この操作《そうさ》をほどこした後もう一度文学史的に検討《けんとう》してみることによって、幕末から明治への文学史は初めて連続したものとして自己のかくれた姿をあらわにするのではなかろうか。私のこの小論は、思想史の方からの文学史への一つの接近《せっきん》である。

三　改革的思想《かいかくてきしそう》としての実学

(イ)　幕末《ばくまつ》における実学の出発点とその挫折《ざせつ》

実学の歴史について語ることは江戸時代の思想史について語ることである。本稿の性質上とてもそれはできないので、それまでの歴史をすべて割愛《かつあい》して、時点をいきなり幕末にもってこようと思う。

幕末になるとすでに海保青陵《かいほせいりよう》のような商業資本の発展の線に沿《そ》い、これを助長《じよちよう》するような考え方の実学の可能性《かのうせい》はなくなっていた。国防の急務《きゆうむ》と武士の窮乏化《きゆうぼうか》はそのような形の実学の存立《そんりつ》をもはや許さなかったのである。幕末における実学の源流《げんりゆう》として、水戸学《みとがく》と洋学の二つをあげることができる。一八三〇年代になると、両者は発想《はつそう》を異《こと》にするとはいえ、同じ問題意識をもっていた。両者共に藩《はん》を単位としてではなく、国家を単位として、国家存在の危機を解決せねばならぬと考えてくるようになってきていた。民族的危機と社会不安の深化《しんか》は問題意識をそこまで深めるにいたった。水戸学の場合は攘夷論《じよういろん》をとり、洋学の場合には一般に開国論をとるという違いもあり、その思想的背景《はいけい》も明らかに異なるのであるが、国家の危機を打開《だかい》するために現状を改革《かいかく》しなければならない、という点において一《いっ》致《ち》したのであった。「学問事業其効《そのこう》を異《こと》にせず」（『弘道館記』）というモットーに示されているように後期水戸学は多分《たぶん》に実学的性格を有する。その基本的性格は名分論《めいぶんろん》に立脚《りっきゃく》した国民統一の思想と、経済政策における節倹策《せっけんさく》にもとづく藩政改革《はんせいかいかく》の二点に要約《ようやく》できよう。

そしてこの基本的性格の上に立って開鎖《かいさ》の論がようやく厳《きび》しくなると共に、水戸藩は尊王《そんのう》攘夷論《じょういろん》の主導的立場《しゅどうてきたちば》をとり、国防の急務を説《と》いて幕政改革の急先鋒《きゅうせんぽう》となるのである。経済政策の点においては海保青陵《かいほせいりょう》の説くような積極策を捨てて消極的節倹策をとり（幽谷《ゆうこく》のいわゆる「愛民節用《あいみんせつよう》」）、農本主義《のうほんしゅぎ》をとるという点でそれは資本主義的思考という点において大きな後退《こうたい》を示しているが、経済問題を解決するためには幕政《ばくせい》の改革をしなければならないというところまで問題が進んだのは一つの大きな飛躍《ひやく》である。財政の窮乏《きゅうぼう》に悩《なや》み、かつ国防の危機を感じ始めた諸藩の有志《ゆうし》たちは水戸藩に望みを嘱《しょく》した。御三家《ごさんけ》の地位にある水戸藩を通じてでなくては幕政の改革など思いも寄らなかったからである。水戸及び水戸をめぐる諸藩の改革運動は民族の独立を守ろうという意識に燃えた少壮《しょうそう》武士のナショナリズムによって支えられたものであり、その武士土着論《どちゃくろん》のような反資本主義的政策だけを見て、そのもっていた歴史的意味を抹殺《まっさつ》してはならない。

更《さら》に洋学者の中にこのような状況《じょうきょう》に対応《たいおう》しようとするグループがあった。享保《きょうほう》年間に蘭《らん》学《がく》の禁《きん》が弛《ゆる》められて以来、徳川時代における実学的傾向を最も促進《そくしん》したのは実はこの洋学者たちであったが、彼らの出身は主として医者であり、その研究対象は医学、本草学《ほんぞうがく》、天文学、暦学《れきがく》であった。この人々の中からその研究対象を兵学、またその基礎《きそ》としての物理、化学、数学に拡《ひろ》げ、更に世界の情勢、各国の治乱興廃《ちらんこうはい》の跡《あと》を知ろうとする人々が現れた。これらの人々は高野長英《たかのちょうえい》、渡辺崋山《わたなべかざん》、小関三英《おぜきさんえい》、佐藤信淵《さとうのぶひろ》、鈴木春山《すずきしゅんざん》、遠藤義助《えんどうぎすけ》、畠中善《はたなかぜん》良《りょう》、下曾根金三郎《しもそねきんざぶろう》、赤井厳三《あかいげんぞう》、岩名昌山《いわなしょうざん》、立原任太郎《たちはらじんたろう》、内田弥太郎《うちだやたろう》、奥村喜三郎《おくむらきさぶろう》、芳賀市《はがいち》三郎《さぶろう》らであり、彼らは洋学によって時代の課題《かだい》に全面的に応《こた》えようとした人々であり、その居住地にちなんで山ノ手組といわれる。そのメンバーには、医師だけでなく、武士あり、儒者《じゅしゃ》あり、また武士の中には旗本《はたもと》あり、諸藩《しょはん》の士あり、多士済々《たしせいせい》であった。かつ彼らの背《はい》後《ご》にはパトロンとして三宅《みやけ》藩主の隠居《いんきょ》三宅友信《とものぶ》がいた。彼らは「昇平日ニ久シキノ弊《へい》、武道廃シ学風頽敗《たいはい》シ、武ハ偏《ひとへ》ニ浮華文飾《ふくわぶんしょく》ヲ主トシ、学ハ専《もっぱ》ラ文字章句ニ苦《くる》シミ、或《あるい》ハ否《しか》ラザレハ詩文ノ風流ニ陥《おちい》リ、共ニ済世《さいせい》ノ実用ナキヲ歎《なげ》キ、常ニ世ノ悪弊《あくへい》ヲ矯《た》メントスル志」（「蛮《ばん》社遭厄小記《しゃそうやくしょうき》」）から洋学に志したのであった。彼らの意識は従来の実学者、あるいはその後の儒学者または洋儒兼学者《ようじゅけんがくしゃ》の実学観と符節《ふせつ》を合《がっ》するがごとくであって、その差は「我党の強《しひ》て此《この》学を為《な》すは、其《その》言ふ所実理ありて業とする所に利あればなり」（「鳥の鳴音」）という言葉に明らかなように、儒教ではなくて、洋学に実理があるという認識があった点である。「何ぞ斯《かか》る目出度《めでたき》神国を棄《す》てて、沍寒不毛《ごかんふもう》の西洋を慕《した》ひ、西夷《せいい》に従はんや」（同上）という長英の語が示しているように反動家が怖《おそ》れるような精神状況はまだそこには見られなかったのである。彼らは経世家《けいせいか》の心をもって洋学をなしたのであった。

この国防問題、政治問題に関与《かんよ》した洋学者のグループは一方では非常な尊敬《そんけい》を受け重きをなしたけれども、頑迷《がんめい》な朱子学者《しゅしがくしゃ》鳥居耀蔵《とりいようぞう》（後甲斐守《かいのかみ》、林大学頭《はやしだいがくのかみ》の弟）らの反撃《はんげき》を受け、政治を批判《ひはん》した廉《かど》で天保十一年、高野長英、渡辺崋山は投獄《とうごく》せられ、小関三英は自殺してしまう。そして明治維新《いしん》の政治過程《かてい》の第一歩において、洋学者たちが自己の学問を政治に役立てうる可能性《かのうせい》は断《た》ちきられてしまった。このことは幕末の洋学の性格を決定するのに非常に重要な意味をもつ。この時、洋学者でありながら鳥居に加担《かたん》した渋谷六蔵《しぶやろくぞう》（幕府天文方見習）の水野越前守《みずのえちぜんのかみ》への建白《けんぱく》の一節に「然処《しかるところ》近来浮薄之徒多《ふはくのとおほく》御座《ござ》候而《さうらふて》名聞之蘭学《みようもんのらんがく》仕《つかまつり》、実用之儀を心掛《こころがけ》不申《まうさず》、只管《ひたすら》奇説《きせつ》をのみ穿鑿附会《せんさくふくわい》仕《つかまつり》……往々御政事之害とも相成申候……」と述べているところから明らかなように、洋学者においてさえ、洋学が単なる技術学に止《とど》まってこそ実学であり、それを越えて政治の批判をするがごときことはあるまじきことであるという意識があったのである。まして一般の為政者《いせいしゃ》ならびにその他の人々の洋学に期待したものは、単なる実用の知識、技術を供給する以上の何ものでもなかった。

(ロ) 兵学研究の歴史的意義

しかしこの時期において、洋学の研究がこれまでの医学から兵学に移ったことは大きな飛躍《ひやく》であった。これまでの洋学史研究家は、幕末《ばくまつ》において洋学の知識が政治、法律、経済等の社会科学にまで拡大《かくだい》したことに注目するけれども、この医学から兵学へと研究対象《たいしょう》が拡《ひろ》がったことの歴史的意味を認めようとしない。認める場合にはたかだか封建制《ほうけんせい》の補強《ほきょう》という意味でしか認めようとはしない。これは偏見《へんけん》だと思う。封建制の補強どころか幕藩体《ばくはんたい》制《せい》を内から揺《ゆ》り動かしたものの一つがこの兵学への研究対象の移行《いこう》であり、また洋学研究における自然科学から社会科学への問題の展開は、兵学研究という媒介《ばいかい》を通してのみ可能《かのう》だったのである。

尚歯会《しょうしかい》のメンバーを迫害《はくがい》した幕府当局も、兵学方面における洋学の優越性《ゆうえつせい》は認めざるを得なかった。西洋を夷狄《いてき》視した攘夷論者《じょういろんしゃ》たちも、孫子《そんし》の兵法《へいほう》に忠実であれば西洋の軍事の実情を知らねばならず、一度虚心《きょしん》に研究すればその優越性を認識《にんしき》せざるを得なかった。少数の洋学者グループは弾圧《だんあつ》しても西洋兵学の研究は禁止することはできなかった。兵学研究の必要性が認識されたために、洋学研究者の数は急速に増加し、これまでのように一部の医師に限《かぎ》ることなく、新進気鋭《しんしんきえい》の有能《ゆうのう》な武士たちがこれに加わった。佐久間象山《さくましょうざん》、勝海舟《かつかいしゅう》がそれであり、下っては加藤弘之《かとうひろゆき》もそうである。その数は枚挙《まいきょ》にいとまがない。大村益《おおむらます》次郎《じろう》のように医学研究から軍事専門家に転じた人もある。福沢《ふくざわ》の場合でも兵学研究という名目《めいもく》で始めて緒方塾《おがたじゆく》に入ることを藩当局から許されたのだ。

ところで兵学研究は洋学研究のトレーガーの幅《はば》を広げただけではなく、歴史の過程に重大な影響《えいきょう》を与えている。それは兵学の研究が進むにつれて、狭《せま》い藩意識《はんいしき》を越えて世界の中における日本の立場を自覚《じかく》させたし、また兵学研究を通じてかつてないほど他藩士とのコミュニケーションのみちが開かれたことは、武士たちの視野を拡《ひろ》げるためにどれだけ役に立ったか分らない。それだけではない。たとえば海軍のように多くの費用を要するものは、幕府や薩摩《さつま》・佐賀《さが》のような雄藩《ゆうはん》の場合はともかく、普通《ふつう》の藩ではとてもやっていけない。したがって幕府の海軍操練所《そうれんじょ》には各藩からの有志《ゆうし》の入所が認められた。この一員であった坂本竜馬《さかもとりょうま》の維新史《いしんし》における役割《やくわり》を考えてみても、単に封建制《ほうけんせい》の補強《ほきょう》という役割しか果せなかったということはできない。

兵学の果した役割はそれだけではない。知的方面においても兵学研究は新生面《しんせいめん》を開かしめた。というのは簡単《かんたん》な戦闘法の研究ならそうでもないが、砲術の研究を本格的にやるためには数学や物理学の基礎知識《きそちしき》を必要とした。これらを通じて西洋の学問がいかなる方法の上に成立《なりた》つものであるかが認識《にんしき》されてくる。適塾《てきじゆく》で窮理書《きゆうりしよ》に親《した》しんだ福沢は、渡欧《とおう》時自然科学方面については別に驚《おどろ》くことはなかったと言っている。こうして当時の洋学者、またその翻訳《ほんやく》に親しんだ人々が、物理学や数学を学び精密《せいみつ》に物を考える習慣《しゅうかん》を得たことは、日本の近代化にとっては大きなプラスであった。また兵学に親しんでいるうちに化学に通ずることはあらためて言うまでもないが、戦史を読むうちに西洋の歴史や地理に通ずる機会も出てくるし、加藤弘之《かとうひろゆき》などのように兵学研究から政治や法律の研究に移ってしまった人もある。明治期にはいれば、熊本洋学校の場合のように、西洋式の教練《きょうれん》を教えるつもりでつくった学校から多くのキリスト教徒を出すという結果を生みだした場合もある。軍事研究を通じて西洋の文明の一環《いっかん》をひとたび認めると、それは決してそれだけに終わらず、連鎖反応《れんさはんのう》を起して当事者の予想《よそう》もしない結果をうみ出してしまう。われわれは研究の当事者《とうじしゃ》、またそのパトロンたちの主観的意図《しゅかんてきいと》を超《こ》えて展開《てんかい》していった歴史的事実を重視《じゅうし》すべきではなかろうか。

四　幕末における三つの実学

さて尚歯会《しょうしかい》のグループの挫折《ざせつ》後の思想界の配置《はいち》はどうなったか。洋学の流れは下町組《したまちぐみ》と称《しょう》される人々――伊東玄朴《いとうげんぼく》、坪井信道《つぼいしんどう》、竹内玄同《たけのうちげんどう》、戸塚静海《とつかせいかい》、杉田立卿《すぎたりっけい》ら――によって伝えられた。彼らは研究対象《たいしょう》を主として医学に限定《げんてい》したのである。更《さら》に先に述べた水戸学《みとがく》のグループがある。ところが弘化《こうか》、嘉永《かえい》の頃《ころ》からこの配置状況《はいちじょうきょう》に変化がもたらされ、更に安政《あんせい》三、四年ごろにはこの変化は決定的となる。というのはこの変化を起こさしめたのはさきに述べた軍事学であり、更に決定的ならしめたものはペルリの来朝《らいちょう》、ならびに開港《かいこう》、和親条約《わしんじょうやく》の締結《ていけつ》というような外交問題である。ここで一番大きいのは水戸学の分解《ぶんかい》である。

水戸学分解後の思想配置をグループ分けしてみると

(1) 純粋《じゅんすい》の洋学者のグループ。

(2) 武士が新たに兵学研究に志《こころざ》して洋学を修《おさ》めるにいたったもの。

(3) このような洋学者の研究、または中国訳の洋書を読むことによって自己の思想的立場に大きな修正《しゅうせい》を加えるにいたったもの。

(4) 尊王攘夷論《そんのうじょういろん》としてまとめられるもの、かつて水戸学派に所属《しょぞく》していたものの大部分はこれに属する。系譜《けいふ》的《てき》には異《こと》なるけれども国学者などもこの立場に入れてよいであろう。

第一のグループが政治圏外《けんがい》にあったことは前に述べた。この期《き》の洋学者で最《もっと》も注目すべきものは蕃書調所《ばんしょしらべしょ》（後の開成所）の初代の教授となった杉田成卿《すぎたせいけい》、箕作阮甫《みつくりげんぽ》、ならびに適塾《てきじゅく》を開いた緒方洪庵《おがたこうあん》であろう。彼らは福沢諭吉《ふくざわゆきち》、西周《にしあまね》、津田真道《つだまみち》、加藤弘之《かとうひろゆき》、神田孝平《かんだたかひら》、柳《やな》河春三《がわしゅんぞう》、箕作秋坪《みつくりしゅうへい》、同麟祥《りんしょう》らの明治初期に活躍《かつやく》する洋学者たちへの橋渡《はしわた》しの役割《やくわり》を果《はた》す。

彼らについては後述《こうじゅつ》することにしよう。

この期の実学について注目すべきものは(2)と(3)のグループである。なおその具体的《ぐたいてき》内容については本稿では触《ふ》れないが、(4)のグループの中からも、一般には元治頃《げんじごろ》になると実学的傾向《けいこう》が出来ていることは維新史《いしんし》としては注目すべきことだ。高杉晋作《たかすぎしんさく》や大久保利通《おおくぼとしみち》などには明らかにこの傾向が出ている。明治維新は攘夷論者《じょういろんしゃ》のパトスが実学という言葉に内包《ないほう》されるロゴスと結合してはじめて成立したのだ。これはこれだけの問題として(2)と(3)の問題に触《ふ》れよう。

(2)と(3)のグループの人々は、新しく時代の脚光《きゃっこう》を浴《あ》びて歴史の舞台に登場してきた人々である。彼らの思想の内容や役割《やくわり》は過渡的《かとてき》なものであるけれども、維新史において彼らの果《は》した役割は大きい。維新の政治過程において指導的役割を果すものはこの(2)(3)のグループの思想なのである。彼らに共通な性格は、

(1) 出身がほとんど武士階級であること。

(2) 天保頃《てんぽうごろ》からの国防の危機《きき》、社会的不安の中に人間形成《にんげんけいせい》をへた人々であり、従ってまた彼らの思想も時代の課題《かだい》を解決するために形成されていったこと、即《すなわ》ち水戸《みと》学的《がくてき》な精神的風土《ふうど》に育ち、かつその批判《ひはん》として自己の学問を形成していったこと。彼らはその出発点において攘夷論者《じょういろんしゃ》であったにもかかわらず、視野《しや》の拡大《かくだい》とともに開国論者《かいこくろんしゃ》と

なっていった。更《さら》に国内的には急進主義《きゅうしんしゅぎ》を排《はい》して幕政《ばくせい》の改革《かいかく》という漸進的立場《ぜんしんてきたちば》をとった。

(3) 彼らは単に西洋知識を知る技術者や特殊技能者《とくしゅぎのうしゃ》として活躍《かつやく》したのではなく、政治、経済もしくは軍事の指導者として活躍したこと。

(4) 彼らの思想的立場は洋学と儒教《じゅきょう》との折衷《せっちゅう》であること。

そして第二のグループと第三のグループとの相違《そうい》はこの折衷の仕方《しかた》の相違ともいってよい。すべての人がこの折衷の仕方を自覚的《じかくてき》に考えていたかどうかは疑《うたが》わしいが一般的に象山《しょうざん》の「東洋道徳、西洋芸術」という言葉に定式化《ていしきか》せられたような意識をもっていたことは間違いない。この折衷の仕方が自覚的なかたちで把《とら》えられているのは(2)のグループの代表者ともいうべき佐久間象山《さくましょうざん》と(3)のグループの代表的人物たる横井小楠《よこいしょうなん》であろう。

(イ) 洋儒兼学《ようじゅけんがく》の実学――佐久間象山の実学思想――

象山は当時の青年武士たちのホープであった。勝海舟《かつかいしゅう》、吉田松陰《よしだしょういん》、坂本竜馬《さかもとりょうま》、小林虎三郎《こばやしとらさぶろう》だけではなく、加藤弘之《かとうひろゆき》、津田真道《つだまみち》、西村茂樹《にしむらしげき》などの、後に明六社同人《めいろくしゃどうにん》として活躍《かつやく》している人々が彼の門を叩《たた》き、彼に心服《しんぷく》していることに注目せねばならない。すでに儒家《じゅか》として一家をなしながら弘化《こうか》元年(一八四四)三十四歳の時蘭学《らんがく》に志《こころざ》し、東西の学を兼備《けんび》した人傑《じんけつ》として、彼らは象山に自己の理想像《りそうぞう》を見た。国防の問題急《きゆう》なるに当たり、青年たちは西洋砲術を学ぶことの必要を感じ、彼のもとを訪《おとず》れた。彼らはそこでは単に砲術だけではなく、「東洋道徳、西洋芸術」という指導理念《しどうりねん》まで与えられ、それによって多難《たなん》な時代を乗りきる勇気を与えられた。気力に富《と》む武士たちを洋学の世界へと引き入れ、新しい世界観《かんせかい》に転ぜしめる機縁《きえん》をつくった象山《しようざん》の功績《こうせき》は大きい。

その彼も若い頃《ころ》は単なる頑固《がんこ》で保守的《ほしゆてき》な朱子《しゆし》学者《がくしや》であり、かつまた彼の天保《てんぽう》十三年（一八四二）の上書《じようしよ》は文政《ぶんせい》八年（一八二五）に書かれた水戸学者会沢正志斎《あいざわせいしさい》の『新論《しんろん》』の説を踏襲《とうしゆう》しているともいうべきであって、なんらの独創性《どくそうせい》をもつものではなかった。その翌年の「海防八策《さく》」として知られている上書にしてもそれ以前に書かれた古賀侗庵《こがどうあん》の「海防臆測《おくそく》」などに比《くら》べると比較《ひかく》にならなかった。彼は最初から偉大だったのではなく、当時の儒学者《じゆがくしや》と同じ学問を奉《ほう》じ、当時の武士たちと同じ水戸学的国防意識をもったすぐれた青年学究《がつきゆう》だったのである。時代と共に彼は成長し、その思想も変化していった。

彼において最《もつと》も注目《ちゆうもく》すべき点は、その自然科学の受容《じゆよう》の仕方《しかた》である。彼の学問の基本《きほん》は朱子学にあった。彼は朱子学の説《と》く倫理《りんり》はそのまま肯定《こうてい》した。師の一斎《いつさい》が表向《おもてむき》には朱子学を奉じながらも心中では王陽明《おうようめい》に服《ふく》しているのにあきたりず、経学《けいがく》の師として一斎を認めず、もっぱら詩文のみを学んだという逸話《いつわ》や、大塩平八郎《おおしおへいはちろう》の乱《らん》に対してもそのもとは大塩が陽明学《ようめいがく》を学んだことにあるといっている点などに、そのことはよく示されている。社会思想家としての象山は保《ほ》守的《しゅてき》であり、尊敬《そんけい》すべきほどのことはない。彼のすぐれている面は自然科学的方面である。

彼は朱子《しゅし》学《がく》の合理主義的側面《そくめん》に注目した。そして朱子学に説く理《り》と、自然科学に説く理とが同質的なものであるとし、その理論的根拠《こんきょ》の上に立って東西の思想を接合《せつごう》したのである。「宇宙の実理は二つなし。斯《こ》の理の在《あ》る所は異《こと》なること能《あた》はず。近年西洋発明する所許多《あまた》の学術は要するに皆《みな》実理にしてただ以《もっ》て吾《わ》が聖学《せいがく》を資《たす》くるに足る」（小林虎三郎への手紙）という言葉に、彼の思想は最《もっと》も端的《たんてき》にあらわれている。この側面《そくめん》から西洋を見た彼においては「方今《ほうこん》の世は和漢《わかん》の学識《がくしき》のみにては何分不行届《ゆきとどかず》、是《ぜ》非《ひ》共《とも》五大洲《だいしう》を総括致《そうくわついた》し候《さうらふ》大《だい》経済《けいざい》に無之候《これなくさうらう》ては難叶候《かなひがたくさうらふ》。全世界の形勢コロンビュスが究理《きゆうり》の力を持《もち》て新世界を見出《みいだ》し、コペルニキュスが地動説《ちどうせつ》を発明し、ネウトンが重力引力《ぢゆうりよくいんりよく》の実理を究知《きゆうち》し、三大発明以来万般《ばんぱん》の学術皆其根柢《みなそのこんてい》を得、聊《いささ》かも虚誕《きよたん》の筋《すぢ》なく悉《ことごとく》皆着実に相成《あひなり》、欧羅巴《ヨーロッパ》弥利賢《メリケン》諸州次第《しだい》に面目《めんもく》を改め、蒸気船、マグネチセ、テレグラフ等創製《さうせい》し候に至候《いたりさうらう》て、実に造工の工《たくみ》を奪ひ候儀にて、可愕模《おどろくべきも》様《やう》に相成申候」（梁川星巌《やながわせいがん》への手紙）と、この点に関してはなんらの儒教的歪曲《わいきょく》もなく西洋近代文明を理解している。また彼は数学（詳証術《しょうしょうじゅつ》）の必要性を力説《りきせつ》し、西洋の自然科学の基本的性格を正確に認識しているように見える。このように自己のよって立つ道徳は即自《そくじ》的《てき》に肯定《こうてい》し、西洋の科学を自由に受容《じゅよう》してこれを自己の武器とする象山《しょうざん》は、トインビーのいうヘロデ主義者の代表的タイプであろう。彼は当時の進歩的武士たちにとって導《みちび》きの星であり、彼らの行手《ゆくて》を照らす炬火《きょか》であった。そしてまた彼の思想構造《こうぞう》は、明治以後の大部分の日本人のそれの原型《げんけい》であった。「古代神聖《しんせい》の己《おの》れを舎《す》て、人に従ひ、人に取《とり》て善《ぜん》を為《な》すの御規模《おきぼ》に被為則外蕃《のっとらされぐわいばん》（外夷《がいい》ではないことに注意——筆者註）の長《ちゃう》ずる筋《すぢ》を悉《ことごと》く被為集《あつめさせられ》、外国にて追々日本領を被為開《ひらかせられ》候様にしくことなしと奉存《ぞんじたてまつり》候」という文久《ぶんきゅう》二年の上書《じょうしょ》は、明治以後の日本の歩いた筋書《すじがき》ではないか。彼はナポレオンやピョートル大帝《たいてい》を讃美《さんび》し、かれらについての漢詩を若干《じゃっかん》つくっている。

このように彼は兵学、ならびにその基礎《きそ》としての自然科学的側面《そくめん》から西洋に対する理解を深めていったが、儒教《じゅきょう》に造詣《ぞうけい》の深かった彼には、この場合にも儒教理論が尾骶骨《びていこつ》のようにくっつき、砲術の理論を易《えき》の原理をもって説明するような奇妙《きみょう》な態度が残存《ざんぞん》している。

彼において最も注目すべきことの一つは、彼が学問研究の公開を主張していることである。当時の我が国では、学問、武芸、芸術等に関してその奥儀《おうぎ》を秘伝《ひでん》・秘書《ひしょ》として公開しないことが多かった。このことがいかに日本の学術の発達を遅《おく》らせていたか分らない。彼はその砲術研究の過程《かてい》において、江川坦庵《えがわたんあん》の門に入ったとき心よからず思うことあり、下《しも》曾根《そね》金三郎から伝書をことごとく見せてもらっていることを感謝しているが、自分の砲術の弟子柏木義武《かしわぎよしたけ》が免許《めんきょ》の巻物《まきもの》を得たいと望んだのに対して次のような奇妙な免状《めんじょう》を与えている。

「予《よ》ノ此《こ》ノ術ヲ講《かう》ズルヤ、之《これ》ヲ西洋ノ図書《としょ》ニ得《う》。西洋ノトハ、則《すなは》チ其《そ》ノ師友也《しいうなり》。西洋ノ人ハ、之《これ》ヲ書ニ筆《ひつ》シテ、公然印行《こうぜんいんかう》シ、以《もつ》テ諸《これ》ヲ異域《いゐき》ニ伝ヘテ吝《をし》マズ。其の識量亦大《しきりやうまただい》ナルカナ。夫《そ》レ世ノ其ノ一二《いちに》ヲ得ルト、自《みづか》ラ私《わたくし》シ、反《かへ》リテ之《これ》ヲ同邦《どうはう》ノ人ニ秘《ひ》スル者ト、何《なん》ゾ同《どう》日《じつ》ニシテ語ル可《べ》ケンヤ。故《ゆゑ》ニ吾《わ》ガ門ニ入ル者ハ、吾ガ爾《なんぢ》ニ隠《かく》スコト無キハ、子《し》ノ知ル所也《ところなり》。又何ヲ以《もつ》テ其《そ》レ巻為《けんい》セン（秘伝を巻紙に書いて免許状として渡すようなことをどうしてしようか、そんなことは絶対にしない、という意）。源泉混々《げんせんこんこん》。昼夜《ちうや》ヲ舎《お》カズ。科《あな》ニ盈《み》チテ後進《のちすすみ》ミ、四海《しかい》ニ放《ひろが》ルモ、本有《もとあ》リト為《な》ス也《なり》。西洋ノ学固《もと》ヨリ是《かく》ノ如《ごと》シ。故《ゆゑ》ニ我ガ学モ是《かく》ノ如《ごと》シ。子《し》ノ学ブ所、予《よ》ノ教《をし》フル所モ亦宜《またよろ》シク是《かく》ノ如《ごと》カルベキノミ」（原漢文。嘉永《かえい》四年、九月二十一日、山寺常山に与うる書）。これは日本の学術研究史上、特筆大書《とくひつたいしよ》すべき文献《ぶんけん》だと私は考える。封建《ほうけん》の時代になかった新しい精神がここに脈々《みやくみやく》と波うっているのを見るのである。

(ロ) 儒教改革《じゆきようかいかく》の実学――横井小楠《よこいしようなん》の実学思想――

象山《しようざん》にもましてこの時代の苦悶《くもん》をよくあらわし、時代の過渡的性格《かとてきせいかく》を最《もつと》も明瞭《めいりよう》に示しているのが横井小楠の実学にほかならない。というのは彼の思想は儒教の立場で時代の課題《かだい》を解決するために考え抜いたものであり、伝統的思想が西洋の衝撃《しょうげき》に対していかに自己を変容《へんよう》しつつ、それに対応《たいおう》していったかの一つのモデルを示すものであるからである。

彼の学問の出発点は朱子《しゅし》学《がく》であった。かつまた当時の武士たちと同じく水戸《みと》学的《がくてき》な精神的風土《ふうど》に育った。この彼が一個の武士として日本の国防の問題をどうするか、開国《かいこく》・鎖国《さこく》の問題をどうするか、あるいはまた日本の政体はいかにあるべきか、経済問題の解決策如何《いかん》というような水戸学が提出《ていしゅつ》したような問題を解決していくために自己の思想を練《ね》り、自己の実学思想を形成《けいせい》していったのである。彼の学問は基本的には朱子学の立場に立ちながら、心術《しんじゅつ》の工夫《くふう》においては陽明学《ようめいがく》を摂取《せっしゅ》し、更に遠く遡《さかのぼ》って書経《しょきょう》に記《しる》す堯舜禹《ぎょうしゅんう》の三代の治《ち》、三代の学に自分の理想を求め、それを自己の思想の根拠《こんきょ》とした。その間において西洋についての知識、西洋思想が彼の思想形成の大きな触媒《しょくばい》となったことは改めていうまでもない。そしてこの期に水戸学的な精神的風土《ふうど》を越え、新しい地平をきり拓《ひら》いたのであった。

では彼の実学とはいかなるものであったか。

i　安政《あんせい》二年（一八五五）、それはペルリが来た翌々年のことであったが、彼は二十年来の畏《い》友長岡監物《ゆうながおかけんもつ》と烈《はげ》しい論争の上ついに袂《たもと》を分《わか》つにいたった。二人の論争のもとは『大学』の首章《しゅしょう》にある「大学の道は明徳《めいとく》を明らかにするにあり、民《たみ》を新たにするにあり」をいかに解釈するかということであった。監物が、民を新たにするにはまず徳を明らかにしなければならない、そうすれば民もおのずから新たになる、という立場をとったのに対して、小楠は今日の急務は民を新たにするにある、民を新たにすることを通じて徳は明らかになるのだ、という見解《けんかい》をとった。前者が朱子《しゅし》学者《がくしゃ》による普通《ふつう》の解釈であろうが、小楠になると思想が機能的《きのうてき》に捉《とら》えられ、実践的行為《じっせんてきこうい》を通じて思想自身が創造的《そうぞうてき》に発展していく可能性《かのうせい》が開けてくる。

彼の水戸学に対する批判《ひはん》は、(1)その神国思想の批判、(2)その経済上の節倹主義《せっけんしゅぎ》、ならびにそれと関連《かんれん》して攘夷論《じょういろん》の批判、(3)その心術《しんじゅつ》の功利《こうり》性《せい》への批判、に要約《ようやく》できるが、この問題についてはここではこれ以上触《ふ》れない。彼はこの頃《ころ》から、学問は三代の学でなければいけない、という言葉をしきりに言い始めているが、彼はこの三代の学、三代の治《ち》という言葉によって何を意味したのであるか。彼は言う、「宋儒治《そうじゅち》道《だう》を論ずるに三代の経綸《けいりん》の如《ごと》きを聞《きか》ず、其証《そのしょう》には近世西洋航海道《かうかいみち》開け、四海百貨交道《しかいひやくくわかうだう》の日に当りて、経綸の道是《これ》を宋儒の説に徴《ちょう》するに符合《ふがふ》する所有《あ》る可《べ》きに、一《いつ》として走れ無きは何《いか》なる故に乎《か》」(「小楠遺稿」)。即《すなわ》ちもし宋儒に説《と》くところの格物《かくぶつ》が真《しん》の格物であるならば、科学の開けた今日、西洋文明に劣《おと》らない成果《せいか》がそこからあがるべきである。「堯舜《げうしゅん》をして当世に生《しやう》ぜしめば西洋の砲艦《はうかん》器械百工精技術《きかいひやくこうせいぎじゅつ》の功《こう》疾《と》く其の功用《こうよう》を尽《つく》して当世を経綸《けいりん》し、天工《てんこう》を広め玉《たま》ふこと西洋の及ぶ可《べき》に非《あら》ず」(同上)。ところが現実においてはその方面では東洋文明は西洋のそれに比して比較《ひかく》にならないほど劣《おと》っている。このような事態《じたい》に立ちいたった理由《りゆう》を学問の上に求めると、それは一体どこにあるか。それは宋学における格物の考え方が間違っているからだ、と彼はするのである。即ち宋儒の説く格物は「理をつめて見ての格物」であり、ロゴスによる格物である。このような「性命道理《せいめいどうり》」を説く思弁哲学《しべんてつがく》では現実の課題《かだい》は解けない。格物は「現在天帝《てんてい》を亮《たす》くるの格物」でなければならない。大きな自然のはたらき――それを小楠は人格的に天帝という言葉で表現しているが、――この天帝のはたらき（天工）をたすけるのが、真の格物である、と小楠は説くのである。そして格物をこのように生産的に解釈することによって、産業も開け、器械も出来、人民の生道《せいどう》も立つ、とする。このプラグマティカルな解釈は、儒教の本来からいえばかなり無理な解釈だが、私はここに近代西洋文明、またそれにもとづく資本主義社会に直接した儒教の苦悶《くもん》があらわれていると思う。儒教内部における思弁哲学からプラグマティズムへの転換《てんかん》ともいうべきものを、ここに見ることが出来るであろう。そして彼はこのような見地《けんち》に立って、積極的な貿易説を説《と》くにいたるのであるが、このことについては省《はぶ》く。

ii　このようないわゆる三代の治《ち》、三代の学《がく》を唱《とな》えるについて、彼は一方では認識論的な手つづきを行っている。というのは彼は「学」に対する「思」の優位《ゆうい》をはっきり認めているのである。これについては省略《しょうりゃく》することにする。

iii　小楠は右に述《の》べたように、三代の学に帰ることによって、殖産《しょくさん》、工業、貿易、近代科学技術等を日本におこしうる思想的根拠《こんきょ》を儒学（彼のいわゆる実学）が与えうるとしたが、政治体制の問題をどう考えたが。彼は堯舜《ぎょうしゅん》の治《ち》にならって有徳者《ゆうとくしゃ》（ここにいう徳は単なる徳行者という意味だけではなく、能力ある者という意も含《ふく》まれる）が、有徳者に位《くらい》を譲《ゆず》る共和制《きょうわせい》をその政治理想とした。そして彼は、アメリカの共和制の中に、特にワシントンの中に、堯舜の精神が生きていると考えた。これは佐久間象山《さくましょうざん》がナポレオン、ピョートル大《たい》帝《てい》を自己の理想的人間像《にんげんぞう》としたのと対蹠的《たいしょてき》である。彼は当時のアメリカの平和政策、キリスト教的理想によって政治が支《ささ》えられていること、またその共和政治、文明生活等々は「ほとんど三代の治教に符合するに足る」と絶讃《ぜっさん》するのである。

　福沢諭吉《ふくざわゆきち》は、明治の某高官《ぼうこうかん》が明治初頭において新帰朝者《きちょうしゃ》の森有礼《もりありのり》からアメリカの事情を聞き、それこそ堯舜《ぎょうしゅん》の治《ち》だと言ったことを彼一流の皮肉な調子で書いているが、そしてこの政府の某高官こそ横井小楠《よこいしょうなん》なのであるが、この皮肉はある意味では当たり、ある意味では当たらない。当たらないというのは、福沢が堯舜の治という言葉から感じたほど、横井の思想は古くさいものではなく、理想社全を歴史的に限定されない前歴史的世界にまで遡《さかのぼ》らせることによって、かえってこの理想社会は近代的民主政治のしかれている社会と重なり合う面をもつのである（彼には議会政治の構想もある）。また彼の思考法がプラグマティズム的性格をもつことはこれまでの説明で明らかであろう。

しかし小楠のイメージにある社会は、福沢が当面のモデルとした近代資本主義社会ではなかった。そして彼の思想は個人の実力と競争《きょうそう》の上につくられる近代社会を基礎《きそ》づけるものではなく、一方において血統論《けつとうろん》を否定《ひてい》し、共和政治を礼賛《らいさん》しながらも、他方においては治者《ちしゃ》と被治者《ひちしゃ》との関係を予想《よそう》し、その治者のために説《と》いた学問であり、道徳であった。このように彼の中には近代社会につらなる面と、封建《ほうけん》社会に生きている面との両面が混在《こんざい》していた。このような思想が充分《じゅうぶん》に機能《きのう》を果《はた》し得《え》た社会が幕末《ばくまつ》の社会であり、小楠の実学はこの期の改革派《かいかくは》を代表する過渡的思想《かとてきしそう》といってよい。

幕末において最も有力な実学思想は以上のごときものであった。彼らはその中にいずれも儒教的意識《じゅきょうてきいしき》を残存《ざんぞん》せしめているけれども、その儒教は決して在来《ざいらい》の儒教ではなく、象山《しょうざん》にあっては朱子学《しゅしがく》の思弁的形而上的《しべんてきけいじじょうてき》理が自然科学的合理性へと展開され、小楠にあっては朱子学の固定性が破壊《はかい》され、思想が流動的に機能的《きのうてき》に把《とら》えられている。思弁哲学からプラグマティズムへの変化のごときものさえそこにはうかがわれる。これらはとくに横井の場合、明治以後系譜的《けいふてき》に受けつがれなかったのでその重要性が今日閑却《かんきゃく》されているが、その歴史的意義は高く評価していい。しかしこれらの実学思想は近代的人間関係を前提《ぜんてい》としない思想であって、近代文学を生み出すにはこれらの実学を否定《ひてい》する洋学者たちの新しい実学が生み出されねばならなかった。しかしそこに一躍《いちやく》ゆくことはできなかったのであって、このような過渡《かと》期の思想家たちを媒介《ばいかい》としてはじめて明治初頭の洋学者たちの実学は形成されたのである。

(ハ) 先駆的《せんくてき》洋学者――杉田成卿《すぎたせいけい》と箕作阮甫《みつくりげんぽ》――

尚歯会《しょうしかい》のメンバーの没落《ぼつらく》は当時の為政者《いせいしゃ》たちの洋学者に期待《きたい》したものが、単なる実用の知識、技術を供給《きょうきゅう》する以上の何ものでもなかったことを示す。否《いな》、これは幕末《ばくまつ》だけではない。明治になっても大久保《おおくぼ》などの政治家は福沢《ふくざわ》らの洋学者のことを「芸者《げいしゃ》」と言っている。時局の切迫《せっぱく》と共に洋学者たちは幕府の開成所《かいせいじょ》の教師に、あるいは翻訳所《ほんやくしょ》に、あるいは通訳《つうやく》官《かん》に、あるいは各藩《かくはん》に雇用《こよう》されたが、結局《けっきょく》は「芸者」として傭《やと》われたのであり、彼らの抱《ほう》負《ふ》を経綸上《けいりんじょう》に実現することは幕府崩壊《ほうかい》の寸前《すんぜん》までなかった。福沢は『福翁自伝《ふくおうじでん》』の中で、自分たち洋学者の徳川幕府における役割《やくわり》を「雪駄直《せったなお》し」に類《るい》するものだ、と例の福沢流の幾分誇張《いくぶんこちょう》した表現で語っているが、真相《しんそう》の一端《いったん》が示されている。「芸者」としてしか遇《ぐう》されなかったことに洋学者の憤懣《ふんまん》も苦悩《くのう》もあった。しかしそれにもかかわらず、その中から時代の壁《かべ》を突き破るような考えも出てきたのである。

天保《てんぽう》の洋学者と新しい時代の洋学者の橋渡《はしわた》しをする洋学者たちにこの苦悶《くもん》や憤懣《ふんまん》の姿がよく出ている。

たとえば杉田成卿《すぎたせいけい》は当時の洋学界の泰斗《たいと》として仰《あお》がれた俊秀《しゆんしゆう》であったが、若くして苦悩のうちに死んでいった。大槻如電《おおつきによでん》はこう記している。

又嘗《またかつ》て政治書を訳《やく》せしより心を西洋諸国の政体風俗《せいたいふうぞく》に用《もち》ゐしが始《はじめ》て「フレイヘード」といへる趣義《しゆぎ》を見出《みいだ》されたり。こは英国の「フリードム」と同語にて乃《すなは》ち精神の自主と思想の自由とをもて人身の権理《けんり》を維持《ゐぢ》する説なり。今の世の民権《みんけん》と云《い》ひ自由と唱《とな》へ事新しき状にときはやせども、先生が数十年前に夙《はや》くもこの首唱《しゆしやう》ありつることを知らざりき。然《しか》れともその時世《じせい》は高橋渡辺高野高島らの諸氏が外国の事を説き出して罪を幕府に獲《え》しをりなれば、先生も身に禍《わざわひ》を招かんことを恐れ、自ら慎《つつし》み戒《いまし》めて濫《みだり》にこれを口より言《い》ひ出ださず、唯《ただ》その心を傷《いた》むる苦しさを酒に遣《や》りて、酔《ゑ》へばやがて「フレイヘイド」と呼びて止《や》まざりしとぞ。(『梅里先生小伝』)

また彼の高弟神田孝平《かんだたかひら》は「夙《つと》に斯邦《このくに》を文明の化《くわ》に導かんとの志《こころざし》を抱《いだ》きたまひけるに時《じ》機《き》いまだ到《いた》らずして大《おほい》に其志《そのこころざし》を伸《の》ぶるの気運《きうん》に逢《あ》ひたまはず徒《いたづ》らに世の憤々《ふんぷん》たるを見て

慷慨《かうがい》に堪《た》へず憤懣《ふんまん》の余《あま》り竟《つひ》に心疾《しんしつ》を醸《かも》したまひ之《これ》が為《ため》に世を早くしたまふに至りしは将《は》た恨《うら》むべきの限《かぎり》とやいふべき」(「先師梅里先生を祭るの文」)と述《の》べている。これが言論の自由を奪《うば》われた時代の聡明《そうめい》なる洋学者の陥《おちい》った運命であった。彼は老中《ろうじゅう》水野越前守《えちぜんのかみ》の命令によって天保《てんぽう》年間オランダの政理書の翻訳《ほんやく》をしていた父立卿《りつけい》の後を嗣《つ》いで、その業を完成している。それはオランダの五法全書の中から国憲の一部を抄出《しょうしゅつ》したものであったという。その書はながく幕廷《ばくてい》にとどめられついに未公刊のうちに失われるにいたったが、彼はこの書をはじめて訳するにあたって非常な困難をおかし、ひろく諸書を読み、訳司《やくし》にはかり、訳司を通じて蘭人《らんじん》に聞いたりして西洋の政教風習《せいきょうふうしゅう》のことについて悟《さと》るところ大であったという。ヨーロッパにいうところの「自由」という言葉の意味を初めて知ったのは成卿であった。しかし自由の実体は当時の日本のどこにもなかったのだ。

洋学者としての彼の仕事のうち最《もっと》も重要な意義を有《ゆう》するのは砲術書の翻訳であろう。彼は若い頃《ころ》「済生三方《さいせいさんぽう》」(ドイツ語からの翻訳)などのすぐれた医書の翻訳をなしているが、嘉永《かえい》六年以後は砲術書の翻訳に全力を注《そそ》いだ。それまで高島、江川、下曾根、佐久間等の洋式砲術にくわしい人は出たが、その原理を追究《ついきゅう》した人はなかった。彼は砲術書の翻訳をするために数学を学んだ。彼と象山とは親しかったが「象山翁《をう》の易説《えきせつ》には困却《こんきゃく》せり」と言っていた。これは西洋の格物窮理《かくぶつきゅうり》と中国の易説とが同一であるという象山の持説《じせつ》をさす。

われわれはこのような成卿の言動の中に、洋儒折衷《ようじゆせっちゅう》でなくて西洋の実体が曇りなく把握《はあく》されているのを見るであろう。このように儒教とかあるいは国学思想との折衷によらないで、西洋の学問の方法に従い事実を認識することは非政治的な本格的な洋学者に共通の態度であって、たとえばこれを箕作阮甫《みつくりげんぽ》にも見ることができる。津田真道《まみち》が若い頃、箕作阮甫の門に入って蘭学《らんがく》を修《おさ》めながら、一方においては本居某《もとおりぼう》について国学を修めていたことがあった。阮甫はこれを知って、その実学にあらざることを諭《さと》し「もしこれを断《た》たずんば来《きた》り学ぶ勿《なか》れ」と言ったという（津田道治著『津田真道』）。

箕作《みつくり》阮甫の洋学者としての最《もっと》も大きな仕事は地理学と歴史学に新生面《しんせいめん》を開いたことであろう。彼の多くの翻訳は世界の状勢《じょうせい》を知りたがっていた当時《とうじ》の人々に多大の知識と激励《げきれい》を与えた。彼が塩谷宕陰《しおのやとういん》と共に校正出版にあずかった「海国図志」は佐久間象山《さくましょうざん》、吉田松陰《よしだしょういん》、安井息軒《やすいそっけん》、横井小楠《よこいしょうなん》らが争うて読んだものであり、小楠のごときはこの書によって開国論に転じたとも言われている（山崎正董「横井小楠伝」）。また彼の養子省吾《しょうご》の名前で出版され、彼もそれに非常な協力をした「坤輿図識《こんよずしき》」は若き日の井伊直弼《いいなおすけ》も読み、後に桂太郎《かつらたろう》もこれによって発憤《はっぷん》した（呉秀三『箕作阮甫』）。彼の開成所《かいせいじょ》での講義は、主に地理と歴史に関するものであったが、これらが次の時期の洋学者に大きな刺激《しげき》を与えたことは想像《そうぞう》に難《かた》くない。

杉田成卿や箕作阮甫やその他の洋学者たちの努力によって洋学の研究も進みその研究対象も拡《ひろ》がっていった。加うるに開港後洋学者たちは外交文書の翻訳を通じて、世界の状勢《じょうせい》について認識《にんしき》を深めざるを得なかった。更《さら》に彼らには留学生として、あるいは遣欧米使節《けんおうべいしせつ》の通訳または翻訳方として直接に西欧文明に触《ふ》れる機会《きかい》もできた。あるいはまた居留地《きょりゅうち》において外人と接触《せっしょく》する機会もできた。読書の範囲《はんい》は自由になった。ヨーロッパ文化の中心から逸《そ》れていたオランダからだけではなく、西洋の近代文明と直接に接触するようになった。これは大きな変化であった。そしてこれと共に、過渡期《かとき》の折衷的実学《せっちゅうてきじつがく》と異なる洋学者の近代的実学が生じた。そしてこの実学による啓蒙《けいもう》の上にはじめて近代文学は生まれることが出来たのである。

五　近代的実学と近代文学の成立

(イ)　近代的実学の生誕《せいたん》

明治の初頭《しょとう》に活躍《かつやく》した知識人の学問の性格はそれぞれに立入《たちい》ってみると多種多様《たしゅたよう》であるが、要約《ようやく》すれば「実学」という名前で呼ぶことができよう。ここに誰《だれ》の頭にもすぐ浮ぶのは「学問のすゝめ」の中の次の一節であろう。

学問とは、唯《ただ》むづかしき字を知り、解《かい》し難《がた》き古文を読み、和歌を読み、詩を作るなど、世上に実《じつ》のなき文学を云《い》ふにあらず。これらの文学も自《おの》づから人の心を悦《よろこ》ばしめ随分調《ずいぶんてう》法《はふ》なるものなれども、古来《こらい》世間の儒者和学者《じゆしやわがくしや》などの申すやうさまであがめ貴《たふと》むべきものにあらず。古来漢学者に世帯持《しよたいもち》の上手《じやうず》なる者も少《すくな》く、和歌をよくして商売に巧者《かうしや》なる町人も稀《まれ》なり。これがため心ある町人百姓は、其子《そのこ》の学問に出精《しゆつせい》するを見て、やがて身代《しんだい》を持崩《もちくづ》すならんとて親心に心配する者あり。無理ならぬことなり。畢竟《ひつきやう》其学問の実に遠くして日用の用に間に合はぬ証拠《しようこ》なり。されば今斯《かか》る実なき学問は先《ま》づ次にし、専《もつぱ》ら勤《つと》むべきは人間実用に近き実学なり。

この言葉に見られるように、明治初期の洋学者においても実学の性格の根本的規定《こんぽんてききてい》はその実用性ということにある。しかし実学の内容が実用性ということだけに終わり、その批判《ひはん》の対象《たいしよう》が儒学者《じゆがくしや》や和学者《わがくしや》だけであったなら、そのような実学はすでにこれまで見てきた徳川時代の多くの実学者たちにいいふるされたことではないか。訓詁《くんこ》記誦《きしよう》の学として儒学者やその文学を否定するのは実学者のきまり文句であった。実学が経世の学として主張されないで「世帯持」という言葉で表現されるように個人の日用の役に立つという意味で使用されている点は武士的意識の実学とは異《こと》なるけれども、このような実学はすでに海保青《かいほせい》陵《りよう》や心学者《しんがくしや》たちによってすでに主張されたことではないか。この疑問に答えるために、他にどのような用法がなされたかを見てみよう。

夫《それ》高遠《かうゑん》ノ空理《くうり》ヲ論ズル虚無寂滅《きよむじやくめつ》若《もし》クハ五行性理《ごぎやうせいり》或《あるい》ハ良知良能《りやうちりやうのう》ノ説《せつ》ノ如《ごと》キハ虚学ナリ。之《これ》ヲ実物ニ徴《ちよう》シ実象《じつしやう》ニ質《ただ》シテ専《もつぱら》確実《かくじつ》ノ理《り》ヲ説《と》ク近今西洋ノ天文格物《かくぶつ》化学医学経済希《き》哲学ノ如《ごと》キハ実学ナリ。此《この》実学国内一般ニ流行シテ各人道理ニ明達《めいたつ》スルヲ真《しん》ノ文明界ト称《しよう》スヘシ。（津田真道「開化ヲ進ル方法ヲ論ス」）

ここでは事実によって検証《けんしよう》できる実証的《じつしようてき》な学問が実学といわれ、これによって文明開化《ぶんめいかいか》がもたらされる、と考えられている。ここで津田《つだ》の言っている希哲学とは、西周《にしあまね》のいわゆる「実学《リールノーレジイ》」（「生性発蘊《せいせいはつうん》」）即《すなわ》ちコント流《りゆう》の実証哲学をさすのであって、形而上学《けいじじようがく》をさすものでないことはいうまでもない。また当時多くの人々に愛読され、文明開化期の思想の倫《りん》理《り》的基礎《てききそ》づけを行ったといわれる中村正直訳、スマイルスの『西国立志編《さいごくりつしへん》』には、「真実有用ノ学ハ、独《ひと》リオブセルヴェーション〔実事実物《じつじじつぶつ》ニ就《つい》テ熟観審察《じゆくかんしんさつ》スル〕ニヨリテ、贏得《えいとく》セラルヿ《こと》ナリ、コノ説、人生実学ノ要領ヲ握《にぎ》ルノミナラズ、又心霊《しんれい》ヲ修養スル道モ、コレニ外ナルヿ《こと》ナシ」とされている。ここでは観察《かんさつ》によって獲得《かくとく》された知識が真実《しんじつ》で有用《ゆうよう》な学問、即《すなわ》ち実学であって、更《さら》にこの観察、――「実事習験」の態度《たいど》は精神修養にもなるとされるのである。中村は「西学一斑」においては、ベイコンに始まる experimental inquiries の重要性（試験考究とか、実事考験とかいう風に訳されている）を強調する（中村の場合では、そのことがかえって造化主の功用《こうよう》をますますあらわにすると考えられている）。

このようにその考え方に個人的な差異《さい》があるにもかかわらず、実証性とか観察《かんさつ》とか実験的探究《たんきゅう》ということがその共通性《きょうつうせい》として存在している。もちろんこの傾向《けいこう》は、さきに述《の》べたところの若き日の津田真道《つだまみち》を警《いまし》めた箕作阮甫《みつくりげんぽ》の態度《たいど》の中にも、あるいはまた易説《えきせつ》をとって自然科学の説く理《り》と同一視《どういつし》しようとした佐久間象山《さくましょうざん》のことを嘆息《たんそく》した杉田成卿《すぎたせいけい》の態度の中にもうかがわれるが、これら明治期の洋学者においてはより自覚的《じかくてき》に一般的になっている。彼らの中で最《もっと》もすぐれた哲学者であった西周《にしあまね》は朱子学《しゅしがく》の理と西洋哲学の理（理性、道理、理法、元（原）理、観念）との差異について「尚白箚記《しょうはくさつき》」において綿密《めんみつ》な考察《こうさつ》をめぐらしている。丸山真男氏は「福沢に於《お》ける『実学』の転回」（『東洋文化研究』第三号）で、福沢において「倫理」を中核《ちゅうかく》とした実学から物理を中核とした学問への転回がなし遂《と》げられたことを指摘《してき》しておられるが、これは自覚の程度《ていど》の差こそあれどの洋学者においても言えることであった。

前節に見たように横井小楠《よこいしょうなん》においては実用性の強調が同時に心術《しんじゅつ》の学としての実学、

即《すなわ》ち功利性《こうりせい》の否定《ひてい》においてなされていた。彼の実学は「倫理」を中核とする実学の一つの極限《きよくげん》の姿であり、そのとった具体的政策《ぐたいてきせいさく》は近代的政策と紙一重《かみひとえ》のところにきている。しかしこの紙一重は無限《むげん》の距離《きより》をもつ紙一重なのであった。新しい実学には実用性、功利性の追求《ついきゆう》の外に、真理それ自体の追求があった。この両者がどのようなかたちで統一されるかということに関しては学問的には必ずしも明確《めいかく》ではなかったが、ともかく真理それ自体の追求というかつての実学にはなかった新しい精神的態度があった。このことは福沢だけではなく、明治政府のイデオローグと目《もく》される加藤弘之《かとうひろゆき》にさえ認められるのである。彼は「学問の目的」という論文において、先師佐久間象山《さくましようざん》の偉大《いだい》さをたたえつつも、象山の学問がいわゆる実学であったことを批判《ひはん》し、学問の目的は社会実用のために研究することにつきるものではなく、哲学や自然科学のように真理そのもののために真理そのものを研究するところに学問の一大目的があることを強調している。

　このような新しい実学が西周《にしあまね》の場合に見られるように、その論理学《ろんりがく》として演繹論理《えんえきろんり》でなくて帰納論理《きのうろんり》を採用《さいよう》したことは偶然《ぐうぜん》ではない。西は「凡《すべ》テ吾人《ごじん》ノ、智識ノ開《ひら》ケユク道ハ、皆此《みなこの》帰納ノ法ニ由《よ》ル者ニテ、是《これ》ゾ必ズ親《した》シク視察《しさつ》〔observation〕ヲ経《へ》、経験上〔experimental〕ニ本《もと》ヅキ各自殊別《しゆべつ》ノ事実ヲ集合シテ、貫通《くわんつう》セル一理ヲ得《う》ベキ切実無《せつじつむ》二《に》ノ方法ナル。従来心理上〔intellectual〕ノ諸学ニ在《あり》テハ、諸家率《おほむ》ネ、カノ演繹ノ法ニ依《より》テ、事ヲ論ズルモノカラ、紛拏《ふんだ》喧豗《けんかい》、今日ニ至ルマデ、一定帰着ノ論鮮《すくな》キヲ、カノ物理上〔physical〕ノ諸学家ニテハ、旧《ふる》クヨリ一意ニ帰納ノ法ニ従事セルヨリ今日ニ至リ、確乎《かっこ》不抜《ふばつ》、彼ガ如《ごと》ク、其盛《そのさかん》ナルヲ致《いた》セリ。サレバ、学者亦爰《またここ》ニ従事スベキコト、言《げん》ヲ待《ま》タズシテ、明《あきら》カナルコト」(「致知啓蒙」)と言っているが、このような演繹論理から帰納論理への転回《てんかい》は、朱子《しゅし》学的思考《がくてきしこう》から解放《かいほう》された近代的実学の論理的表現であった。このことはまた後の近代文学の成立の問題とも無関係ではないのである。このことについては後に触《ふ》れたい。

以上私は新しい実学をその学問的性格の側面《そくめん》から検討《けんとう》したが、これを人間の地平にひきもどして考察《こうさつ》しよう。まず朱子学的なリゴリズムからの人間性の解放が主張されたことが注目されねばならない。たとえば津田真道《つだまみち》はこう言っている。「情欲《じやうよく》ハ吾人天賦《ごじんてんぷ》ノ尤重《もつともぢゆう》切《せつ》ナル者ニシテ、吾人ノ因《よっ》テ以《もっ》テ生存スル所以《ゆゑん》ナリ。若夫《もしそ》レ吾人ノ性中情欲ヲ欠《か》ク時ハ人類何ニ由《より》テ生々蕃殖《せいせいはんしょく》スルコトヲ得ンヤ。若夫レ人ニシテ情欲ナケレバ則《すなはち》吾人其《その》類ノ湮滅《いんめつ》スルヤ蓋《けだし》既ニ遠ク且《かつ》久シキナリ」(「情欲論」)。彼はこうした「飲食男女ノ大欲」のごとき「天性ノ自然」に出た情欲をのみ情欲とするのではない。「智識《ちしき》ト慣習ニ因《より》テ生ズル所ノ情欲」が開化《かいか》人《じん》特有の情欲として大きな意味をもつとされる。彼は朱子学者流の天理《てんり》人欲相《じんよくあい》反《はん》するという見解《けんかい》を笑い、「人欲豈《あに》天理ニ非《あら》ズト謂《い》フベケンヤ」とするのである。そうして「事物ノ性ニ通ゼンコトヲ希望シ、新奇《しんき》ヲ好ミ自由ヲ喜ビ幸福ヲ冀望《きぼう》スル等ノ情欲」が人欲の尤美《ゆうび》なるものとされる。

このように津田にあっては人間性の解放《かいほう》が主張され、従来天理《じゅうらい》とされた文化的営為《えいい》が人間性に根ざすものと主張されているのであるが、これを違った角度から主張するのは西周《にしあまね》である。彼は従来の「温柔《おんじゅう》、敦厚《とんこう》、恭謙《きょうけん》、揖譲《ゆうじょう》、寡欲《かよく》、無欲《むよく》」等の諸徳《しょとく》を道徳の基本とすることを否定して、健康、知識、富有の三者を人世の三宝とし、道徳の基本とする。この三者に対立するものは、疾病《しっぺい》、愚痴《ぐち》、貧乏《びんぼう》であるが、これらの禍《わざわ》いのない文明社会の建設を彼はめざしているのである(「人生三宝説」)。ここにはリゴリズムから解放された市民社会的倫理を基礎《きそ》づけようとする努力《どりょく》が見られる。

儒教《じゅきょう》を基本《きほん》とする実学の中で最《もっと》も進んだ形態《けいたい》としての横井《よこい》の実学においても、自然と人間との連続性《れんぞくせい》という前提《ぜんてい》があり、天に事《つか》え、天工《てんこう》を亮《たす》けるのが人間の第一の職分《しょくぶん》とされた。社会的には、支配者と被《ひ》支配者という基本的関係が前提されて、そこにおける倫理《りんり》が考えられていた。これらに対して洋学者たちのもっていた人間観は、人間を自然との連続関係から截断《せつだん》されたものとして考えるものであり、その構想《こうそう》する社会は平等《びょうどう》の関係において成立する社会であり、かつ為政者《いせいしゃ》の仁恵《じんけい》によってではなく、各個人の自由競争によって文明の進歩が来《きた》されるという考え方が支持された。福沢《ふくざわ》の言うところの「独立心」こそこの新しい文明の精神であった。

このような差異《さい》は、政治というものをどう考えるかという具体的《ぐたいてき》な問題にもつながっている。横井《よこい》の場合は、政治は最大最高の意味をもつものであった。彼の構想《こうそう》する社会の政治家には、今日の共産主義社会ないし社会主義社会における政治家の権力《けんりよく》と責任のごときものがあり、政治家は人間の世界のあらゆることに干渉《かんしよう》し、また責任をもたねばならぬとされる。したがって彼は、政治家の心術《しんじゆつ》の在《あ》り方を繰《く》り返し説《と》かねばならなかったのであるが、福沢《ふくざわ》の場合は、政治は人事の一小部分でしかない。政治の機能《きのう》は要するに人間の自由を疎外《そがい》する外的条件《がいてきじようけん》たる権力の偏重という現象《げんしよう》を排除《はいじよ》することに過ぎないとされる。「君主専制家《くんしゆせんせいか》にもせよ、共和政治家《きようわせいぢか》にもせよ、皇統連綿《くわうとうれんめん》を唱《とな》ふる旧神道《しんたう》の神主《かんぬし》より仏蘭西《フランス》流《りう》のレッドレパブリカンに至るまで、其《その》主張する所の説こそ異なれ、一国の政府を極《きわ》めて有力なるものと思ひ、政府を改革《かいかく》すれば国の有様《ありさま》は思《おも》ひのままに進歩するものと心得《こころえ》、事物《じぶつ》を信ずるの度《ど》に過《す》ぐるは此《これ》も彼《かれ》も同一様《どういちやう》にして、何《いづ》れも政府は唯《ただ》人事の一小部分たりとの義を知らざるものなり」(「覚書」)。「天子などは幾人《いくにん》あるも邪魔《じやま》にするに足《た》らず。唯一《ゆいいつ》の難《なん》事《じ》は政府と名《なの》る領分《りやうぶん》に一種の特権《とくけん》を握《にぎ》ることなり。此風《このふう》が自然に消滅《せうめつ》するに非《あら》ざれば、国の独立は出来《でき》難《がた》し」(同上)。こうした言葉に彼の意図《いと》ははっきり出ている。福沢《ふくざわ》のように明確《めいかく》な認識《にんしき》にもとづいて行動しなかった人々でも、学者職分論《がくしやしよくぶんろん》をめぐる論争において明らかなように、決して政府だけを権力と価値《かち》の源泉《げんせん》と考えているのではない。こうした点でも、彼らは、幕末過渡期《ばくまつかとき》の実学者と区別さるべきであった。

(ロ) 洋学者と近代文学との関係

私はやっと洋学者と文学との関係について語るところに来たように思う。洋学者たちはその実学という学問の性格上、必ずしも文学に対しては同情的ではなかった。たとえば福沢はその晩年《ばんねん》、慶応義塾《けいおうぎじゅく》において文学部を設置《せっち》するということで非常に立腹《りっぷく》したと伝えられている。また彼らの文学上の仕事は、政治、経済、法律、哲学、文明批評、歴史等々の仕事に比《ひ》すれば寥々《りょうりょう》たるものに過ぎない。またその仕事の内容においても、たとえば福沢の「かたわ娘《むすめ》」のような寓話《ぐうわ》をとってみても作品上の価値からいえば特記すべきほどのことはない。狭義《きょうぎ》の意味での文学に対するこれら洋学者たちの寄与《きよ》は必ずしも大であるということはできない。

私はこれら洋学者たちの近代文学に対する最大の貢献《こうけん》は、彼らが近代文学成立の条件をつくり、そして近代文学の生まれる思想的母胎《ぼたい》をつくったことにあると思う。柳河春三《やながわしゅんぞう》、岸田吟香《きしだぎんこう》、福地桜痴《ふくちおうち》らによるコミュニケーションの有力な機関たる新聞紙創設《そうせつ》、あるいはまた明六社《めいろくしゃ》同人による「明六雑誌」の発行の問題などはすでに周知《しゅうち》のことであるから省略する。

彼らが文学ないしその表現媒体《ばいたい》たる文章をどう考えたかということから見てみよう。彼らにとっては文学はその啓蒙活動《けいもうかつどう》の媒体であり、なかんずく文章は思想伝達《でんたつ》の最《もっと》も重要な媒体であった。文学の自律性《じりつせい》ということについては、西《にし》を除《のぞ》いては充分《じゅうぶん》に考えられているとは言いがたい。しかし啓蒙活動の一環《いっかん》と考えられるが故に、彼らの表現法には後に見られないような試《こころ》みがある。たとえば加藤弘之《かとうひろゆき》は「交易問答《こうえきもんどう》」（慶応元年）において対話法《たいわほう》を使用しているし、彼や西《にし》の初期の論文は心学《しんがく》の表現を模《も》したと思われる「デゴザル」というような表現法がよく使われている。福沢《ふくざわ》の「世界国尽《くにづくし》」が七五調《ちょう》をとっていることは周知のことである。また近藤真琴《こんどうまこと》（「新未来記」の訳者、攻玉塾《こうぎょくじゅく》を開く）は微分《びぶん》の概念《がいねん》を教えたり、颱風《たいふう》の眼《め》を教えたりするのに、次のような短歌をつくって生徒に暗誦《あんしょう》せしめたという。

蚊《か》のこぼす涙《なみだ》の上の浮島《うきしま》の
浜《はま》の真砂《まさご》を千々《ちぢ》に砕《くだ》きて

風を背《せ》に北では左南では
右の手を出せそこが中心

このような奔放《ほんぽう》な表現法を通じて新しい精神は民衆の中に滲透《しんとう》したのであり、なかんずく福沢《ふくざわ》の文体の魅力《みりょく》は一入《ひとしお》であった。洋学者たちによって試《こころ》みられた欧文脈《おうぶんみゃく》、漢文脈《かんぶんみゃく》、和《わ》文脈《ぶんみゃく》の混淆《こんこう》した新しい文章のスタイルがその後の日本語にどれだけ影響《えいきょう》したかは改めて説《と》くまでもなかろう。情《じょう》に訴《うった》えるよりも知《ち》に訴える文章、怒号《どごう》するのではなく明晰《めいせき》に緻密《ちみつ》に考えた文章、説得的《せっとくてき》な文章……。彼らの文体が文学に与えた影響、あるいは彼らによって新しくつくり出された語彙《ごい》について考察《こうさつ》することも大きなテーマであるが、これについてはこれ以上述べない。また岸田《きしだ》吟香《ぎんこう》の「上海《シャンハイ》日記」の素晴《すば》しい口語体の文章についても周知《しゅうち》のことと思うので省略する。

これらの洋学者たちは間接《かんせつ》に近代文学に対して大きな寄与《きよ》をしているが、文学、総《そう》じて芸術の自律性《じりつせい》を認《みと》めていない。それをなしたのは私の知る範囲《はんい》では西周《にしあまね》だけであった。西は道徳、法律などの実用の学と共に、人生に行われる三大元素の一つとして美妙学《びみょうがく》の元素をあげる。彼は絵画、彫刻、詩歌、散文、音楽、舞踊、演劇等々の芸術は、「皆《みな》実用ノ学術ト相表裏《あいひょうり》スル者ニテ、之《これ》ヲ以《もっ》テ実用ノ学術ト相制克《せいこく》スル者ニハ非《あら》ズ」(「美妙学説」)とする。彼は、美妙学の元素は、道徳、法律の元素と相関係して、社会の文明をなす所以《ゆえん》のものであるとする。つまり、美と実用性は人生において相補《そうほ》の関係にあるものであって、否定的関係に立つものではない、と言うのである。これは従来文学を否定しつづけた実学の歴史において初めて見られる美の自律性《じりつせい》の承認《しょうにん》であり、その意義は高く評価されねばならぬ。

これまで洋学者の文学に対する関係とその寄与《きよ》についていくらか触《ふ》れたが、洋学者の近代文学に対する最大の寄与は、彼らの文学との直接の結びつきの面よりも、彼らの思想活動そのものの中にあったのだ。私がこれまで実学の歴史について縷々《るる》述《の》べ来《きた》ったのも実はそのためであった。

実学が朱子学《しゅしがく》的世界観に対するプロテストとして出発したことは本稿《ほんこう》の初めに述べた。その後の実学の歴史はすべて朱子学に対する批判《ひはん》として展開《てんかい》した。それは当時として最《もっと》も有力な哲学であり、更《さら》に徳川の体制それ自体が朱子学の体系と分《わか》ちがたく結ばれていたためにそれを否定することは容易《ようい》ではなかった。体制自体が動揺《どうよう》を始めた幕末から明治にかけても、洋儒折衷《ようじゅせっちゅう》の実学と洋学の実学との二つの段階をへてはじめて朱子学的体系、――徳川の幕藩《ばくはん》体制を支《ささ》えるイデオロギーは否定されたのである。そのトレーガー〔担《にな》い手〕は前者にあっては武士であり、後者にあっては武士出身でありながら近代国家における国民もしくは市民たらんことを志向《しこう》した人々であった。彼らの当面の敵は硬化《こうか》した朱子学のイデオロギーであった。しかしその結果は、江戸文学がその上に立っていた旧《ふる》い地盤《じばん》を破《は》壊《かい》し、近代文学成立のための思想的条件をつくってやることであった。坪内逍遙《つぼうちしょうよう》が『小説神髄《しんずい》』においてなした近代文学の理論的基礎《きそ》づけの試《こころ》みは、洋学者たちのなした思想的準備の上に始めて可能《かのう》であった。逍遥が馬琴《ばきん》の勧善懲悪《かんぜんちょうあく》の文学の否定の上において近代文学を樹立しようと試みた仕事は、洋学者たちが朱子学的体系からの解放の上に自己の実学を樹立した仕事と類比的《るいひてき》である。近代的実学の特徴《とくちょう》は、過渡的《かとてき》実学のもっていた倫理性《りんりせい》からの解放、真理探究《しんりたんきゅう》の自律性の主張という点にあるが、逍遥はその思想的地盤に立って当時支配的文学であった勧懲《かんちょう》文学の倫理性、功利性《こうりせい》を否定して、文学それ自体の自律性を主張したのであった。

逍遥の『小説神髄』における最も重要な主張は次の箇所《かしょ》であろう。

……人物を仮設《つくりまう》けて、その情《じやう》をしも写《うつ》さまくせば、まづ情慾《じやうよく》といふ物をば其《その》人物が已《すで》に所有《しよいう》したりと仮定《かりさだ》めて、さてしかじかの事件おこりて箇様々々《かやうかやう》の刺戟《しげき》をうけなば其《その》人いかなる感情をおこすや、また云々《しかじか》の感情起らば其余《そのよ》の感情《いとなみ》にはいかなる影響《さしひびき》を生ずるべきか、また従来の教育と其営業《いとなみ》の性質《しな》によりて其人物の性《さが》はさらなり其感情の作用《はたらき》にも何等《なんら》の差違《さゐ》を生ずるかと、いと細密《こまか》に撈《と》り写して、外面に見えざる衷情《したごころ》をあらはに外面《おもて》に見えしむべし。

ここではまず人間が情欲的存在《じょうよくてきそんざい》として規定《きてい》されている。ここにいう人情は義理《ぎり》・人情という場合の人情ではなく、情欲という意である。この主張は『当世書生気質《とうせいしょせいかたぎ》』の中にも展開されているが、それは明治初期の洋学者たちの人間解放《にんげんかいほう》につらなる。それはそれとして逍遙の主意は、文学を道徳的観念《かんねん》や政治的イデオロギーの手段となることから解放することにあった。それは人間性それ自体の追究《ついきゅう》によって達成される。その具体的《ぐたいてき》方法としては、洋学者の実学の根底《こんてい》にある観察《かんさつ》と実験とが小説方法の上に採用《さいよう》されねばならない。これが逍遙の根本《こんぽん》の主張であろう。

これは当然《とうぜん》出るべき考えであって、その限りにおいて正当な主張である。今日から見れば何でもない普通《ふつう》の考えであるが、当時の文学意識としては破格《はかく》の新しい考え方であった。それは近代的実学を低い意味の功利性《こうりせい》でうけとめないで、その正しい姿において受けとめたものであった。

逍遙は文学の自律性《じりつせい》、文学の他の目的への従属《じゅうぞく》からの独立を主張したのであって、文学のもっている効用性《こうようせい》を否定したのではなかった。効用性を目的としてはいけないというのにあった。そのような態度《たいど》がさきに述べた加藤弘之《かとうひろゆき》の佐久間象山批判《さくましょうざんひはん》、即《すなわ》ち実用性と真理性との関係の認識《にんしき》に照応《しょうおう》する。

彼は小説の効用性《こうようせい》の一つとして訓誡《くんかい》をあげるのであるが、その具体的内容は馬琴《ばきん》のいうような仁義道徳《じんぎどうとく》の主義ではない。彼のいう訓誡の範囲《はんい》は広いものであって、人間に諸礼法《しょれいほう》を教えるのも、機智頓才《きちとんさい》を磨《みが》かしめるのも、人情の何たるかを知らしめるのもあるいは情欲《じょうよく》の千万無量《せんまんむりょう》なのを知らしめるのも、みな訓誡なのであった。それは道徳をもその中に含《ふく》めた美的教育、人間教育を意味するものであった。それは朱子学的《しゅしがくてき》リゴリズムが否定《ひてい》された地平ではじめて可能《かのう》な考え方である。

また彼の「文は思想の機械なり」という文章についての考え方は啓蒙的《けいもうてき》な洋学者たちの言葉と共通のものであり、主人公の設置《せっち》において理想派《りそうは》の中に先天法《せんてんほう》（演繹法《えんえきほう》）と後天法《こうてんほう》（帰納法《きのうほう》）とを分け、馬琴の作法を先天法とし、それに対してスコットやリットンの実験や観察《かんさつ》にもとづいた方法を後天法（帰納法）とし、後者に対して同情的なのは、演繹論理よりも帰納論理を重んじた西周《にしあまね》の精神と共通するものである。

結び

以上見てきたように逍遙《しょうよう》によってうち立てられた近代文学の理論は、明治初期に折衷的《せっちゅうてき》実学者《じつがくしゃ》たちからバトンを引きついで思想界の中心となって活躍《かつやく》した洋学者たちの思想の地《じ》盤《ばん》の上ではじめて可能《かのう》な文学理論であり、彼は洋学者たちが過去《かこ》の思想に対決《たいけつ》したのにも比せるべき位置《いち》にある、と私は考える。彼の身につけている旧《ふる》い殻《から》は否定《ひてい》できないにしても、彼の果《はた》した役割《やくわり》は正当に評価《ひょうか》されねばならない。そしてまた、逍遙をしてかくのごとき発想《はっそう》を可能ならしめた洋学者たち、またその前に、朱子学的世界から近代思想への転《てん》換《かん》のクッションの役割《やくわり》を果した幕末《ばくまつ》の折衷的実学者《せっちゅうてきじつがくしゃ》たちの、近代文学成立のために果した思想的役割を正当に評価《ひょうか》せねばならない。

しかし前にも述べたとおり、近代文学をうむための闘《たたか》いが、文学に同情的でない人々によって非文学的な仕方《しかた》でなされたということは、日本の近代文学の性格に大きな問題を残している。たとえば逍遙は文学の自律性《じりつせい》を確保《かくほ》するために、科学的な方法で人情（人間性）を観察《かんさつ》し、小説上の実験を試《こころ》み、それを通じて日常かくれた人間性をあらわにするということを文学の目的とした。そのこと自体は正当な要求であったが、どのような状況《じょうきょう》においてどのような人間性を追求《ついきゅう》するかということは、彼の文学理論においては全然《ぜんぜん》問題にされていない。彼の理論は小説技法《ぎほう》としては正当性《せいとうせい》をもつが、文学理論としては本質的に欠陥《けっかん》をもつ。それは実践《じっせん》という契機《けいき》を否定した文学理論であった。科学はニュートラルなものであるが、文学は何よりも人間の全体的な精神活動であり、そして科学的な人間観察をどのような状況において生かすかという主体性が何よりも小説においては要求される。逍遙が文学者として維新《いしん》の変革《へんかく》に参与《さんよ》したならば、このような実践的契機《じっせんてきけいき》をくみ入れた文学理論を生み出し得たかもしれない。それは実践的意欲を原動力《げんどうりょく》としておこった維新の実学精神の喪失《そうしつ》であった。洋学者が明治初頭において科学的実学を主張したとき、すでに実践的意欲を喪失しているかのように見えるが、かれらの場合ではそのような、主張が実は封建制《ほうけんせい》の打破《だは》という実践的契機を含《ふく》んでいた。逍遙の文学理論は、文学の科学との同一視《どういつし》という理論そのものの不備《ふび》と共に、明治十八年という時点《じてん》において主張されたことにおいて、洋学者たちの実学と全く違った機能《きのう》を果《はた》してしまった。現《げん》にそれは、政治小説の衰退《すいたい》と戯作《げさく》文学の擡頭《たいとう》という結果を生み出している。

もちろんそのことの原因は逍遙《しょうよう》の理論《りろん》のみにあるのではない。社会情勢《しゃかいじょうせい》の推移《すいい》ということもあるし、自由民権運動《じゆうみんけんうんどう》自体にも問題がないわけではない。文学的には、政治小説が仁《じん》義《ぎ》礼智《れいち》信《しん》の儒教的《じゅきょうてき》モラルから自由民権の要求へとそのイデオロギーの上において非常な変《へん》革《かく》をとげながら、他方その文学性という点では馬琴《ばきん》の読本的性格《よみほんてきせいかく》の延長《えんちょう》にあったということも有力な原因であった。そのことについては何よりも実証的《じっしょうてき》な研究が必要である。しかしそれはともかく、逍遙の科学的文学理論の中には、実学思想の母胎《ぼたい》となった実践的エネルギーがくみ入れられなかったことは認《みと》めねばならぬ。

結局この問題は、文学の自律性《じりつせい》と文学者の実践《じっせん》の問題に帰《き》する。そして「実学思想と近代文学」の関係は、この観点《かんてん》からもう一度根本的《こんぽんてき》に検討《けんとう》し直《なお》す必要がある。思想史としては実学は明治十年ごろまでにはその役割《やくわり》を果《はた》してしまうが、文学史としてはむしろその後に本質的問題が始まる。私のこの小論は、あくまで近代文学の成立に限定《げんてい》された問題であった。

付記

維新の政治過程において、ここに述《の》べた「実学」の系譜《けいふ》の外に、陽明学《ようめいがく》の系譜を引く人々、たとえば吉田松陰《よしだしよういん》などによって「実学」という言葉が唱《とな》えられている。これは客観性《きやつかんせい》への志向《しこう》を断《た》ちきって、純粋《じゆんすい》に主体的実践的態度《じつせんてきたいど》をとる立場である。これについては他日を期したい。

教育者としての福沢諭吉《ふくざわゆきち》

はしがき

幕末《ばくまつ》から明治の初期にかけての日本社会の転換期《てんかんき》には、多くの思想家が輩出《はいしゅつ》したが、彼らの大半は思想家であるとともに教育者であった。幕末の吉田松陰《よしだしょういん》と松下村塾《しょうかそんじゅく》との関係はあまりに有名だが、佐久間象山《さくましょうざん》も横井小楠《よこいしょうなん》も、共に私塾《しじゅく》を開き後進《こうしん》を教育している。このような態度は、明治初頭《しょとう》を飾《かざ》る知識人《ちしきじん》のばあいにも見られる。福沢諭吉については、あらためていうまでもないが、西周《にしあまね》も沼津《ぬまづ》兵学校の頭取《とうどり》として多くの人材を育成《いくせい》するとともに、上京後は官途《かんと》のかたわら「育英舎《いくえいしゃ》」という私塾をつくり、そこで「百学連環《ひゃくがくれんかん》」の講義をしている。その他有名な私塾としては、箕作秋坪《みつくりしゅうへい》の「三叉学舎《さんさがくしゃ》」、中村敬宇《なかむらけいう》の「同人社《どうじんしゃ》」、尺《せき》振八《しんぱち》の「共立《きょうりつ》学舎」、近藤真琴《こんどうまこと》の「攻玉舎《こうぎょくしゃ》」等がある。フランス民法典《みんぽうてん》の翻訳者《ほんやくしゃ》であり、わが国の司法《しほう》制度の確立《かくりつ》に努力《どりょく》した箕作麟祥《みつくりりんしょう》すらも自宅に私塾を開き、外山正一《とやままさかず》以下の人々がそこに学んでいる。このように転換期《てんかんき》の知識人《ちしきじん》たちは、既成《きせい》の公共の教育機関が時代の変動とともにその機能《きのう》を喪失《そうしつ》し、新しい公共の教育機関がまだその機能を充分《じゅうぶん》に発揮《はっき》しない時期に、それらに代わって、みずからの手でエリート教育を行ったのである。彼らは若い世代《せだい》に、新しい知識をさずけ、あるいは新知識伝達の武器である外国語を教え、あるいはまた彼らの思想を伝えた。こうして日本の近代化にとってまず必要な、近代化の動力ともなるべきエリート教育は、このような転換期の知識人・思想家の手によって推進《すいしん》された。

知識人や思想家がこのように教育活動に従事《じゅうじ》したことは、時代の要請《ようせい》、徳川時代以来形成《けいせい》された学問や教育を尊重《そんちょう》する伝統《でんとう》等に由来《ゆらい》しようが、いずれにしても、これらの人々が学者や思想家としての活動のほかに、教育を公共機関にのみ任《まか》せないで、みずから教育にたずさわったことは特筆大書《とくひつたいしょ》していいことだと私は考える。彼らは当時、国民全体の目標《もくひょう》とされた国家的独立は、一握《ひとにぎ》りの知的・政治的リーダーの努力だけでは全《まっと》うされるものではない。それには、彼らにつづく多くのリーダー、サブ・リーダーの協力が必要であることを認識《にんしき》していた。そしてそのためにはまず私塾《しじゅく》をつくり、そこで若い世代を育成《いくせい》しなければならない、彼らはそう考えたのである。私塾をつくることは、必ずしも彼らの経済的利益とはならず、かえって彼らに経済的負担《ふたん》をかけることがしばしばであったが、彼らはその教育に対する熱意、国家の将来に対する彼らの憂慮《ゆうりよ》と希望《きぼう》との故に、若い世代の育成のために多くのエネルギーをさいたのである。われわれは従来《じゅうらい》、このような知識人たちを、主として思想家の側面《そくめん》にライトをあててこれを究明《きゅうめい》するのが常であったが、これらの人々はまた、教育者という側面からの解明《かいめい》を必要とする人々である。私は本稿《ほんこう》ではこれらの知識人の代表者ともいうべき福沢諭吉（天保《てんぽう》五年─明治三十四年、一八三五─一九〇一）を、教育者としての側面から取りあげ、彼が教育について何を考え、またどのようなことを行ってきたか、そしてまた彼の教育観や教育活動は彼の思想とどのような関係に立つのか、更《さら》に彼の教育はどのような人々を育て、日本の近代の歩みにどのような貢献《こうけん》をしたか、等々の問題を考えてみたい。

福沢の自覚

前節《ぜんせつ》で述べたように、明治初期の多くの知識人《ちしきじん》の中で福沢だけが教育に従事《じゅうじ》したのではなく、彼は多くの知識人兼《けん》教育者の中の一人だった。しかしなぜ多くの人々の名前が今日忘れ去られ、そのつくった学校もすでに歴史の上にその名をとどめているにすぎないのに、福沢の残した慶応義塾《けいおうぎじゅく》だけが今日もなお生命をとどめ、それを通じて教育者福沢の名前と精神とが生きているのか。それにはそれ相応《そうおう》の理由がなければならない。

福沢の創設《そうせつ》した慶応義塾も決して順調《じゅんちょう》に今日までの歴史を歩んできたのではない。義塾の危機《きき》は何度かあったが、とくに西南戦役《せいなんせんえき》後経済界の不況《ふきょう》に伴《ともな》い、塾の入学者が激減《げきげん》したとき、彼は塾を解散することさえ決意している。そうしたばあい、彼は自分たちの俸給《ほうきゅう》を減《へ》らしても学校を守り抜こうとする小幡篤次郎《おばたとくじろう》以下の協力者に恵《めぐ》まれていた。そしてそれは、慶応四年の『慶応義塾之《の》記』にしるされているように、また、吉村寅太郎《よしむらとらたろう》以下多くの卒業生が証言《しょうげん》しているように、慶応義塾は福沢だけの義塾ではなく、福沢の人格《じんかく》と思想とに共感する同志の人々の共同の義塾である、という観念《かんねん》が福沢に協力する教師たちの間にみなぎっていたからである。福沢は、こうした若い教師たちの協力《きょうりょく》の下に、幕末の他の洋学塾と変わらない未整頓《みせいとん》な塾を次第《しだい》に整備改善《せいびかいぜん》し、学校らしく組織化していった。これらの点において、慶応義塾は他の私塾にまさっていた。多くの協力者、後継者《こうけいしゃ》に恵《めぐ》まれた慶応義塾は、福沢の死によってもビクともしなかった。また他の私塾が旧態依然《きゅうたいいぜん》とした状態をつづけ、東京大学の整備《せいび》に追いついていけなくなり、けっきょく最後には廃校《はいこう》になるか、大学予備門《よびもん》のための予備校化するにいたったとき、慶応義塾だけが高等教育の機関としてその地歩《ちほ》を固《かた》めていった。しかしこうしたことの根底《こんてい》に、福沢の教育者としての自覚《じかく》、激《げき》動期《どうき》を一知識人としてどう生きるかの深い覚悟《かくご》、当時の世界の状況《じょうきょう》とその中におかれた日本の針路《しんろ》についての洞察《どうさつ》、またそれに対処《たいしょ》する思想があったということ、そしてこのことが慶応義塾の同志的結合を可能《かのう》にしたということを、われわれは見おとしてはならないのである。そしてまたこのことが、福沢をして一慶応義塾の創立者《そうりつしゃ》・教師としての福沢にとどまらしめず、国民の教育者としての福沢たらしめたのであった。

福沢にあっては、彼の多くの著作《ちょさく》活動、言論活動、その啓蒙《けいもう》活動のすべてが実は広い意味での教育活動であり、当時の日本においては社会教育的意味をもっていた。教育者としての福沢について語るばあい、広義《こうぎ》の教育者としての福沢を見おとすべきではない。狭義《きょうぎ》の教育者としては彼は慶応義塾においてエリート教育に従事する教育者であったが、広義の教育者としての福沢は国民の教師であり、否《いな》まだ国民というものが形成されてない段階《だんかい》に、新たに国民を生み出し、人々に国民としての自覚を促《うなが》す教師であった。彼は自主独立《じしゅどくりつ》の人民だけが国民という名前に値《あたい》することを知っていた。私はここでは広義の教育者としての福沢のコンテキストの下に、狭義の教育者としての福沢に重点をおいて語ろうと思う。

福沢の自覚《じかく》――著作活動と教育活動に専念《せんねん》することを自己の使命とすることの福沢の自覚は、ほぼ慶応《けいおう》二、三年頃に出来上がったものと私は考えている。それまでの福沢は、たとえば、文久二年《ぶんきゅう》、彼が遣欧使節《けんおうしせつ》に随行《ずいこう》したときの松木弘安《こうあん》（寺島宗則《てらじまむねのり》）との「今日吾々《われわれ》其《そ》の思う通りを言えば、正米《しょうまい》を年に二百俵《ぴょう》貰《もろ》うて、親玉《おやだま》（将軍の事）の御師匠番《おししょうばん》になって、思う様《よう》に文明開国の説を吹込《ふきこ》んで、大変革《だいへんかく》をさして見たい」という対話に明らかなように、将軍のブレーンとしてその政治的抱負《ほうふ》を実現してみたいという気持をもっており、この点当時の一般の知識人たちとなんら変わるところがなかった。もしこのままであれば、彼は明治政府が成立《せいりつ》したとき、他の知識人と同じく明治政府に仕《つか》え、そして彼らとほぼ似《に》たコースをたどってその一生を終えたであろう。福沢をして福沢たらしめたのは、慶応末年、政治的変動がすさまじかった折《おり》の、彼の朝廷、幕府のいずれへもの絶望《ぜつぼう》であった。自分の家族にも洩《も》らすことのない暗澹《あんたん》たる気持のうちに、彼は自分が政府に仕えて政治家のブレーンとなり、政治家に従属《じゅうぞく》するという考えをはっきりと断ちきった。自己の使命は著作《ちょさく》と教育活動にある。そしてこの学問と教育という仕事は、それまでの儒教《じゅきょう》や徳川時代の政治体制・社全体制の下に出来上がった固定観念《こていかんねん》とは違って、政治から独立すべきものであり、そしてそれは政治とならんで、あるいは政治以上に意義ある重要な仕事である、という確信が福沢の中に生まれたのである。このような絶望の中から生まれた確信の基礎体験《きそたいけん》がその後の彼の思想と行動とを規定《きてい》している。

思想家としての福沢諭吉

福沢は教育を、狭義《きょうぎ》の教育と広義《こうぎ》の教育との二つに分け、後者をより包括的《ほうかつてき》なものと考えていた。広義の教育とは、輿論《よろん》とか社会的気風《きふう》とか呼ばれるものの人間形成《けいせい》において果《は》す役割《やくわり》をさす。彼は言う、「輿論《よろん》の面目《めんもく》とは全国人事の全面目にして学校教育のごときもこの全面目中の一部分たるに過ぎざるのみ」。新しい輿論の形成《けいせい》、社会的気風《きふう》の改革《かいかく》をめざす彼の広範囲《こうはんい》な啓蒙活動《けいもうかつどう》は、すべて変動期における広義の教育活動にほかならない。『世界国尽《くにづくし》』『啓蒙手習文《けいもうてならいぶみ》』『文字の教《おしえ》』のごとき教育的著作《ちょさく》はもちろんのこと彼の一般の著作活動、版権《はんけん》の問題のための彼の努力、新聞紙の発行、あるいは彼の生み出した平易《へいい》で伸《の》びやかな文体も、そしてまた彼がはじめて試《こころ》みた演説《えんぜつ》も、彼が自覚《じかく》をもって行った教育活動にほかならない。たとえば、彼は演説がうまくできないと世間の付合《つきあい》に差支《さしつか》えがあるだけでなく、「全体人の心身発達の旨《むね》にも戻《もと》る」と演説の教育的機能《きのう》に注目している。彼は夏休に帰省《きせい》する学生に向かって「学問の傍《かたわら》に常に人事を忘るることなくその働きを社会の全般に及ぼし、恰《あたか》も学塾《がくじゅく》の外に社会なる大学校あるものと心得《こころえ》よ」と注意することを忘れない。われわれの人間形成において社会的要因《よういん》の占《し》める位置の大きいことを反省するとき、われわれは福沢とともに、学校教育が社会の輿論《よろん》という大きな教場の一つであることを認《みと》めざるを得ない。彼の『西洋事情』や『学問ノススメ』が二十数万という当時驚異的《きょういてき》な発行部数を占《し》め、それが当時昏迷状態《こんめいじょうたい》にあった日本国民に方向を与え、そして絶大《ぜつだい》な希望と勇気とを与えたことを想起《そうき》するとき、彼の思想活動と存在自身がそれ自体《じたい》ですでに教育的であったといわざるを得ない。したがってここではまず、狭義の教育者としての福沢について語る前に、思想家としての福沢について、ごく簡単《かんたん》に触《ふ》れたい。彼も言っているように「思想なくして実事《じつじ》起《おこ》るべからず」であり、思想家としての福沢が教育者としての福沢の思想と行動の原動力だからである。

　私は、福沢の多方面にわたる思想家としての実践的目標《じっせんてきもくひょう》を非常に単純化《たんじゅんか》したばあい、日本の国内社会の問題としては、権力《けんりょく》の偏重《へんちょう》という現象《げんしょう》を日本社会からなくすことであり、国際社会との関係においては、日本の国家的独立を全《まっと》うすることにあった、と言ってよいと思う。福沢はこの実践的目標を達成するためには、西洋文明を徹底的《てっていてき》に受け容《い》れ、古習《こしゅう》への惑溺《わくでき》を一掃《いっそう》して、自由独立の気風《きふう》を日本社会の中に発生させることが必要だと考えた。

　右に述べたことは、もう少しくわしく語る必要があろう。福沢が学者の政治家への従属《じゅうぞく》という自己の中に巣《す》くっていたイドラを破壊《はかい》したとき、彼のまなこに透視的《とうしてき》に見えてきた日本社会は、〈権力の偏重〉という骨組《ほねぐみ》から成り立っていた。価値観《かちかん》においても、社会関係においても、権力の偏重ということがあらゆる事柄《ことがら》に浸透《しんとう》している。これを破壊し、価値の多元性《たげんせい》と社会関係の流動性《りゅうどうせい》とを実現することが必要である。そのためには、自由独立の精神を育成《いくせい》せねばならない。学問や教育や道徳は政治から解放されねばならない。社会的価値は政府の一手に集まるのではなく、多くの人々の手に分散《ぶんさん》されねばならない。――彼の眼からすれば、政府はもちろんのこと、自由民権派《じゆうみんけんは》の人々も、政治を唯一《ゆいいつ》の価値の源《げん》泉《せん》とする価値観から解放されてはいなかった。自由は価値決定の源泉が多元的であるところにのみ成立《せいりつ》する。そしてまた、自由は他の自由を犠牲《ぎせい》にして求めてはいけない。彼は言う、「抑《そもそ》も文明の目的は他の自由を費《つひや》して買ふ可《べ》きものに非《あら》ず。諸《もろもろ》の権義《けんぎ》を許し、諸の利益を得せしめ、諸の意見を容《い》れ、諸の力を逞《たくまし》うせしめ、彼我平均《ひがへいきん》の間に存するのみ、或《あるい》は自由は不自由の際《さい》に生ずと言ふも可《か》なり」。即《すなわ》ち彼は、アトムとしての個人から成《な》り、価値が多元的に分散し、種々のイデオロギーがそこでは併存《へいぞん》しうる自由と寛容《かんよう》にみちた市民社会の実現をめざしていた。このような社会は、『学問ノススメ』の冒頭《ぼうとう》の言葉が示すように、ただ人間の尊厳《そんげん》を自覚した自主独立の個人を通してのみ実現できるのである。

このことは、第二の国家的独立の確保ということとも関係がある。彼は言う、「此時《このとき》に当《あたり》て日本人の義務は唯《ただ》この国体を保《たも》つの一箇《か》条のみ」。この国体を保つというのは、その後の用法と違って、福沢のばあいは周知《しゅうち》のように、日本人の政治的独立を意味する。そしてこのことは日本人の智力《ちりょく》の向上によってのみ実現できるのであるが、この智力の向上は漢学主義《かんがくしゅぎ》を全面的に否定して西洋文明の精神を採用することによって達成《たっせい》される、と彼は考える。ところでこの文明の精神とはいったい何を意味するのか。

「西洋文明の案内者」「西洋流の一手販売特別エゼント」と自称《じしょう》する福沢を、たんなる西洋文明の紹介者《しょうかいしゃ》に終わらしめなかったのは、彼がよく日本社会の状況《じょうきょう》を察《さつ》し、文明移入《いにゅう》の先後《せんご》を考えたことと共に、文明をその形や成果《せいか》においてでなく、その精神において把《と》えたことである。このことが、西洋文明の成果のみを無批判《むひはん》に輸入し、模倣《もほう》しようとした当時の開化人《かいかじん》や、あるいは西洋から軍艦や大砲だけを買ってみずからの手で近代化しようとはしない清国《しんこく》政府から彼を区別する。彼は言う、「国の文明は形を以《もっ》て評《ひやう》す可《べか》らず、学校と言ひ工業と言ひ陸軍と言ひ海軍と言ふも、皆是《みなこ》れ文明の形のみ。この形を造《つく》るは難《かた》きに非《あら》ず、唯銭《ただぜに》を以《もっ》て買ふべしと雖《いへ》ども、ここに又無形《むけい》の一物あり。この物たるや目見《み》る可《べか》らず、耳聞く可らず、売買す可らず、貸借《たいしゃく》す可らず。普《あまね》く国人の間に伍《ご》して其《その》作用甚《はなは》だ強く、この物あらざれば、彼《か》の学校以下の諸件《しょけん》も実の用を為《な》さず、真《まこと》にこれを文明の精神と言ふべき至《し》高《かう》のものなり」。そしてこの文明の精神とは彼によれば人民独立の気力なのである。この彼の認識《にんしき》は非常に重要である。これが彼をして、日本の近代化の知的指導者《ちてきしどうしゃ》たらしめたものである。なぜなら彼のこの認識によって日本の近代化はその中心を与えられたからである。

ここでもう一度問題をふりかえってみよう。国家的独立のためには文明の精神を採用することが必要であった。ところでこの文明の精神とは「人民独立《じんみんどくりつ》の気力《きりょく》」であった。ところでこの人民独立の気力は、一国における権力の偏重《へんちょう》をなくす動力であった。だとすれば、独立自尊《じそん》の人間を教育することが彼の思想家としての実践的《じっせんてき》課題《かだい》を解《と》く唯一《ゆいいつ》の道である。彼は思想家にして教育者たらざるを得ないのである。

開発主義の教育観

「天は人の上に人を造《つく》らず、人の下に人を造らず」ということばに始まる『学問ノススメ』から、晩年《ばんねん》の『修身要領《しゅうしんようりょう》』の「独立自尊《どくりつじそん》」にいたるまで、福沢の努力は、個人の自主《じしゅ》、自由《じゆう》、独立が国家独立の基礎《きそ》であるという認識《にんしき》の下《もと》に、自主独立の人間の尊厳《そんげん》を教え、そしてそのような人間の育成《いくせい》に向けられた。これが彼の教育者としての活動と教育観の基本的前提《ぜんてい》であるが、われわれはまず、彼の教育観の具体的検討《ぐたいてきけんとう》から始めよう。

福沢は別に教育学者ではないから、教育の問題についてまとまった著作《ちょさく》は残していないけれども、彼は教育に関して一貫《いっかん》した考えをもっていた。彼は教育に関して二つの方面から定義《ていぎ》を下《くだ》している。一つはその社会的機能《きのう》の面からの定義である。すなわち教育とは畢《ひつ》竟《きよう》「先《さ》きに此《こ》の世に生れて覚《おぼ》えあるものが、其《その》覚えたることを二代目の者に伝へ、二代目は三代目に授《さず》けて人間の世界の有様《ありさま》を次第次第《しだいしだい》に良き方に進めんとする趣旨《しゆし》」のものである。したがって「一国の教育とは有志有力《いうしいうりよく》にして世の中の事を心配する人物が世間一般の有様《ありさま》を察《さつ》して教育の大意《たいい》を定め以《もつ》て普《あまね》く後進《こうしん》の少年を導《みちび》く」ことにある。しかしこの際《さい》、さきに生まれた世代《せだい》が後の世代の者に、自己の考えなり、知識を注入《ちゆうにゆう》して人間を一つの鋳《い》型《がた》に入れることによってこのことが達成《たつせい》されるとは彼は考えない。ここから教育についての次の第二の定義が成立する。「教育は人に物を教ふるに非《あら》ず、唯天資《ただてんし》の発達を妨《さまた》げずして能《よ》く之《これ》を発育するにあり、能力の発育にあり」。これは福沢の一貫《いつかん》した考えであり、これに類《るい》した発言は無数にある。独立自尊《どくりつじそん》を説《と》く福沢は、教育の本質に関して、注入主義でなく開発主義の立場をとる。これは彼の人間観からの当然《とうぜん》の帰結《きけつ》であった。

福沢はこのような教育観にもとづいてどのような教育を行ったか。彼が学校の教育において最も力を尽《つ》くしたのは知的教育《ちてききよういく》であり、彼の最《もつと》も力を入れて開発《かいはつ》しようとしたのは知的側面《そくめん》であった。彼は日本の開化には智徳《ちとく》の開発が共に必要なことは知っていたが当時の日本の実状《じつじよう》では智育《ちいく》こそ最も必要なものであることを認識《にんしき》していた。彼は言う、「徳の分量《ぶんりやう》は仮令《たと》ひ我国に不足することあるも焦眉《せうび》の急務《きふむ》に非《あら》ざること明らかなり」「是《これ》に由《より》て之《これ》を観《み》れば只今我邦至急《ただいまわがくにしきふ》の急《きふ》は智恵《ちゑ》に非《あら》ずして何ぞや、学者思はざる可《べか》らず」。

ここで彼の知的教育の考え方についてごく簡単《かんたん》に検討《けんとう》しておこう。この問題は、彼の学問観との関係において考えられなければならない。福沢の学問観というと誰《だれ》しもが思い起こすことは、彼の実学ということばであり「学問とは唯《ただ》むづかしき字を知り、解《かい》し難《がた》き古《こ》文《ぶん》を読み……」云々《うんぬん》の、在来《ざいらい》の漢学《かんがく》、国学《こくがく》、仏学《ぶつがく》等の学問のあり方を批判《ひはん》し、学問と日常生活との結びつきを主張した『学問ノススメ』の一節であろう。そしてこの思想と「学問は身を立つるの財本《ざいほん》」という『学制』序文「被仰出書《おほせいでられししよ》」にもられた思想との一致《いっち》についてはすでに多くの人々によって指摘《してき》されてきた通りであって、確かにこの学問観が明治初頭《しょとう》の日本の教育の方向を決定したのである。

しかしここに盛《も》られた学問観は、学問をすることが社会的地位の向上の可能性《かのうせい》を保証《ほしょう》する、という一点を除《のぞ》けば、まったく新しい思想というわけのものではなかった。武士階級にとっては、新しい思想ではあったろうが、町人階級にあってはすでに聞きなれた考えであり、福沢の説《と》く読み・書き・算盤《そろばん》の必要はすでに徳川時代の町人たちの教育内容となっていた。ここから福沢の思想と町人のそれとの連続性《れんぞくせい》を説くような見方もあるが、福沢の実学はそれにつきない他の一面をもっていた。彼は晩年『福翁自伝《ふくおうじでん》』において、東西南洋の文明を比較《ひかく》してみると一長一短あるが、こと富国強兵《ふこくきょうへい》・最大多数の最大幸福という問題に関してはその進歩は大変な相違《そうい》がある。その相違は国民の教育にもとづくとすれば、それは双方《そうほう》の教育法に大きな違いがあるにちがいないとして、「東洋の儒教主義《じゆけうしゆぎ》と西洋の文《ぶん》明主義《めいしゆぎ》と比較《ひかく》して見るに、東洋になきものは、有形《いうけい》に於《おい》て数理《すうり》学《がく》と、無形《むけい》に於て独立心と、此《この》二点である」と語っている。このように彼は自主独立《じしゆどくりつ》の個人《こじん》をつくる上に、数理学（物理学）の学習の必要を説き、事実、その考えは当時の慶応義塾のカリキュラムの中に採用されている。

自主独立の人間をつくる上に、有用の実学――福沢にあっては英学、それに基礎《きそ》をおく経済・政治・倫理等の学問――が必要なことは改めて言うまでもない。彼の説《と》くように、そしてまた思想的には彼とまったく対蹠的《たいしよてき》な立場に立つ内村鑑三《うちむらかんぞう》すら認《みと》めるように、一身《いっしん》独立《どくりつ》してはじめて精神の自由があるからである。しかしこのことと物理学とはいったいどういう関係にあるのだろうか。このことは二つの面から考えてよいように思われる。一つは従来の実学では、経験の累積《るいせき》の上にあぐらをかいて、卑俗《ひぞく》な実用主義、卑近《ひきん》な功利《こうり》主義《しゆぎ》、いわゆる実利《じつり》主義《しゆぎ》に陥《おちい》ってしまう。そこには何の原理《げんり》原則《げんそく》もなく、機会主義《きかいしゆぎ》が支配する。福沢は、新しい時代の実用性は、卑近な実利主義を否定して真理それ自体《じたい》を追究《ついきゅう》することの結果として獲得《かくとく》される、という逆説《ぎゃくせつ》を知っていた。こうした福沢の考え方を最《もっと》も端的《たんてき》に示すのは、晩年の彼の、今日のプリンストンの高等研究所にも似《に》た研究所設立の願いであろう。即《すなわ》ち彼は、不学な政府にも、眼の前の実利益だけを求める実業家たちにも頼らないで、一種の研究所を設《もう》け、五、六名ないし十名の学者を選んで生涯《しょうがい》生活の心配の要《い》らないよう配慮《はいりょ》し、ただ学問研究にのみ専念《せんねん》させ、しかもその研究テーマは人を利するかどうかを問わないだけでなく、むしろ今の世にいう実利益に遠いものを選んで研究させる。それが人生最大の事業だ、というのである。彼は「文明の進歩とは如何《いか》なるものだと問ふに、手もなく次第《しだい》に空理《くうり》を実行するものなり、……往日《わうじつ》は言ふ可《べ》くして行ふ可《べか》らずと言ひし空理も、終《つひ》に言ふ可く行ふ可きの説となり、尚又進《なほまたすすん》で実践《じつせん》し、実践しては空理に移り、空理に移りては実践する、是《こ》れ文明の進歩と称《しょう》するなり」と言う。ここに言う彼の空理の中心的位置を占《し》めるのが物理学であることはいうまでもないが、彼はこの物理学が技術化され産業革命《さんぎょうかくめい》をひき起こし、そして人間生活の革命《かくめい》をひき起こしたことを認識《にんしき》すると共に、他の政治・経済・倫理等の学問も数理主義《すうりしゅぎ》を無視《むし》しては成立《せいりつ》し得ないと考えていた。第二は、このように物理学は近代の学問のモデルであるが、物理学の成立は、あらゆるものが法則《ほうそく》として示されることを求めると共に、対象《たいしょう》を法則化し、これを支配することによって人間の主体性《しゅたいせい》を確立する人間精神の在《あ》り方を示している。この意味で有形《ゆうけい》の物理学は無形《むけい》の独《どく》立心《りっしん》とその根を等《ひと》しくする。物理学を学ぶことによって、人はそのような主体的精神、実験的精神を体得《たいとく》し、それを他のあらゆる領域《りょういき》に展開《てんかい》することができる。人はかくして環《かん》境《きょう》に順応《じゅんのう》するだけでなく、新しい現実をみずからの手で創造《そうぞう》していくことができる。福沢の物理学の重視《じゅうし》にはこのような二重の意味があった。こうして福沢の実学は、従来の実学を克服《こくふく》し、それによって自由独立の個人の生き方を保証《ほしょう》するものとなった。

このような福沢の学問観《がくもんかん》は、物理学尊重《そんちょう》というかたちで慶応義塾のカリキュラム編成《へんせい》の上に展開されただけでなく、教育方法の上でも儒教《じゅきょう》教育に由来《ゆらい》する記憶主義を排《はい》し、推理と想像力とを重んずるような教育方法の重視となる。彼は言う、「唯此《ただこの》記憶力のみを発育するときは他の推理《すいり》の力、想像《そうぞう》の働《はたら》き等は自《おのづ》から退縮《たいしゅく》せざるを得ざるが故に文字を教ふるは決して有害のものと言《い》ふ可《べか》らずと雖《いへど》も、唯此《ただこの》一方に偏《へん》して之《これ》を教育の主眼とするときは、人心の釣合《つりあひ》を失《しっ》して徒《いたづら》に世に片輪者《かたわもの》の数を増すの恐《おそれ》あり、甚《はなは》だ慎《つつし》むべきものにこそ」。更に彼はより強く、読書百遍義《どくしよひやつぺんぎ》おのずから通ず式の教育に対しては「此《これ》までの悪風《あくふう》にて、書を貴《たっと》び文を重んずる抔《など》と唱《とな》へ、数十巻の書を数百度も繰返《くりかへ》し、得る所は唯《ただ》スレーブの一義のみ、其《その》一身を売奴《ばいど》の如《ごと》く処《しょ》しながら何として其《その》国を独立せしむべきや」と言うのである。

このように彼は智育《ちいく》を何よりも重んじたが、教育は人心の発達段階に応ずべきだという考えをとり、「先《ま》づ獣身《じゅうしん》を成《な》して後に人心《じんしん》を養《やしな》へ」と言って幼少年期にはとくに体育に重点をおくことを強調し、和田義郎《わだよしろう》を園長とする幼稚舎《ようちしゃ》を創設《そうせつ》した。他方大学においても智育を助ける意味においてスポーツを奨励《しょうれい》し、「身体を車夫《しゃふ》にし思想を哲学者にし力能《よ》く四斗俵《とべう》を弄《もてあそ》び足能《よ》く十里《り》を走り精神は則《すなわ》ち能く秋毫《しゅうがう》の末を分析《ぶんせき》するもの」であってはじめて文明の学者といえると言っている。

実業者を作るに在り

こうした教育観と教育方法によって、彼はどのような人間の形成をめざしたか。彼は「慶応義塾改案の議案」において言う、「教育の本旨《ほんし》は人の上に立《たち》て人を治《をさむ》るの道を学ぶに非《あら》ず、人の下に立て人に治めらるるの道を学ぶに非ず、正《まさ》に社会の義務を尽《つく》さんとするものなり」。ここでは封建社会とは異なった人間像《にんげんぞう》の形成が教育の目標《もくひょう》とされている。社会的義務を尽《つく》す人間、いいかえると、社会的要求に応じうる人間の育成《いくせい》が彼の教育の目標となる。この枠組《わくぐみ》は彼のばあいずっと一貫《いっかん》しているが、ディルタイも言うように、教育の具体的目標は社会の変動と密接《みっせつ》な関係をもつ。とくに彼の活動した明治前半期のような変動期においては、福沢のような鋭《するど》い状況《じょうきょう》分析《ぶんせき》の下《もと》にその時々の実践《じっせん》目標をたてる人にとっては、教育の具体的目標は変わらざるを得ない。このことは当時の慶応義塾の卒業生の活動分野の変化によく示されている。

慶応義塾といえば、われわれは今日、実業家をただちに連想《れんそう》するが、初期の義塾の卒業生に教育方面に働いている人が意外に多い。小幡篤次郎《おばたとくじろう》、浜野定四郎《はまのさだしろう》、藤野善雄《ふじのよしお》、後藤牧太《ごとうまきた》、那珂通世《なかみちよ》、鎌田栄吉《かまたえいきち》らのようにほとんど終生《しゅうせい》を教育の仕事に捧《ささ》げた人はいうまでもなく、後に実業界の大立者《おおだてもの》となり、三井《みつい》、三菱《みつびし》の中心人物となった中上川彦次郎《なかみがわひこじろう》、荘田平五郎《しょうだへいごろう》をはじめとして実業界に活躍《かつやく》した吉川泰二郎《よしかわたいじろう》、門野幾之進《かどのいくのしん》、塚原周造《つかはらしゅうぞう》、その他、あるいは政界、言論界に活躍した矢野文雄《やのふみお》や箕浦勝人《みのうらかつんど》なども地方に当時続出《ぞくしゅつ》した英学校の教師となっている。

　このように慶応義塾の初期の卒業生が教育に従事したことについては、福沢の考え方が積極的にも消極的にもあずかって力があった。消極的な意味では、彼は「学者職分論」の論争《ろんそう》に明らかなように、当時有力な人がほとんど官途《かんと》につくことを苦々《にがにが》しく思っていた。国家内部における人材配置《じんざいはいち》の均衡《きんこう》を保《たも》つためには、人材が政府の外にもいなくてはならない、と考え、「野《や》に遺賢《いけん》なしとは、昔の明君宰相《めいくんさいしょう》の自慢《じまん》だが、文明の社会には野に遺賢なくてはならぬ」「昔から雲助《くもすけ》の行倒《ゆきだお》れはあっても書生《しょせい》の行倒れはない、大胆《だいたん》にやって行け」（鎌田栄吉談）と学生を励《はげ》まし、なるべく官途につかないで塾《じゅく》に残って勉強に専念《せんねん》することをすすめた。その福沢が諸学校から英語の教師招聘《しょうへい》の依頼《いらい》があったばあいには極力《きょくりょく》就職《しゅうしょく》をすすめ、そのために塾の教授に差支《さしつか》えがおこる場合にはみずからその分の授業を担当《たんとう》した。優秀な人々は当時、学外に出れば格外《かくがい》の高給が得られたにもかかわらず、塾に残って教師をし、安月給《やすげっきゅう》をもらいながらも勉強をつづけることを望んでいた。福沢がこれらの人々を地方の英学校に出したのは「斯学《しがく》を天下に押広《おしひろ》めて国民を文明に導《みちび》かんとする精神」からである。こうして福沢の塾は、東京大学や高等師範《こうとうしはん》が整備《せいび》されるまで、教員養成（英語）の中心的機関となり、またそれを通じてアングロサクソン流《りゅう》の啓蒙思想《けいもうしそう》、そしてまた福沢の思想を全国の優秀な青年たちに伝えた。

その後、卒業生は矢野文雄《やのふみお》、小泉信吉《こいずみしんきち》、中上川彦次郎《なかみがわひこじろう》らのように政府に仕《つか》えたり、また藤田茂吉《ふじたもきち》、犬養毅《いぬかいつよし》、尾崎行雄《おざきゆきお》らのように言論《げんろん》方面（とくに十四年政変《せいへん》以後）に活躍《かつやく》したりしたが、十四年の政変以後はもはや官途につかなくなり、日本資本主義が着々整備されるにしたがって実業界で活躍する人が多くなった。前記荘田《しょうだ》、中上川のほかに豊川良平《とよかわりょうへい》、朝吹《あさぶき》英二《えいじ》、若い世代で藤山雷太《ふじやまらいた》、武藤山治《むとうさんじ》、和田豊治《わだとよじ》、藤原銀次郎《ふじわらぎんじろう》、池田成彬《いけだしげあき》らみなそうである。福沢もまた「教育の目的は教師を作るに在《あ》らずして実業者を作るに在り」と言うようになった。彼は当時激化《げっか》した政府と自由民権運動の対立抗争《たいりつこうそう》を心配して「官民調和論」などを唱《とな》えるにいたったが、彼はこのような政争を権力偏重《けんりょくへんちょう》の現れとみなし、これを打破《だは》するには実業家の育成を行い、社会的価値の分散《ぶんさん》をはかる以外にはないと考えるにいたった。またそれは、欧米の圧力に抗《こう》するには単《たん》に軍事力をもってすることは不可能《ふかのう》であり、実業を盛《さか》んにして国力をつけることが必要であるという彼の認識に由来《ゆらい》している。明治二十年代も半《なか》ばを過ぎると、慶応の卒業生は実業方面を担当《たんとう》するという日本社会における機能分《きのうぶん》担《たん》がほぼ決まったと考えてよいであろう。

その頃《ころ》福沢は「文明男子一生の目的は銭《ぜに》にあり」などと言い、世間からは拝金宗《はいきんしゅう》の親玉《おやだま》、唯物宗《ゆいぶつしゅう》の権化《ごんげ》とみなされていた。たしかに彼は文明の世界に金の必要なことを認《みと》めていた。しかし彼は言う、「人生 辱《はづかし》めらるれば死すと云《い》ひ、身を殺して名を成《な》すと云ふが如《ごと》きは紳《しん》士《し》たるものの常《つね》に忘るべからざるの覚悟《かくご》にして栄誉《えいよ》は生命にも代へ難《がた》し」。そして更《さら》に「紳商《しんしやう》たるものの要訣《えうけつ》は其周旋奔走《そのしうせんほんそう》の働《はたらき》を小使《こづかい》の如《ごと》くして其義《そのぎ》心《しん》の凜然《りんぜん》たること武士の如くすべし」と説《と》く。即《すなわ》ち彼の意図《いと》したのは商人のジェントルマン化であり、士魂商才《しこんしょうさい》の育成であり、独立自尊《どくりつじそん》の旗《はた》じるしをかかげた「修身要領」はその最後に力を注《そそ》いだものであった（これらはすべて男子のための教えであったが、また、彼はとくに中期以後女性の社会的地位の向上に留意《りゅうい》し、きわめて現実的な意見を展開している）。

このように、福沢は時代の変遷《へんせん》、社会の変化に応じて慶応義塾の教育目標を変え、卒業生を社会によく適合《てきごう》させるようにした。それとともに彼は、学生の性格、素質《そしつ》に応じて適《てき》切《せつ》な指導《しどう》を行った。時には烈《はげ》しく時には皮肉《ひにく》に、時には温情をもって、彼の学生に対する指導、助言《じょげん》はまことに端倪許《たんげいゆる》すべからざるものがある。犬養毅《いぬかいつよし》が言っているように「人を見て法をと説《と》く」というのが彼の学生に対する教育指導のやり方であった。彼はそのような態度をもって荒《あら》くれた維《い》新《しん》後の青年たちを心服《しんぷく》せしめ、それぞれの向かうべきところに向かわしめた。マックス・シェーラーの用法にしたがって、指導的役割《やくわり》を果《はた》す人物を指導者（Führer）と模《も》範的《はんてき》人物（Vorbilder）の二つのカテゴリーに分けるならば、彼の時代に対する指導性のみを考えると一見《いっけん》、指導者的型の人間のように見えるが、彼の学生の一人一人に対する態度、彼の性格、否《いな》彼の生涯《しょうがい》等を見ると、彼はやはり一種の模範的人物として、教育的感化力《かんかりょく》を発揮《はっき》し得た人にちがいない。

政治と教育の分離

つぎに福沢の教育と政治との関係についての考え方を簡単《かんたん》に紹介《しょうかい》しておこう。彼によれば、政治は人の肉体を制するものであり、教育はその心を養うものである。したがって政治のはたらきは急激《きゅうげき》であり、教育の効果《こうか》は緩慢《かんまん》である。このように政治と教育とはその機《き》能《のう》を異《こと》にするものであるから、両者を分離《ぶんり》し、相互《そうご》に相補《あいおぎな》い、相助《あいたす》けるようにすることが大切である。もし強《し》いてこれを一致《いっち》せしめ、政治の方向と教育の組織とを併行《へいこう》させて、教育の速効《そっこう》を見ようと思うならば、教育は純然《じゅんぜん》たる政治教育となってしまうだろう。それがどういう結果を来《きた》すか、その適例《てきれい》は幕末《ばくまつ》の水戸《みと》藩《はん》のばあいであろう。そして彼はこのような事態《じたい》の起こらないよう警告《けいこく》している。

このように政治と教育との分離を説《と》く彼は、教育政策について一つの問題を提起《ていき》する。即《すなわ》ち彼は、教育の統制《とうせい》は行政機関《ぎょうせいきかん》たる文部省のなすべきことではないとし、学校を文部省ないし工部省から分離して一旦帝室《いったんていしつ》の御有《ぎょゆう》とし、その上でこれを民間の有志《ゆうし》有識者《ゆうしきしゃ》に付与《ふよ》して共同の私有《しゆう》私立学校の体《てい》をなさしめる。学校運営の基金《ききん》は、帝室よりこれを一時に下《か》付《ふ》するか、毎年定額《ていがく》の学校運営費を出すようにする（この発想は彼の「帝室論」と深い関係がある）。他方、教育内容に関する問題は、全国の碩学《せきがく》の中から才識徳望《さいしきとくぼう》ある人物を選んで「学事の会議」を開き、ここで決定する。文部省は純然《じゅんぜん》たる行政機関として学校管理《かんり》にあずかる。この提議《ていぎ》は、明治十四年の政変以後、政府が急に漢学主義《かんがくしゅぎ》を再興《さいこう》して、福沢や、自由民権運動《じゆうみんけんうんどう》に対して、教育の面から対抗《たいこう》しようとした時代を背景《はいけい》として書かれたものである。彼の意見を今日、そのまま採用することはできないが、そこにはなお今日聞くべきものがあろう。

結び

以上私は教育者としての福沢の輪郭《りんかく》をその教育観を中心として、紹介《しょうかい》してきた。彼の説《と》き方はいわゆる応病施薬《おうびょうせやく》で、時には劇《はげ》しすぎ、時には人の反感《はんかん》や誤解《ごかい》を招《まね》いたこともしばしばであったが、彼の多彩《たさい》な発言の底には、「独立自尊《どくりつじそん》の個人を通しての国家の独立」のための教育という線が一本貫《つらぬ》いており、戦後の日本といえども彼に学ぶところは少なくないであろう。——教育は一方において社会的要求に応じなければならないが、しかもそれは眼前の実利《じつり》を追うものではなく、文明論的背景《ぶんめいろんてきはいけい》の下に検討《けんとう》されねばならない。学校教育に関して鋭《するど》い洞察《どうさつ》をなしながら、しかもそれが社会という教育の場の一部分であることを忘れず、社会それ自体を教育することを忘れない。教育が政治と深い連関《れんかん》をもつことを認《にん》識《しき》しながら、教育を政治の手段化しないで、教育の問題は教育の側《がわ》から自主的に解決していこうとする。このような態度《たいど》は、今日のわれわれも福沢に学ばねばならないところである。彼からはもはや何も学ぶ必要はないほど、われわれはこのような態度を身につけたとはいえないのである。

彼が幕末《ばくまつ》の動乱期《どうらんき》に学者、教育者として生きる決意を固めて以来、彼はその一生を個人の尊厳《そんげん》の確立のために捧《ささ》げ、そしてそのような仕事に従事《じゅうじ》する学者、教育者の社会的地位の向上のために努力した。大槻文彦《おおつきふみひこ》の『言海』の出版記念会に時の総理伊藤博文《いとうひろぶみ》の下風《かふう》に立たねばならぬということで出席を断《ことわ》ったことも、爵位位階勲等《しゃくいいかいくんとう》をもらうことを拒否《きょひ》して一平民《いちへいみん》として終始《しゅうし》したことも、学問、教育の世界が世俗的秩序《せぞくてきちつじょ》に従属《じゅうぞく》しないことを身をもって示そうとしたものであった。しかしまた他方彼は、いたずらに政府に反対したのではなく、政府の政策によいところがあればできるだけの協力を惜《お》しまなかった。その態度《たいど》は十四年政変《せいへん》以後においてさえも変わらなかった。彼は日本の独立と開化のためには、自己の小さな感情にとらわれない心の大きさ、ひろさをもっていた。われわれは日本近代教育史の劈頭《へきとう》に、このような教育者をもつことを誇《ほこ》りとする。

しかし私は福沢の教育観《きょういくかん》を全面的に肯定《こうてい》しようとするものではない。私の福沢に対して感ずる疑問の主なものは次の三点である。第一は、彼が高等教育は貧乏人《びんぼうにん》の子弟《してい》に不必要だとしている点である。福沢の説《と》く立場は、古典的自由主義として論旨《ろんし》は一貫《いっかん》しているが、自由はこのような古典的なブルジョワ国家の形態《けいたい》においてしか保証《ほしょう》され得ないものか。教育の機会均等《きかいきんとう》の原則《げんそく》を貫《つらぬ》きつつ、自由の原理を貫くような、国家観の確立《かくりつ》とその現実化とがわれわれの今日の課題《かだい》の一つであろう。

第二は、福沢の教育観、学問観における社会的要求と文明観との関係の問題である。彼によれば、文明の教育において授《さず》けられる知識の内容は、一方において実学として社会的要求をみたしつつ、しかもそれは卑近《ひきん》な実利主義《じつりしゅぎ》におちいらないよう真理《しんり》それ自体を追《つい》求《きゅう》するものでなければならない。この福沢の指摘《してき》は正しかったし、これは福沢における偉《い》大《だい》なメリットであった。私はそのことを高く評価《ひょうか》する。しかし問題はそれで解決したのであろうか。私はここで、今日ではもうすたれたかのように見える文化と文明とを分ける考え方をもう一度検討《けんとう》してみる必要があるように思う。福沢の文明という概念《がいねん》は、実用性を生《なま》のかたちでは否定《ひてい》しつつも、やはり富国強兵《ふこくきょうへい》という当時の社会的要求に応ずる次元《じげん》のものであった。自然科学的真理の追求→科学技術の発展→産業革命《かくめい》→近代社会の成立（富国）。こうした福沢の認識過程《にんしきかてい》を考えると、科学技術の採用→富国強兵という簡単《かんたん》な図式《ずしき》しか考えなかった当時の人々より福沢が数等《すうとう》抜きんでていたことが分かる。そして福沢の認識は、国家社会の生存《せいぞん》というレベルでは今日でも誤《あやま》ってはいないのであるが、教育の問題は、この面だけにはつきない。われわれは、一方では厳《きび》しい国際競争場裡《こくさいきょうそうじょうり》において生き抜いていかなければならない、そしてその点で福沢の考え方から大いに学ばねばならないが、他方われわれはこうした直接的生存の問題を超《こ》えた次元の人間の問題にも直面《ちょくめん》している。機械文明《きかいぶんめい》の発達が人類に大きな進歩と幸福をもたらしつつ、他方では人間の自己疎外《じこそがい》という現象《げんしょう》を惹《ひ》き起こしていることを思うとき、問題がすべて文明の次元に解消《かいしょう》されることは危険なことだと思う。この文化と文明との関係を今日の状況《じょうきょう》においていかに統合《とうごう》していくのか、これは教育の立場からいうと、社会の要求に応ずる教育と人間性の教育の問題になるであろうが、この両者の統合は今日最《もっと》も重要な問題である。福沢の視野《しや》はそこまで届《とど》いていない。

第三は、福沢の状況的思考《じょうきょうてきしこう》、またそれにもとづく発言の問題である。この福沢の中にあるプラグマティズムは、政治の世界において最《もっと》も有効《ゆうこう》だし、知的世界《ちてきせかい》においてかなり有効であろう。しかし人間形成の中核《ちゅうかく》に当たる精神的な面に関してはどうであろうか。もうすでに人格形成の基礎《きそ》を完了《かんりょう》している大人にとっては状況的発言の影響《えいきょう》は、海浜《かいひん》の砂《すな》を洗う波のようにやがて消えていくだろう。だが今まさに形成されつつある魂にとっては、それは一つの現実として永久に残り、新しい現実がそこに形成されていく。日本の資本主義の発展とともに、ブルジョワジーのモラルが次第《しだい》に低下していったといわれるが、それは福沢の思想の影響力がよく徹底《てってい》しなかったものか、それとも彼の劇薬的《げきやくてき》な発言が彼の意図《いと》に反した結果を生んだのが、このへんのところはわれわれに残された大きな研究問題であろう。

私は今日の立場から、福沢の教育観に三つの疑問《ぎもん》を投げかけてみた。しかしそれは決して歴史的人物としての福沢の偉大《いだい》さを否定するものでもなく、彼の今日的意義を否定するものでもない。否《いな》この後われわれの福沢から学ぶべき点はますます多くなるであろう。まさにその故に、私は福沢の教育観に対してこのような問題を提出《ていしゅつ》せざるを得ない。しかし、われわれに要求されているのは、福沢を否定するのではなく、彼の精神を今日において生かしていくようなより高次元《こうじげん》の教育観なり文明観なり思想なりの形成ではあるまいか。

北村透谷論《きたむらとうこく》

一　問題への視角《しかく》

　北村透谷のように、その活動の範囲《はんい》が多岐《たき》にわたり、自己の中に多くの矛盾《むじゅん》をはらんだ人間の全貌《ぜんぼう》を、一個の統一像《とういつぞう》として描《えが》くことは至難《しなん》のことに属《ぞく》する。透谷の魅力《みりょく》にとりつかれた多くの人が、これまでそれぞれの「私の透谷」像を描いてきた。たとえば勝本清一郎《かつもとせいいちろう》氏の実存主義者的《じつぞんしゅぎしゃてき》透谷像、小田切秀雄《おだぎりひでお》氏の近代的自我《じが》の創始者《そうししゃ》としての透谷像、あるいは平岡敏夫《ひらおかとしお》氏の「自我と国民」の統一的視点《してん》の創造者《そうぞうしゃ》としての透谷像、近くは桶谷秀昭《おけたにひであき》氏の近代の行末《ゆくすえ》を見通《みとお》した反近代主義者としての透谷像。そこに結晶された透谷像はそれぞれに異《こと》なるけれども、それぞれのすぐれた研究者が自己を賭《と》して透谷と関わりながら、そしてそのことを通じて自己の存在理由《そんざいりゆう》を確認《かくにん》しながらつくった透谷像であることには変わりはない。他方透谷は、必ずしもその意図の実現に成功《せいこう》しなかったマイナア・ポエットにすぎないではないか、という反論も当然《とうぜん》成立するけれども、透谷の中にはたしかに、人々の中に「わたしの透谷像」を結晶させたいという執念《しゅうねん》を起こさせるような魅力《みりょく》がある。

私にとっても透谷は、日本思想史研究の過程《かてい》において出会った多くの思想家の中でも最《もっと》も魅力ある人の一人である。私の場合には、その短い一生のうちに〈観念《かんねん》の冒険《ぼうけん》〉をつづけてやまなかった精神の世界の冒険者としての透谷の極めて凝縮《ぎょうしゅく》された悲劇的生涯《ひげきてきしょうがい》と、彼の提起《ていき》した問題、とりわけ文学・思想・宗教を通して日本人の心の歴史をみる見方《みかた》に惹《ひ》かれる。そして本稿《ほんこう》では、詩人、とくに批評家《ひひょうか》としての彼の業績《ぎょうせき》の検討《けんとう》を通じて、日本人の精神の歴史において透谷のもつ意味を明らかにし、あわせて「精神史家」としての透谷の卓越性《たくえつせい》を、文化受容《じゅよう》の問題との関連《かんれん》において明らかにしたいと思う。

北村透谷の一生は、現実においてその政治理想《せいじりそう》実現の可能性《かのうせい》を奪《うば》われた政治的急進主義《きゅうしんしゅぎ》者《しゃ》が、いかにして新たな自己《じこ》の存在理由《そんざいりゆう》を見出すかの苦闘《くとう》の歴史であった。彼はそのような青春の苦闘を明治十年代後半から明治二十年代の半《なか》ばを越える時代において行った。この時期は、政治史的には、近代国家としての多様《たよう》な存在形態《そんざいけいたい》の可能性をもっていた明治の日本が、「天皇制国家」と今日呼ばれるものに自己を規定《きてい》していく時代であったとともに、社会経済史的には、農民の犠牲《ぎせい》の下《もと》に資本主義の形成《けいせい》にはいった時期でもあった。そして文化受容《じゅよう》の観点《かんてん》からいえば、アルフレッド・ウェーバー（Alfred Weber）の用語を借《か》りれば、「文明過程《ぶんめいかてい》」（Zivilisationsprozess）の受容《じゅよう》の圏内《けんない》にあった日本が、「文化運動」（Kulturbewegung）の受容の段階《だんかい》にはいった時期である。

透谷はその青春期の前半を農民に同情をもった自由民権左派《じゆうみんけんさは》の運動家として過《すご》すとともに、政治運動の挫折《ざせつ》とともに「文化運動」の受容者として再生《さいせい》する。いわば一人で二人の生涯《しょうがい》をおくったのである。ところで、文明過程の受容の段階の知識人《ちしきじん》（啓蒙主義者《けいもうしゅぎしゃ》、民権《みんけん》運動家《うんどうか》）は、文明の普遍性《ふへんせい》を信じ、H・T・バックル（H. T. Buckle）の文明史観《ぶんめいしかん》に従って、それぞれの文明の違いはただその発展段階《はってんだんかい》の差異《さい》と考えて、文明を促進《そくしん》する動力と信ぜられた科学技術ならびにその根底《こんてい》にある合理的《ごうりてき》・実証的《じっしょうてき》思惟《しい》を学べばよかった。しかし、精《せい》神革命《しんかくめい》の時代と呼ばれる明治二十年代は、西欧文化《せいおうぶんか》の母胎《ぼたい》の中に封《ふう》じ込められた価値《かち》の文化（宗教、芸術、形而上学《けいじじょうがく》等）を受容する「文化運動」の時期に当たる。これらの価値の文化の外面的・形式的受容はいちおう可能《かのう》ではあるけれども、その内容の忠実な移植《いしょく》は厳密《げんみつ》な意味では不可能であろう。もし移植された場合には、それは新しい文化の土壌《どじょう》に合うように変質《へんしつ》されざるをえない。そしてもしこれらの文化内容の忠実な移植を知識人が試《こころ》みようとする場合に、その知識人が良心的で感受性《かんじゅせい》が強ければ強いほど、彼の心を傷《きず》つけざるをえないであろう。けだし自己の生活体系や精神構造《せいしんこうぞう》に変容《へんよう》を迫《せま》ることのない異質《いしつ》の文化の受容というものはありえないからである。

政治運動に挫折《ざせつ》したかつての急進主義者透谷は、正規《せいき》の学歴もなく、官僚《かんりょう》や実業家や地位の安定した国立の学校の教師として生活を安定させることもできず、生活的にはまったく無防備《むぼうび》の状態《じょうたい》において、精神革命《せいしんかくめい》の、そして文化受容《ぶんかじゅよう》の最《もっと》も熱烈《ねつれつ》な戦士として闘《たたか》わなければならなかった。しかし彼が苦悩《くのう》の青年時代をおくった時期は、西欧文化との本格的接《せっ》触《しょく》が始まったばかりの時期であり、文化受容の困難さが主観的《しゅかんてき》に最も強く感ぜられた時期である。西欧文化受容の媒体《ばいたい》としての知識人たちは、自分の受容しようとしている文化と自己との差異《さい》を強く感ずるだけでなく、異質《いしつ》の文化を受容することによって新たなものとなった自分と、自分の所属《しょぞく》している社会の一般大衆、更《さら》には同じ知識人ではあっても、彼らと違って技術の文化の受容に従事《じゅうじ》する人々、との距離《きょり》を自覚《じかく》せざるをえない。彼は二重の意味で阻隔《そかく》された人間となる。——これが先駆的《せんくてき》に文化受容を行おうとする知識人の置かれた精神状況《せいしんじょうきょう》であろう。

このような identity crisis の中で透谷は、日本の文化や民衆との同一性《どういっせい》を新たな次元《じげん》で回復《かいふく》しようとする。しかし、それは直線的に日本の文化や民衆の下《もと》に行くことによってではなく、日本の文化の、そして日本人の精神構造《せいしんこうぞう》の基底《きてい》を根本的《こんぽんてき》に検討《けんとう》する作業を通じてであった。そしてそのことは、極東《きょくとう》の天人相関的一元論《てんじんそうかんてきいちげんろん》ないし東洋的自然主義とは根本的に対立する西欧的二元論、即《すなわ》ち自然に対する精神の、肉に対する霊《れい》の、感覚《かんかく》に対する観念《かんねん》の、実世界《じつせかい》に対する想世界《そうせかい》の、優位《ゆうい》の立場をとる二世界説的《にせかいせつてき》な世界の把握《はあく》を介《かい》してなされたのである。

二　二世界説的原体験

透谷は職業としては哲学者ではなく、詩人であり批《ひ》評家《ひょうか》であるけれども、そして彼がプラトンを直接《ちょくせつ》に読んだというなんらの形跡《けいせき》もないけれども、二世界説を自覚的《じかくてき》に自己の立場として出発した。彼におけるこの二世界説の形成《けいせい》については、政治運動への熱情的コミットメントとそれからの脱落《だつらく》、プラトニック・ラヴ、キリスト教への入信《にゅうしん》、の三者があいまざりあって働いているけれども、その中でも核《かく》ともなるべきものは第二の恋愛の体験であろう。「プラトーの言へりし如《ごと》く、恋愛は地下《ちか》のものにはあらざるなり。天上より地下に降《くだ》りたる神使の如きものなることを記憶《きおく》せよ。……宇宙《うちゅう》の存《そん》すると共に一種の霊界《れいかい》の原《げん》素《そ》にあらずして何ぞや」(1)（「『歌念仏《うたねんぶつ》』を読みて」）という彼の言葉が示すように、透谷はその恋愛を原体験《げんたいけん》として、肉の世界を超えた霊の世界、感覚《かんかく》の世界を超えた観念《かんねん》の世界、実《じつ》世界《せかい》を超えた想世界《そうせかい》、の実在《じつざい》を確信《かくしん》し、その立場に立って詩人としての創作《そうさく》活動、批評家としての評論の仕事を始める。この二世界説の立場が彼の批評の原点である。まずこの透谷における二世界説の立場を検討《けんとう》してみよう。

　哲学者ではない透谷の二世界説は必ずしも明晰《めいせき》なものではない。またその経歴《けいれき》が示すようにそこにはいろいろの要素がはいり込んでいる。そしてまたそれはいろいろの段階を通して自覚《じかく》を深めてきた。たとえばバイロンの『ションの囚人《しゅうじん》』(*The Prisoner of Chillon*)の影響《えいきょう》の下《もと》に書いた『楚囚之詩《そしゅうのし》』では「愛といひ恋といふには科《しな》あれど、／吾等《われら》双個《ふたり》の愛は精神《たま》にあり(2)」とか「獄舎《ひとや》は狭《せま》し／狭き中にも両世界《りやうせかい》――／彼方《かなた》の世界に余《よ》の半身《はんしん》あり／此方《こなた》の世界に余の半身あり、／彼方が宿《やど》か此方が宿か?／余の魂《たま》は日夜《にちや》独り迷《まよ》ふなり!(3)」という感傷的《かんしょうてき》な精神的愛が展開《てんかい》されている程度《ていど》である。その二年後に書かれた、これも同じくバイロンの『マンフレッド』(*Manfred*)の影響下《えいきょうか》に書いた『蓬萊曲《ほうらいきょく》』では問題がはるかに深刻《しんこく》になっている。『蓬萊曲』と『マンフレッド』との比較《ひかく》研究についてはすでに太《おお》田《た》三郎《さぶろう》氏のすぐれた研究(4)があるので、ここではそれについて言及《げんきゅう》しないが、この作品において透谷の懐疑《かいぎ》と厭世観《えんせいかん》はますます深まり、主人公柳田素雄《やなぎだもとお》をして「『死』するは帰へる」ことであり、「わが世を捨《す》つるは紙一片《ひとひら》を置《すつ》るに異ならず」と語らせている。主人公は一方では自己の人間としての形骸《けいがい》を捨てて、亡《な》き恋人との魂の合体《がったい》をはかろうとするが、他方では「唯《た》だこのおのれを捨て、このおのれを――／このおのれてふ物思《ちよう》はするもの、このおのれ／てふ《ちよう》あやしきもの、このおのれてふ満《ちようみ》ち／足《た》らはぬがちなるものを捨て、去《い》なんこそ／かたけれ」(5)と、物思《ものおも》う自己《じこ》、満ち足りず何かを求める自己を捨てきることができない。彼は、自然な生活に従って「希望《きぼう》」と「自由」とを得よ、という道士《どうし》の勧告《かんこく》にも耳を傾《かたむ》けることができない。彼の心は「神性《しんせい》」と「人生《じんせい》」の永遠の戦場である。――ここに見られるようにバイロンの影響《えいきよう》の下《もと》に、透谷の考えは暗さと深さとをましてきているが、恋愛と芸術と神の永遠性についての信念がこの作品を支《ささ》え、苦悩《くのう》の中にも甘美《かんび》な気分《きぶん》がこの作品の中にただよっている。この点神への絶望《ぜつぼう》を基調《きちよう》として成立し、愛による恕《ゆる》しを説《と》かないバイロンの『マンフレッド』とこの『蓬萊曲』とは異なる。この点、太田氏の言及《げんきゆう》、大野幸子氏の研究に見られるように(6)、この作品に対するシェリの影響も見おとせない。

ところで、「我牢獄《わがろうごく》」という奇妙《きみよう》な小説――この作品の発表されたのは一八九二年（明治二十五年六月四日の白表紙『女学雑誌』三二〇号であるが、透谷自身が「旧作」と断《ことわ》っているところからも、またその内答からも推察《すいさつ》できるように、一八九一年八月以降《いこう》、おそらくは一八九二年二月発表の「厭世詩家《えんせいしか》と詩人」以前に書かれたものであろう）――に彼の二世界説的立場は、より明確《めいかく》に表現《ひようげん》されている。

この小説の主人公はどのような罪《つみ》のために捕《とら》えられたか、また誰《だれ》が彼を捕えたのかを知らないままに、牢獄《ろうごく》の中にいる。彼には法律上の罪もなければ政治上の罪もない。しかも彼は牢獄の中に捕えられている。——この状況《じょうきょう》の設定《せってい》は『楚囚之詩《そしゅうのし》』の、主人公が政治上、法律上の罪人となっていたのにくらべると、はるかに問題が深化《しんか》され実存的《じつぞんてき》性格をおびていることを示す。この牢獄《ろうごく》は人間のこの地上の生活における「虚無《きょむ》」を象徴《しょうちょう》するものであろう。

しかし、主人公はこの牢獄の中に生まれながらにいたのではない。この獄室《ごくしつ》は彼の生涯《しょうがい》の第二期であって、彼はあらゆる自由が保証《ほしょう》されていた第一の時期をもったことがある。いつこの第一の「自由の世」から第二の「牢囚《ろうしゅう》の世」に移ったかは、彼もよく知らない。彼にはそれは記憶として残っている。この第一の世は「絶望《ぜつぼう》の淵《ふち》に臨《のぞ》める嬰児《えいじ》」としての彼を、希望をもってこの世につなぐ故郷なのである。しかもその故郷は、この世を金殿玉《きんでんぎょく》楼《ろう》、楽しい娑婆《しゃば》世《せ》界《かい》とみなして五十年の生涯を安逸《あんいつ》に過ごしたであろう主人公をして、この世を牢獄として厭《いと》わしめるにいたった当《とう》のものである。この故郷喪失者《こきょうそうしつしゃ》は二重の相矛盾《あいむじゅん》する仕方《しかた》でその故郷とあい関《かか》わっている。

では彼はこの世とどう交わっているか。彼とこの世を媒介《ばいかい》するものは、「名誉《めいよ》」「権勢《けんせい》」「富貴《ふうき》」「栄達《えいたつ》」という名の四人の獄吏《ごくり》である。これらの獄吏は他の人には天使《てんし》と見えようが、彼にとってはあくまで獄吏にすぎない。主人公はこの世界の価値観《かちかん》から逸脱《いつだつ》した人である。この虚無《きよむ》に捉《とら》われた主人公にとって、自己は所詮《しよせん》「天と地との間を蠕《は》ひめぐる一痴《ち》漢《かん》」であり、あらゆるいとなみが「たはれごと」にすぎない。

ここに書かれていることは、政治運動における挫《ざ》折《せつ》とともに、あらゆるアンビションから脱落《だつらく》した透谷の陥《おちい》った虚無《きよむ》の世界の象徴《しようちよう》であろう。しかし、この虚無の世界からの脱離《だつり》の方法としての禅僧《ぜんそう》の悟《さと》りや、多くの通人《つうじん》たちが試《こころ》みた風流《ふうりゆう》の道の誘惑《ゆうわく》をも主人公は斥《しりぞ》ける。彼の択《えら》ぶのは西欧的悲恋《ひれん》の道である。

透谷はここでプラトンの『饗宴《きようえん》』の一節を思い出させる考えを提出《ていしゆつ》する。主人公はその天地を牢獄《ろうごく》と観《かん》ずるとともに、霊魂《れいこん》の半塊《はんかい》を牢獄の外におくような心地《ここち》がすることがある。それは彼が悲恋を知ったからである。この恋について彼は語る。

我は白状《はくじやう》す、我が彼女と相見《あひ》し第一回の会合に於《おい》て、我霊魂《わがれいこん》は其半部《そのはんぶ》を失ひて彼女の中《うち》に入り、彼女の霊魂の半部は断《たた》れて我中《うち》に入り、我は彼女の半部と我が半部とを有し、彼女も我が半部と彼女の半部とを有することとなりしなり。然《しか》れども彼女は彼女の半部と我の半部とを以《も》て、彼女の霊魂となすこと能《あた》はず、我も亦《また》我が半部と彼女の半部とを以《も》て、我が霊魂と為《な》すこと能はず、この半裁《はんさい》したる二霊魂が合《がつ》して一つになるにあらざれば、彼女も我も円成《ゑんせい》せる霊魂を有するとは言ひ難《がた》かるべし。(7)

ここに述べられているのは、プラトンの『饗宴』の中に展開されたアリストファネスのエロスの説と酷似《こくじ》するけれども、まったく同一なのではない。透谷における愛は肉体の愛を欠落《けつらく》した魂の愛である。後世《こうせい》プラトニック・ラヴと称される魂の側面だけの愛である。しかもそれは「肉体の美」よりも「心霊の美」を価値《かち》高いものとする『饗宴』中のソクラテスの愛の考えを受け継《つ》ぐものであって、二つの霊魂が合《がっ》して一つにならなければ円成《えんせい》した霊魂にはならないとする透谷の愛はプラトン的である。そしておそらくこれは、透谷がミナとの結婚を断念《だんねん》した異常なまでに精神の昂揚《こうよう》した一週間の心の経験のうちに感得《かんとく》したものなのであろう。事柄《ことがら》は愛の問題だけにはつきない。記憶として生き残り、想起される魂の故郷をもつという透谷の発想《はっそう》それ自体《じたい》がプラトン的である。

　ここに見られるように透谷は、自由を求めて狂奔《きょうほん》した若き日の体験とその挫折《ざせつ》による社会的孤絶《こぜつ》、恋愛とその昇華《しょうか》、キリスト教への入信《にゅうしん》、という体験を基礎《きそ》として、われわれの感覚器官《かんかくきかん》によって知覚《ちかく》されるのとは異なる超感覚《ちょうかんかく》の世界（魂、霊魂、他界、想世界、等々の名前で透谷は呼んでいる）の実在《じつざい》と、それの感覚の世界に対する優位《ゆうい》、を確信するにいたった。

　かくして獲得《かくとく》された二世界説的世界観《せかいかん》は、自然と人間との連続性《れんぞくせい》についての信念を基本《きほん》にして、精神と身体、観念《かんねん》と現実《げんじつ》とを截然《せつぜん》と分けることをしない東洋的世界観とは性格を異《こと》にする。ところで、キリスト教に入信した人々のすべてが必ずしもこのような二世界説的世界観をもったわけではなかった。社会からの孤絶と恋愛の昇華という彼の原体験《げんたいけん》が、キリスト教による支《ささ》えを得て、透谷をしてこのような二世界説的世界観を獲得《かくとく》させたのであろう。

私はなぜこのように透谷の二世界説的世界観の獲得を強調するのであろうか。天人の連《れん》続的思惟《ぞくてきしい》をとる東洋的世界観が、日本の文学を、そして日本人の心を、好《この》ましからぬ方向に向かわせたことを、透谷はその二世界説的世界観の立場から洞察《どうさつ》し、そして批判《ひはん》したからである。彼の批判は具体的《ぐたいてき》には、日本文学における愛の把《とら》え方、経世済民的実学主義《けいせいさいみんてきじつがくしゅぎ》に立脚《りっきゃく》する文学観、に対する批判として展開する。そしてそれは文学のかたちをとった近世以後の日本人の心のあり方に対する批判でもあった。

三　日本的愛への批判《ひはん》

恋愛における成功者透谷は、その延長《えんちょう》としての結婚においては必ずしも成功者ではなかった。しかし、この恋愛の体験は彼の発想《はっそう》の原点《げんてん》となった。ここから「恋愛は人世の秘鑰《ひやく》なり。恋愛ありて後人世《じんせい》あり、恋愛を抽《ひ》き去りたらむには人生何の色味かあらむ(8)」という有名な言葉が生まれた。福沢の「天は人の上に人を造らず、人の下に人を造らず」も、透谷の「恋愛は人世の秘鑰なり」も、今日ではその考えは自明《じめい》のこととなっている。しかし当時はそうではなかった。木下尚江《きのしたなおえ》らの明治の青年はこの言葉によって震撼《しんかん》されたのである。この言葉が冒頭《ぼうとう》に載《の》せられた「厭世詩家《えんせいしか》と女性」は、恋愛を通じて結婚生活にはいった厭世詩人と女性との悲劇的《ひげきてき》結びつきについて述べた評論であるが、人々にとってはこの点よりも当時としては大胆《だいたん》な恋愛の賛美《さんび》の方に魅《ひ》かれたのである。この評論に示された透谷の恋愛観の意義は、彼が恋愛感情の成立を生物学的に説明することに反対し、こうした考え方を「人間の価格を禽獣《きんじう》の位地に遷《うつ》す者なり」と批判して恋愛の精神的意義を強調《きょうちょう》したところにあるだろう。結論的にいえば恋愛は透谷にとっては「単純《たんじゅん》なる思慕《しぼ》」ではなく、「想世《せうせ》界《かい》と実世《じつせ》界《かい》との争戦《さうせん》より想世界の敗将《はいしやう》をして立籠《たてこも》らしむる牙城《がじやう》」(9)であった。この結論は独断的《どくだんてき》ではあるが、透谷の心の経験がにじみ出た言葉である。

さて、このような恋愛観をもった透谷は、どのように当時の、また過去の日本の恋愛観を批判したのであろうか。

わが国の文学に表れた恋愛感情をみたばあいに、プラトニック・ラヴというものはおそらくたぐいまれなものであったろうが、真率《しんそつ》な愛はけっして稀《まれ》ではなかった。しかし、徳川時代にはいって真率な愛の流露《りゅうろ》が困難な諸条件ができたときに、人は禅的《ぜんてき》な悟《さと》りをもって愛そのもの（この場合、愛は愛欲《あいよく》として把《とら》えられる）から超越《ちょうえつ》する道をとるか、好色《こうしょく》の道を徹底《てってい》し好色の中にありつつも、それからのデタッチメントの態度《たいど》をとるか、のいずれかの態度をとることを通じて、愛そのものに立ち向かうことを回避《かいひ》した。前者を「風流」といい、後者を「粋《すい》」という。

透谷の恋愛観からすれば風流というかたちの愛の問題の禅的解決《ぜんてきかいけつ》（それは当時に即《そく》しては露伴《ろはん》の文学によって代表される）も、粋という仕方《しかた》の西鶴的《さいかくてき》な愛の問題の解決（当時に即しては紅葉《こうよう》の文学がこれを代表する）のいずれも拒否《きょひ》さるべきものとなる。両者に対する透谷の態度を比較《ひかく》すると、前者の方向への傾向《けいこう》をみずからのうちにもっていた彼は、前者に対してより同情的《どうじょうてき》であり、後者に対してより批判的《ひはんてき》もしくはより攻撃的《こうげきてき》である。

透谷によれば、元禄《げんろく》文学がわが国の文学に罪《つみ》をつくった最大《さいだい》のものは「恋愛を其《その》自然なる地位より退《しりぞ》けたる事(10)」（『伽羅枕《きゃらまくら》』及び『新葉末集』）である。彼は言う、「好色を写す、即《すなは》ち人類を自堕落《じだらく》の獣界《じゅうかい》に迫《せま》る者にして、真《しん》の恋愛を写す、即ち人間をして美を備へ、霊を具《ぐ》する者となす……(11)」（同上）と。また彼は言う。恋愛は盲目《もうもく》なるものである。盲目になり、痴愚《ちぐ》になり、燥狂《そうきょう》になり、迷乱《めいらん》するところに恋愛の真髄《しんずい》がある。これに対して元禄《げんろく》文学(12)によって洗練《せんれん》された粋とは「盲目ならざるを尊」び、「迷《まよ》はざるを以《もっ》て粋の本旨《ほんし》」とする。また恋愛が双愛的《そうあいてき》であるのに対して、粋はそうではない。粋とは恋しつつ迷わないことであり、したがって他を迷わしてもみずからは迷わないことを法とする。透谷はこう言って、粋が彼の言う恋愛と本質的に異なるものであることを力説《りきせつ》する。この透谷の指摘《してき》は、畠山箕山《はたけやまきざん》の『色道大鑑《しきどうたいかん》』にその結晶をみた色道哲学への最《もっと》も根本的《こんぽんてき》な批判となっている。徳川時代の文学的訓練《くんれん》の場所でもあり、社交機関でもあった遊里《ゆうり》という特殊《とくしゅ》な世界の中で、禅的《ぜんてき》な精神的伝統《でんとう》と結びついて昇華《しょうか》された性愛《せいあい》の表現形式《ひょうげんけいしき》が色道であり、これは特殊な社会構造の下に屈折《くっせつ》された日本における愛の一様態《ようたい》であろう。この愛の屈折の問題は、その後阿部次郎《あべじろう》によって克明《こくめい》に粘《ねば》り強く追求《ついきゅう》されているが(13)、透谷のこの問題提起《ていき》は、はるかにこれに先駆《せんく》するものであり、そしてまたより鋭《するど》く、より直截《ちょくせつ》である。

　このような立場に立つ透谷は、わが国の文学においては、真率《しんそつ》な愛を描《えが》いた近松《ちかまつ》に対してはかなり同情的であり、なかでもとくに『五十年忌歌念仏《きうたねんぶつ》』を高く評価《ひょうか》し、狂乱《きょうらん》のお夏《なつ》の姿をオフェリイアに、あるいはマーガレットになぞらえる。しかし彼は、この恋愛の理《り》想《そう》を描くのに最高の可能性《かのうせい》を有した近松においてさえも、「恋愛の恋愛らしきもの甚《はなは》だ尠《すくな》きを悲し」(14)（『歌念仏』を読みて」）んだ。そこには、肉情《にくじょう》より愛情《アフエクション》にはいり、愛情より恋愛《ラブ》に移る作品が多く、「生命あり希望あり永遠あるの恋愛は、到底《とうてい》万有教国に求めることを得ざるか」(15)（同上）というのが透谷の嘆《なげ》きであった。これはプラトニック・ラヴの体験をもち、キリスト教に触《ふ》れた透谷においてはじめて可能な訴《うった》えであった。

四　実用主義の文学への批判

風流《ふうりゅう》の文学も粋《すい》の文学も、ともに非政治的人間《ひせいじてきにんげん》の文学であった。徳川時代以来、この非政治的人間の文学の系譜《けいふ》のほかに、経世済民《けいせいさいみん》の立場に立つ政治的人間の文学の系譜があった。その具体的内容《ぐたいてきないよう》は史伝《しでん》であった。これらの系譜に属《ぞく》する人々は、戯作者《げさくしゃ》の軟文学《なんぶんがく》や文人《ぶんじん》らの詩文を拒否《きょひ》したけれども、頼山陽《らいさんよう》の『日本外史』のような史伝体《しでんたい》の文学を嫌《きら》ったのではなかった。否《いな》、幕末《ばくまつ》の行動的志士《しし》の一つの特徴《とくちょう》は、吉田松陰《よしだしょういん》に端的《たんてき》に示されているように、経学《けいがく》よりも史学を好《この》み、訓詁記誦《くんこきしょう》の学や文人流《ぶんじんりゅう》の詩文こそ嫌ったが、歴史によって志気《しき》を激発《げきはつ》することを好んだところにある。歴史記述《きじゅつ》が〈科学的〉になって以来、そして文学が自己を〈純文学《じゅんぶんがく》〉に限定《げんてい》して以来、史伝体文学という文学の一系譜《けいふ》は日本では影《かげ》を薄《うす》くしたけれども、明治二十年代の日本ではまだ十分にその命脈《めいみゃく》を保っていた。徳富蘇峰《とくとみそほう》、山路愛山《やまじあいざん》、竹越三叉《たけこしさんさ》らがその代表的人物であろう。

この実学主義的文学観は、幕末の経世家《けいせいか》的意識の延長上《えんちょうじょう》にある。明治二十年代の実学主義者たちは、キリスト教、イギリス功利《こうり》主義《しゅぎ》、社会進化論、マンチェスター学派などの触媒《しょくばい》によって、徳川時代の実学思想の、社会思想としての欠陥《けっかん》を克服《こくふく》したけれども、その文学意識においては、『日本外史』に感激《かんげき》した維新《いしん》の志士《しし》のような経世家的文学意識を失わなかった。もっとも、それは新しいかたちをとって、マコーレーのような歴史家の影響《えいきょう》の下《もと》にあったけれども。

政治を文学に優先《ゆうせん》する価値《かち》と考える彼らにおいては、文学は政治的目的の実現のための一つの事業であると、実用主義的に理解され、また評価《ひょうか》されていた。このような文学観は、蘇峰《そほう》の「文章は経国《けいこく》の大業也《たいげふなり》、不朽《ふきう》の盛事《せいじ》なり」という言葉に端的《たんてき》に表明されている。山《やま》路愛山《じあいざん》の「頼襄《らいのぼる》を論ず」もこの線に沿《そ》うものであった。愛山は言う。

> 文章即《すなは》ち事業なり。文士筆を揮《ふる》ふ猶《なほ》英雄剣を揮《ふる》ふが如《ごと》し。共に空《くう》を撃《う》つが為《ため》に非《あら》ず、為《な》す所あるが為《ため》なり。万の弾丸、千の剣芒《けんばう》、若《も》し世を益《えき》せずんば空の空なるのみ。華《くわ》麗《れい》の辞《じ》、美妙《びめう》の言《げん》、幾百巻を遺《のこ》して天地間に止まるも、人生に相渉《あひわた》らずんば是《これ》も亦《また》空の空なるのみ。文章は事業なるが故に崇《あが》むべし。吾人《ごじん》が頼襄《らいのぼる》を論ずる即ち渠《かれ》の事業を論ずる也。(16)

愛山にとって文章は、(1)為《な》す所あるが為《ため》に、(2)世を益《えき》するが故に、(3)人生に相渉《あいわた》るが故に、事業なのであった。

その想世界《そうせかい》の立場から江戸文学の愛の頽落現象《たいらくげんしょう》を批判した透谷は、その刃《やいば》を返して、実学主義的文学者の実用主義的文学観を批判する。透谷は必ずしも文章（文学）が事業であることを否定《ひてい》しているのではない。ただ文章と事業とを直接的に結びつけることに反対しているのである。彼は文学者の事業を、その仕事の成果《せいか》がただちに眼に見える建設家《けんせつか》とは異《こと》なる「人間の霊魂を建設せんとするの技師」や、あるいは「常に無言《むごん》にして常に雄弁《ゆうべん》なる自然」にたとえる。彼は考える。真《しん》の文学者の闘《たたか》いは、実学主義的文学者の企《くわだ》てるような直接の敵をめがけての限ある戦場での戦いではなく、「天地の限《かぎり》なきミステリを目掛《めが》けて」の戦いでなければならない。文学者の赴《おもむ》くべきは、「大、大、大の虚界《きょかい》」であり、彼はそこにおいて「大、大、大の実在《リアリティ》」を把握《はあく》せねばならない。それこそ文学者にとっての真の偉大なる事業であって、直接に何かの効果《こうか》を求めようとする実用主義的観点の、実学主義的文学者たちの「文章は事業なり」という考え方は、文学の本質から逸脱《いつだつ》する。――これが透谷の主張であった[17]（以上「人生に相渉《あひわた》るとは何の謂《いひ》ぞ」）。のちに彼は「明治文学管《かん》見《けん》」においては、文学も一種の事業には違いないが、「人間と無限とを研究する一種の事業[18]」と補足《ほそく》する。

　これら一連の彼の主張は、「虚界《きょかい》」こそ「実在《じつざい》」であるとする基本的主張に立脚《りっきゃく》するものであり、とくに徳川時代中期以後、実用主義的実学思想の勃興《ぼっこう》によってそのところを失いつつあった「虚《きょ》なるもの」の反撃《はんげき》という点において、日本の近代精神史上に重要な意義をもつ。しかもこの「虚なるもの」の人間における有意味性《ゆういみせい》の主張が、「実なるもの」によって直接《ちょくせつ》に否定《ひてい》された「訓詁記誦《くんこきしょう》」派《は》や逃避的詩文派《とうひてきしぶんぱ》や軟文学派《なんぶんがくは》らの「虚なるもの」の立場からではなく、「実なるもの」をくぐり抜け、それを内部から批判することを通じて成立した「虚なるもの」の主張の立場であったところに、その歴史的意義は大きいといわねばならない。

しかし、この「実なるもの」をくぐり抜け、それを内部から批判するということはけっして容易なことではなかった。なぜなら明治二十年代の実学派は幕末《ばくまつ》や明治初期の実学者よりもより堅固《けんご》に装《よそお》っているからである。このことを徳富蘇峰《とくとみそほう》において見てみよう。発想《はっそう》の根拠《こんきょ》とその質において非常な違いがあるが、個人主義の思想も、共和主義の思想も、平和論も、転向《てんこう》以前の蘇峰にはあった。表面的な見方をすれば、思想家としての透谷の一面に関しては、民友社《みんゆうしゃ》を主宰《しゅさい》する当時の巨星《きょせい》蘇峰の周辺の一惑星《わくせい》ととれぬこともない。また明治二十年代の蘇峰の著作には、明治維新革命《かくめい》の精神的指導者としての『吉田松陰《よしだしょういん》』（初版本。明治四十年代の再版本では、松陰像は帝国主義者に変貌《へんぼう》している）があるところからわかるように、透谷と同じ急進的側面《そくめん》も彼の中にはあるのである。文学上においては蘇峰は「インスピレーション」の鼓吹者《こすいしゃ》であり、また神知霊覚《しんちれいかく》にもとづく「観察論《かんさつろん》」の筆者でもある。(19) また蘇峰は、透谷に深い影響《えいきよう》をあたえたエマーソンの愛読者でもある。この数多くの共通性をもつ蘇峰を越《こ》えることは容易《ようい》なことではない。

透谷はその蘇峰を越え、そのことを通じて自己を発見してゆかねばならなかった。蘇峰の「観察」の立場に対して彼は言う、「吾《ご》人《じん》は観察なるもの甚《はなは》だ重んずべきを認《みと》む。然《しか》れども状態《ステート》を観察するに先《さき》ちて、赤裸々《せきらら》の精神を視《み》ざるべからず、認識《にんしき》せざるべからず、然《しか》る後にその精神の活動を観察《くわんさつ》せざる可《べ》からず」(20)（「明治文学管見」）。ここには外部的観察に代わって「精神の透視《とうし》」とでもいうべき内面的観察が提案《ていあん》されている。しかし、これでも充《じゆう》分《ぶん》ではない。蘇峰は横井小楠《よこいしようなん》の用語を使って「神知霊覚《しんちれいかく》」ということを言っているから。

透谷は蘇峰を意識することによってそのスピリチュアリズムの立場をますます強く意識するようになったように思われる。

高大《かうだい》なる事業は境遇《きやうぐう》等によりて（絶対的に）生ずるものにあらずして、精神の霊動《れいどう》に基《もと》くものならざるべからず。人間の窮通《きゆうつう》は機会の独断《どくだん》すべきものにあらずして、精神の動静《どうせい》に因《いん》するものならざるべからず。精神は自《みづか》ら存《そん》するものなり。精神は自ら知るものなり、精神は自ら動くものなり、然《しか》れども精神の自存《じぞん》、自知《じち》、自動《じどう》は、人間の内にのみ限るべきにあらず、之《これ》と照応《せうおう》するものは他界《たかい》にあり、他界の精神は人間の精神を動かすことを得《う》べし。(21)(「明治文学管見」)

このような透谷の自己の立場の深化《しんか》は、期せずして彼を、彼が批判した粋《すい》の文学と実学主義的文学のいずれをも止揚《しよう》する立場をもたらす。そして彼は前者を「快楽《プレジュア》」の文学、後者を「実用《ユチリチー》」の文学と名づけ、問題をさらに広い地平で解明《かいめい》していこうとする。

五「快楽《かいらく》」の文学と「実用《じつよう》」の文学の統合《とうごう》の試《こころ》み

――内部生命論《ないぶせいめいろん》の成立――

透谷は「快楽」の文学と「実用」の文学という二つの文学観を批判《ひはん》はしたものの、それらのもつ意味とその存在理由《そんざいりゆう》を全面的に否定《ひてい》するわけにはいかなかった。否《いな》、それらはいずれも文学を構成《こうせい》する重要な構成要素である。彼は、快楽の文学を「人生を慰《なぐさ》める」という点から、実用の文学を「人生を保つ」という点から、文学の両翼《りようよく》として、あるいは双輪《そうりん》として、文学において重要な位置《いち》を占めるということを早くも、「人生に相渉《あひわた》るとは何の謂《いひ》ぞ」の二ヵ月後の「明治文学管見《かんけん》」において肯定《こうてい》するに至っている。しかし、この両者は美の的《まと》(Aim)、結果(Effect)、功用(Use)ではあるけれども、美の「本体《ほんたい》」ではない。詩の「本能《ほんのう》」ではない。――彼の用語は熟《じゆく》さないが、言おうとするところは、文学の機能《きのう》である「快楽」と「実用」とを文学の本質と誤認《ごにん》してはいけない、というところにある。では、この両者をその機能としてもつ文学の本質、美の本体とは何か。――この問題について、透谷はこの論文においてはこれ以上理論的に突っ込んで考えようとはしない。

その代わりに透谷は、日本でなぜこのような快楽の文学と実用の文学という分極化《ぶんきょくか》の現《げん》象《しょう》が起こったかということについて、鋭《するど》い分析《ぶんせき》を試《こころ》みる。この問題は、感性《かんせい》と知性《ちせい》の分離《ぶんり》、情《じょう》と理《り》の分離、実感信仰《じっかんしんこう》と理論信仰《りろんしんこう》の分離、等々のより普遍的《ふへんてき》な表現におきかえることのできる、日本の近代精神史における最《もっと》も重要な問題の一つであろう。この問題について透谷はこう答える。東洋の最大不幸は、始めから今まで精神の自由を知らなかったことである。しかしこのことは政治組織の上においてのみ言えることで宗教上においては東洋は精神の自由を知っていた。もし始めからまったく精神の自由を知らなかったら、それは退歩《たいほ》すべき国であり、必ず歴史の外に消えてしまったであろう、このように条件をつけた上で彼は次のように断定《だんてい》する。

政治と懸絶《けんぜつ》したる宗教に向《むか》つて精神の自由を求むるは、国民が政治を離るゝの徴《きざし》なり。宗教にして若《も》し政治と相渉《あひわた》ることなくんば、其邦《そのくに》の思想は必らず一方には極端なる虚想派を起し、一方には極端なる実際派を起さざるべからず。[22]

ここで虚想派《きょそうは》というのは快楽主義《かいらくしゅぎ》の原理に立脚《りっきゃく》する徳川の町人文学であり、実際派《じっさいは》というのは、儒学《じゅがく》、その影響下《えいきょうか》の史伝体《しでんたい》の文学、あるいは勧善懲悪《かんぜんちょうあく》の原理に立つ馬琴《ばきん》の文学、あるいは明治十年代の政治小説もこの系譜《けいふ》に入れてよいであろう。この時点《じてん》に即《そく》しては、さきの紅葉《こうよう》、露伴《ろはん》の文学は明治二十年代の虚想派の代表的なものであり、蘇峰《そほう》、愛山《あいざん》の功《こう》利主義《りしゅぎ》文学観《ぶんがくかん》は実際派の代表とみなしてよかろう。

さきにしるしたように虚想派と実際派との分極化《ぶんきょくか》の現象《げんしょう》は、西鶴《さいかく》・近松《ちかまつ》・芭蕉《ばしょう》らの元禄《げんろく》の文学者と文学に好意《こうい》をもたなかった徂徠《そらい》以前の江戸の儒者《じゅしゃ》の対立《たいりつ》以来、自己の実感のみを信ずる私小説家と感受性《かんじゅせい》の上にいささか欠点があると思われないでもない理論信仰者《りろんしんこうしゃ》との対立等、形を変えて今日まで連綿《れんめん》とつづいている問題である。このことは文学に関する問題にとどまらないで、感性《かんせい》と知性《ちせい》との乖離《かいり》という日本人の精神構造《せいしんこうぞう》そのものに関わる精神史的問題である。われわれは実感信仰と理論信仰というかたちでの感性と知性との乖離は大正・昭和以来の現象《げんしょう》と考えているが、この問題は遠く徳川時代の初めに胚胎《はいたい》する。しかし、感性と知性との乖離はなにも日本近代だけの問題ではなくて、T・S・エリオットの指摘《してき》するようにヨーロッパの近代の問題そのものではないか。この問題についての透谷の答えの意を掬《く》んでいえば、徳川幕府《ばくふ》の政策《せいさく》による宗教の政治への従属化《じゅうぞくか》、政治に相渉《あいわた》らない範囲《はんい》での宗教の承認《しょうにん》、厳重《げんじゅう》な身分制《みぶんせい》の下《もと》での知性の文化の担当者《たんとうしゃ》（武士）と感性の文化の担当者（町人）の階級的対立《かいきゅうてきたいりつ》という仕方《しかた》での知性と感性との乖離《かいり》。それは同質化《どうしつか》された（少なくともその方向をめざした）ブルジョワ社会の中での機能《きのう》の分化としての知性と感性との分離《ぶんり》ということより事態《じたい》ははるかに複雑《ふくざつ》であり深刻《しんこく》である、ということになろう。

知性の文化と感性の文化のあいだに大きな隔壁《かくへき》があり断絶《だんぜつ》があって、共通の文化的広場がないというわが国の精神状況は今日までつづいているが、これが何に由来《ゆらい》するかを透谷は鋭《するど》く指摘《してき》する。そしてこの透谷の発想《はっそう》の背後《はいご》には、教育と宗教との衝突論争《しょうとつろんそう》を機会としてキリスト教に対する精神的圧迫《あっぱく》、あるいはより具体的《ぐたいてき》にキリスト教主義教育に対する政治的圧迫が強くなったことに対する憤激《ふんげき》と憂慮《ゆうりょ》とが念頭《ねんとう》にあったのであろう。

この重要な指摘《してき》のあとでは、いかにしてこの分離ないし分極化《ぶんきょくか》を統合《とうごう》するかが透谷の課題《かだい》になる。知性と感性の分離の統合《とうごう》の試《こころ》みについては本居宣長《もとおりのりなが》の情《じょう》と理《り》の統合の試みという先駆的《せんくてき》な企《くわだ》てがないでもないが、日本の近代精神史にとって画期的《かっきてき》試みであり、今日にいたるまで、否《いな》、今日になってますますその重要性が再認識《さいにんしき》されつつある問題である。ところで、「明治文学管見《かんけん》」における分極化の指摘にとどまっていたあいだは、さきに見たように彼はそのスピリチュアリズムの立場を強化し、想世《そうせ》界《かい》と実世界の二元論的立場にとどまることができたのであるが、否、こうした二元論的立場がこの分極化の指摘を可能《かのう》にしたのであるが、この分極化《ぶんきょくか》の統合の試みは、彼の根本的《こんぽんてき》立場に大きな変化を与える。すなわちそれは「内部生命《ないぶせいめい》」の立場の成立《せいりつ》である。

透谷はこの立場を「内部生命論《ないぶせいめいろん》」（明治二十六年五月三十一日『文学界』五号に発表）において展開《てんかい》している。この評論《ひょうろん》は透谷の模索《もさく》の過程《かてい》において一時期を画《かく》する重要な意味をもつ評論である。それは彼がここにおいて、従来の立場を止揚《しよう》する根源的《こんげんてき》立場を発見するとともに、キリスト教の立場をとりつつ、しかも汎心論《はんしんろん》へと大きく傾《かたむ》いて、従来の二元論とは異《こと》なる構造《こうぞう》の思想をいだき始めたからである。

この評論でつかわれている「内部生命」という言葉は、彼が言うように、キリスト教の「生命の木」という言葉に由来《ゆらい》している。彼がここで生命というとき、われわれの五十年の人生を意味しているのではなく、「人間の根本の生命」を志向《しこう》している。彼はこの人間の根本的生命を、クェーカー主義やエマーソンに示唆《しさ》されて「内部生命《インナーライフ》」という名で呼んだのである[23]。この内部生命は、彼によれば、平民的道徳《へいみんてきどうとく》、社会的改良、政治的自由、否《いな》、哲学、宗教、道徳を成立せしめている根源《こんげん》のものである。

この内部生命論は二つの意義をもっている。第一は、「観察論《かんさつろん》」「インスピレーション」までも含《ふく》む蘇峰《そほう》の、文学を事業とする文学論にたいする自己の立場を、彼がこの評論において初めて確立《かくりつ》したことであり、第二は、その結果として、われわれがこれまで問題にしてきた「快楽《かいらく》の文学」と「実用《じつよう》の文学」との乖離《かいり》、文学における美と思想との対立、感性《かんせい》と知性《ちせい》との分離《ぶんり》、等を克服《こくふく》、止揚《しよう》する道を初めて発見したことである。

先にみたように透谷はその思想や文学観において蘇峰と共通する多くのものをもっていた。しかし、最後の一点においてどうしても賛成《さんせい》できない何物かが蘇峰の中にあることを直覚《ちよつかく》していた。それを明確《めいかく》にするために「賤事業弁《せんじぎようべん》」を書いたり、「精神《スピリット》」の立場を強調したり、「心」の問題をまさぐったりした。しかし、それらは決定打《けつていだ》にならなかった。この「内部生命」の立場にいたることによって透谷は一つの根源的《こんげんてき》立場にいたりえた。しかし蘇峰に対する批判《ひはん》の仕方《しかた》はあいかわらずもどかしい。

透谷がほんとうに言いたいことは、蘇峰の思想は内部生命に根ざしたものではないということであろうが、さすがにそこまではあらわに言ってない。透谷がなしていることは「沈静不動《ちんせいふどう》なる内部の生命を観《み》る」ということと、「内部の生命の百般《ひやつぱん》の表顕《へうけん》を観《み》ること、即《すなわ》ち人性人情《じんせいにんじやう》の Various Manifestations を観ること」[24]とを区別することであり、彼は真《しん》の内部生命の観察《かんさつ》は後者でなければならないとする。これだけでは彼の真意《しんい》はよくわからない。次に彼の言っていることを見てみると、「民友子《みんゆうし》の『観察論』の読者には、或《あるい》は詩人哲学者を以《もつ》て単《たん》に人性人情の観察者なりと、誤解《ごかい》する者あらんことを」[25]とある。これらのあいまいな表現から推《お》しはかると、透谷は蘇峰の立場は内部生命に根ざしたものではないとはあらわに言ってはいないけれども、蘇峰の立場は、人性人情を観《み》ることがとりもなおさず「沈静不動なる内部の生命を観る」ものとする立場と誤解されるような立場である、そうではなくて「内部の生命の百般の表顕」すなわち「人性人情の Various Manifestations」を観ることを通じてその根源にある「内部の生命」を把握《はあく》することこそわれわれのとるべき道である、ということを彼は言いたかったのであろう。そして蘇峰のように「人性人情の観察」というとき問題はゆきづまりであるが、それを通して「内部生命の観察」にまで問題を深めたとき、われわれは個人の観察を通じてそこに「宇宙の精神」即《すなわ》ち「神」を感《かん》得《とく》することができる。透谷はこう考えて、蘇峰自身においてはなんら内面的関連がつけられていない「観察論」と「インスピレーション」とのあいだに道をつけようとするのである。

これで第一の問題を離れて第二の問題に移ろう。透谷は「東西二大文明の要素《えうそ》は、生命を教ふるの宗教あると、生命を教ふる宗教なきとの差異《さい》あるのみ」[26]とし、東西文明の衝突《しょうとつ》をキリスト教文明の衝突とは言わないで、生命思想《せいめいしそう》と不生命思想の衝突とする。そこには具体的《ぐたいてき》宗教のかたちをとる以前の根源的《こんげんてき》なものを求めようとする彼の姿勢《しせい》が示されている。そして彼は生命思想の立場、内部生命の立場に立つことによって、キリスト教の立場に立ちつつ、しかも従来の二元論的立場で克服《こくふく》できなかった「快楽の文学」と「実用の文学」の対立、文学における思想と美的表現（彼の言葉に従えば文芸における思想と美術）との対立を止揚《しよう》することができたのである。

すなわち彼はこの評論《ひようろん》において「文芸は思想と美術とを抱合《ほうがふ》したる者にして、思想ありとも美術なくんば既《すで》に文芸にあらず、美術ありとも思想なくんば既に文芸にあらず、華文《くわぶん》妙辞《めうじ》のみにては文芸の上乗《じやうじよう》に達《たつ》しがたく、左《さ》りとて思想のみにしては決して文芸といふこと能《あた》はざるなり(27)」と断定《だんてい》している。また「過去の戯文《ぎぶん》が、華文妙辞にのみ失《しつ》したるは、華文妙辞の罪にあらずして、文学の上に生命を説《と》くの途《みち》を備《そな》へざりしが故なり(28)」とか「真正《しんせい》の勧懲《くわんちよう》は心の経験の上に立たざるべからず、即ち内部の生命《インナーライフ》の上に立たざるべからず(29)」と言って、従来の「快楽主義の文学」と「実用主義の文学」についての批判《ひはん》を根本的立脚点《こんぽんてきりつきやくてん》に据《す》えるとともに、それぞれをさらに高い次元《じげん》で止揚して生かす統合《とうごう》の場《ば》を見出《みいだ》している。

しかし、それとともに彼はこの評論において、なおキリスト教に立脚しつつ、しかも汎《はん》心論的傾向《しんろんてきけいこう》を強くしてゆく。たとえば彼は「人間の中に存《そん》する自由の精神は造化《ネーチユア》に黙従《もくじゆう》するを肯《がへん》ぜざるなり(30)」と精神と自然との対立という二元論的立場をとりながら、「然《しか》れども造化《ぞうくわ》も亦《また》宇宙《うちう》の精神の一発表《はつぺう》なり、神の形の象顕《しやうけん》なり。その中に至大至粋《しだいしすい》の美を籠《こ》むることあるは疑《うたが》ふべからざる事実なり、之《これ》に対して人間の心が自《おのづ》からに畏敬《ゐけい》の念を発し、自からに精神的の経験を生ずるは、豈《あに》不当なることならんや、此《この》場合に於《おい》て、吾人《ごじん》と雖《いへども》、聊《いささ》か万有的趣味を持たざるにあらず(31)」と言うにいたっている。

ここに彼が新しく立脚《りっきゃく》した「万有的《ばんゆうてき》」立場は、彼をやがて東洋の世界に導《みちび》き、ナショナルなものにめざめさせる。その具体的展開《ぐたいてきてんかい》は「国民と思想」（明治二十六年七月十五日『評論』八号に発表）である。

透谷が政治家になることに挫折《ざせつ》し、思想家・詩人として再生《さいせい》したのち、政治の世界に思想家・詩人として実践《じっせん》したことの第一は平和運動の実践であり、第二は個人主義に立脚《りっきゃく》したデモクラシー（共和制）の確立《かくりつ》である。そしてそれらの根底《こんてい》にキリスト教信仰があったことはいうまでもない。こうして西欧主義者《せいおうしゅぎしゃ》として、democracy, individualism, Christian morality という西欧精神に立脚して、日本のあり方を批判《ひはん》しつづけた透谷も、この「国民と思想」においてはたんに西欧的立場に立つだけでなく、日本の伝統《でんとう》を併《あわ》せ生かそうとする東西文化の綜合《そうごう》という大きな問題に直面するにいたった。

しかし、彼は大部分の知識人たちのような安易《あんい》な東西文化の折衷《せっちゅう》の道を選んだのではない。彼はここにおいても「余《よ》はインジビジュアリズムの信者なり、デモクラシーの敬愛者《けいあいしゃ》なり(32)」と、従来の基本的態度を保持《ほじ》し、この両者をわが国民に適用《てきよう》することによって根本《こんぽん》の改革《かいかく》をなそうとしている。ただここで新しく出てきた問題は「国民の元気《ジニアス》」ということである。ところで「国民のジニアスは、退守《たいしゅ》と共に退《しりぞ》かず、進歩と共に進まず、その根本の生命と共に、深く且《か》つ牢《かた》き基礎《きそ》を有《いう》せり(33)」という言葉に見られるように、「国民の元気」

という考え方は彼の「内部生命」の思想と深いつながりをもっている。個人における「内部生命」を国民的規模《きぼ》において把《とら》えようとすれば「国民の元気」ということになるであろう。国民の元気は、国民をして国民たらしめる精神であり、国民の思想と活動をうみ出す源泉である。彼がこのように伝統ということを問題にしたとき、形あるものを伝統としないで、国民の元気という無形のものを伝統として捉《とら》えていることは注目すべきである。

この無形の伝統は、われわれが歴史をその表層《ひょうそう》において見るだけでは把握《はあく》できない。表層の奥を透視《とうし》することによってはじめてそれは捉えられる。「国民の元気は一朝一夕に於《おい》て転移《てんい》すべきものにあらず。其《そ》の源泉《げんせん》は隠《かく》れて深山幽谷《しんざんいうこく》の中に在《あ》り、之《これ》を索《もと》むれば更に深く地層《ちそう》の下にあり」[34]（「国民と思想」）。これは「我邦《わがくに》の生命」を「地底の水脈《すいみやく》」即《すなわ》ち「徳川時代の平民の理想《りそう》」に求めた前年度の「徳川時代の平民思想」の考え方を受け継《つ》ぐものである。

ここに見られるように、彼は国民の創造性《そうぞうせい》の源泉《げんせん》を地下の平民思想の鉱脈《こうみやく》に求めようとするとともに、それが西欧《せいおう》の思想と出会うことによってはじめて国民的思想となることができるとする。そしてこの国民的思想は、「地平線的思想」も含《ふく》むけれども、透谷は真正《しんせい》のカルチュアを国民に与えるために「高踏的思想《こうとうてきしそう》」が必要であるとしている。これは透谷の思想を高踏的思想と批判《ひはん》した蘇峰《そほう》に対する反批判《はんひはん》であることはいうまでもない。そしてこの高踏的思想は「ヒューマニチーを人間に伝」えることをその任《にん》とするものであり、倫《りん》理道徳《りどうとく》の拘束《こうそく》を越え、「純美《じゆんび》を尋《たづ》ね、純理《じゆんり》を探る」[35]人類にとって普遍的性格《ふへんてきせいかく》の思想である。この高踏的思想が「国民の元気」と結合したとき、それは初めて真《しん》の「創造的勢力《そうぞうてきせいりよく》」となる。そしてそれはやがて「宇宙《うちゆう》の精神」につらなるのである。

結論として彼は言う、「今日の思想界に欠乏《けつぼふ》するところは創造的勢力なり[36]」と。彼にとって模倣《もほう》のみを事とし、イギリス、ドイツ、フランス、等々の、おのおの「便利の思想」に拠《よ》って国民を指導《しどう》しようとする人々の存在は、最も悲しむべきものであった。彼は更に言う、「嗚呼《ああ》不幸なるは今の国民かな。彼等は洋上を渡り来たる思想にあらざれば、一顧《いっこ》の価《あたひ》なしと信ずるの止《や》むべからざるものあるか[37]」。ここではもう、かつて批判《ひはん》の的《まと》とした禅道《ぜんどう》も元禄《げんろく》文学も必ずしも排撃《はいげき》しなくなっている。もちろん彼の立場は、過去の文化のたんなる復古でもなく、外来思想《がいらいしそう》の単なる消化でもない。彼のめざしたものはまさに創造そのものであった。「誰《たれ》か能剛強《よくがうきやう》なる東洋趣味《しゆみ》の上に、真珠《しんじゆ》の如《ごと》き西洋思想を調和し得《う》るものぞ、出《い》でよ詩人、出でよ真《しん》に国民大なる思想家。外来の勢力と、過去の勢力とは、今日に於《おい》て既に多きに過ぐるを見るなり。欠《か》くるところのものは創造的勢力[38]」。

この「国民と思想」に展開《てんかい》された思想は、西欧文化受容《じゆよう》に際《さい》してこの後ともわれわれのとるべき態度《たいど》であろう。ところで、この大きな可能性《かのうせい》をはらんだ「国民と思想」以後、透谷の思想はどのように展開《てんかい》したのであろうか。透谷はいったい「剛強なる東洋趣味」を具《ぐ》体的《たいてき》にどのように把《と》らえ、「真珠《しんじゅ》の如《ごと》き西洋思想」をどのように具体的に理解《りかい》し、それらをもとにどのように創造的《そうぞうてき》な文化綜合《そうごう》を行おうとしたのか。

遺憾《いかん》ながらわれわれの期待《きたい》に反して、そこには希望《きぼう》に満《み》ちた豊《ゆた》かな創造《そうぞう》的活動《かつどう》は見られない。「国民と思想」のわずか三ヵ月後に発表された「漫罵《まんば》」は見るも痛《いた》ましい自嘲《じちょう》に満ちている。少なからずその影響《えいきょう》を受けたエマーソンに反して、透谷はオプティミズムにとどまることができなかった。あまりにも遠くまで透視《とうし》した彼は、静かに時を待ち、来《きた》るべき時のために準備をするのではなく、自己滅却《じこめっきゃく》への道を歩き始め、亡《ほろ》びゆく自己の浄《きよ》めの儀式《ぎしき》とも思える「哀詞序《あいしじょ》」「一夕観《いっせきかん》」その他のパセティックな美しさにみちたエッセイを書き始める。

この「漫罵《まんば》」の日本近代化批判《ひはん》は、漱石《そうせき》の「現代日本の開化」とともに、明治時代における最《もっと》もすぐれた近代化批判の記録《きろく》ではあるけれども、希望《きぼう》に満ちた「国民と思想」と、もはや苦悩《くのう》に堪《た》えつつ創造的活動《そうぞうてきかつどう》をすることを抛棄《ほうき》した「漫罵《まんば》」とのあいだには、透谷の内面に、眼に見えない精神的崩壊《ほうかい》が起こったとしか言いようがない。では、透谷の内面における精神的崩壊をひき起こしたものは何であったか。そこには種々の原因がからまっていよう。一つには定収《ていしゅう》を失った経済的不安、健康の衰《おとろ》え、あれほどの愛情をもって始めた結婚生活における相互理解《そうごりかい》の失敗《しっぱい》、心友富井《とみい》松子の死、等々の彼の生活における挫折《ざせつ》である。さらには透谷の生きた時代が、彼の政治的、社会的理想を達成《たっせい》するにはほど遠く、また彼の詩人の魂を理解するほど成熟《せいじゅく》していなかったことも有力な原因の一つに挙げられよう。そしてわれわれのこれまで問題にしてきた透谷の思想との関連《かんれん》においては、彼の到達《とうたつ》した「内部生命」という思想自身が、彼を独創的《どくそうてき》立場にもたらすとともに、彼をして自己《じこ》滅却《めっきゃく》の道を歩かせた有力な原因であったと私は考える。

これまでの説明で明らかなように、透谷の内部生命はけっして内部への閉塞《へいそく》を意味するものではなかった。むしろ内部生命の立場に立つことは、人間の外的行為《がいてきこうい》を真《しん》に力あるものとする所以《ゆえん》であった。なぜならこの立場に立つ限り、人間の外的行為のいっさいは内部生命の拡充《かくじゅう》という意味をもちえたのだから。透谷はこの立場に立つことによって、実用の文学と快楽《かいらく》の文学との分離《ぶんり》、大きくは知性《ちせい》と感性《かんせい》との乖離《かいり》を克服《こくふく》することができた。しかし、それとともに、この立場に立つことによってかえって、内部生命の外的実現の道がとざされた状況において、彼は内へこもってしまうのである。おそらく透谷がその出発点のように二元論的立場を保持《ほじ》したならば、このようにくずおれることはなかったのではあるまいか。しかし彼の内的要求《ないてきようきゅう》は、彼をそこにはとどまらせなかった。彼は日本の社会と文化の中に内在《ないざい》する問題を、内在的超越《ちょうえつ》という仕方《しかた》で解決する過程《かてい》を通じて、一歩一歩自己をのっぴきならないところまで押しつめていった。それが彼の内部生命の立場であった。この立場に立つことによってはじめて透谷は日本の精神的風土に深く根を下ろしつつ、たんなる消化でも復古でもない創造への展望《てんぼう》をひらく。しかしそれとともに、当時の状況において、内部への閉塞《へいそく》という悲劇的《ひげきてき》状況《じょうきょう》に自己を追い込んだのである。

しかしながら、この最後の仮説《かせつ》には大きな反論《はんろん》も当然《とうぜん》起こりうるであろう。というのは、透谷とほぼ同じ立場に立ち、そして透谷に非常な影響《えいきょう》を与えたと思われるエマーソンは、自殺ということには最《もっと》も縁遠《えんどお》かった楽天的詩人《らくてんてきしじん》であったから。私の仮説を検証《けんしょう》するには、透谷とエマーソンの思想を比較《ひかく》し、透谷の内部生命の思想とエマーソンの先験思想《せんけんしそう》のどこが異なっていたかを明らかにせねばならないであろう。

六　透谷の内部生命の思想とエマーソンの先験思想との比較《ひかく》

透谷をプラトン的二元論から、「美」と「実用」とを止揚《しよう》する内部生命的一元論にもたらしたものは何であったか。それはクェーカーの教義、とくにエマーソンの先験思想《せんけんしそう》であったと思われる。ここでは透谷の思想形成に与えたエマーソンの影響《えいきょう》を考えてみたい。

透谷に与えたエマーソンの影響を重視《じゅうし》することにはある種の反論《はんろん》も当然《とうぜん》ありうる。まず島崎藤村《しまざきとうそん》の『春』によれば、透谷が本当に書きたかったのは、エマーソンではなくゲーテであったようだ（透谷が民友社《みんゆうしゃ》から依頼《いらい》されて「拾弐文豪《じゅうにぶんごう》」の第六篇として『エマルソン』を書きつつあったときの言葉）。また楽天的《らくてんてき》なエマーソンと厭世的《えんせいてき》な透谷とのあいだには気質的《きしってき》な大きな差異《さい》があり、このような気質的に違う人間のあいだにはほんとうの影響関係があるのかという疑問《ぎもん》も充分《じゅうぶん》にありうる。こうした事実や疑問にもかかわらず、私は透谷におけるエマーソンの影響は深く且《か》つ大きかったと思う。

透谷が『エマルソン』の執筆《しっぴつ》の準備《じゅんび》にとりかかったのは一八九三（明治二十六）年の八月三十日であり、またそこで論ぜられたエマーソンの作品は「自然論」(Nature)、「報酬論《ほうしゅうろん》」(Compensation)、「自信論」(Self-Reliance)、「英雄論」(Representative Men) の一部の「プレトー」にすぎない。これだけを見ると右の反論はかなりの有効性《ゆうこうせい》をもつが、問題は、透谷自身の思想の表現である評論《ひょうろん》にどのようにエマーソンの影響が見られるか、ということである。

すでに太田三郎氏や笹淵《ささぶち》友一氏らの指摘《してき》するように、透谷におけるエマーソンの影響は、「厭世詩家《えんせいしか》と女性」（一八九二年二月六日・二月二十日）にすでに表れている。透谷の名を一世に高からしめた「恋愛は人世の秘鑰《ひやく》なり」ということばが、エマーソンの "Love"（「愛情論」）の……and so is the one beautiful soul only the door through which he enters to the society of all true and pure souls. に示唆《しさ》されたものであろうこと、あるいは「男女既《すで》に合《がっ》して一となりたる暁《あかつき》には、空行く雲にも顔あるが如《ごと》く、森に鳴く鳥の声にも悉《ことごと》く調子あるが如く、……」という箇所《かしょ》が、「愛情論」の（The passion rebuilds the world for the youth. It makes all things alive and significant. Nature grows conscious.）Every bird on the boughs of the tree sings now to his heart and soul. The notes are almost articulate. The clouds have faces as he looks on them. と交渉《こうしょう》があることは、すでに笹淵氏の指摘《してき》されたとおりである。[39]

　しかし、ここで注目《ちゅうもく》すべきことは、透谷が恋愛を賛美《さんび》しつつ、恋愛が結婚に移《うつ》り、狂愛《きょうあい》が静愛《せいあい》に移ったとき、女性は厭世詩家の重荷《おもに》になり、「嗚呼《ああ》不幸なるは女性かな、厭世詩家の前に優美《ゆうび》高妙《こうみょう》を代表すると同時に、醜穢《しゅうわい》なる俗界《ぞくかい》の通弁《つうべん》となりて其嘲罵《そのちょうば》する所となり、其冷遇《そのれいぐう》する所となり、終生涙《しゅうせいるい》を飲《の》んで、寝ての夢、覚《さ》めての夢に、郎《をとこ》を思ひ郎を恨《うら》んで、遂《つい》に其愁殺《そのしゅうさつ》するところとなるぞうたてけり[40]」としていることである。これに対してエマーソンはこの恋愛から結婚への過程《かてい》を「はじめのうちふたりを引きつけていたもの、――あのかつては神々《こうごう》しく見えた顔かたちも、あの魅力《みりょく》の魔術的《まじゅってき》なはたらきも、――みんな落葉《らくよう》性《せい》のものであって、家を建《た》てるために組まれる足場《あしば》のようにある予期《よき》されている目的があり、そして年々知性《ちせい》と心情《しんじょう》を浄《きよ》めることこそ、はじめから予想され、準備《じゅんび》され、しかも完全にふたりの意識していなかった真《しん》の結婚であることを悟《さと》るのである」(41)としるしている。ここには結婚の成功者《せいこうしゃ》としてのエマーソンと、恋愛の成功者ではあっても結婚の失敗者《しっぱいしゃ》であった透谷との生活者としての経験の違いがあるけれども、さらにその背後《はいご》にはエマーソンの一元論と透谷の二元論との差異《さい》があるように思われる。この二元論から一元論への変《へん》容《よう》を示すものが「内部生命論」であろう。そしてその方向に彼を押しすすめたのは、エマーソンとの関係においてはその「自然論」ならびに「大霊論」(The Over-Soul)であり、東洋の思想としては老荘思想《ろうそうしそう》や仏教、透谷の内なるものとしては、彼の自然への憧憬《しょうけい》、風《ふう》狂《きょう》の心、であろう。しかしその道は容易《ようい》なものではなく、「松島に於《おい》て芭蕉翁《ばしょうおう》を読む」には「自然論」の影響《えいきょう》を、あるいは「各人心宮内《かくじんしんきゅうない》の秘宮《ひきゅう》」「心機妙変《しんきみょうへん》を論ず」「『黙《もく》』の一字」「心の死活《しかつ》を論ず」等々の評論には、「自然論」や「大霊論」の影響を、われわれは見ることができるけれども、その後に書かれた「人生に相渉《あひわた》るとは何の謂《いひ》ぞ」はまだ依然《いぜん》としてエマーソンとは異《こと》なる二元論の立場に透谷は立っているのである。相矛盾《あいむじゅん》する契機《けいき》を内に孕《はら》んで進んできた透谷が、愛山《あいざん》との論争を通じて自覚《じかく》された「快楽《かいらく》と実用《じつよう》の統合《とうごう》」という課題《かだい》の解決をつきつめていくうちに、はじめて「内部生命」の立場に熟《じゅく》したと考えられる。

では透谷を二元論から一元論に導《みちび》いたエマーソンの思想はどんなものであったか、またエマーソンの思想のどの点が透谷を変容《へんよう》させたのか、更にまた透谷の変容にもかかわらず、エマーソンと透谷とのあいだに決定的な違いがあったのはなぜであるか。

　これらの問題に決定的な解答を出すことはむずかしい。独立した人格のあいだの影響関《えいきょうかん》係《けい》はまことに微妙《びみょう》である。ここでまず言えることは、思想家エマーソンは透谷を二元論から一元論に導《みちび》くのにさまざまの好条件《こうじょうけん》を具《そな》えていたということである。なぜならエマーソン自身がもともとピュリタニズムの中から生まれ、そして哲学者プラトンに魅《み》せられつつ、しかも二元論に満足できないでスウェーデンボルクの神秘思想《しんぴしそう》とともに、東洋の思想をも受け入れて一元論に変容した思想家であったからである。エマーソンの一元論を可能《かのう》にしたのは、彼の「自然」や「生命」についての考え方であろう。しかも、彼がたんなる素朴《そぼく》な自然主義者、生命主義者でなかったことは、彼の思想の中で「精神《スピリット》」とか「理性《リーズン》」とか、あるいは「観念《アイディア》」（透谷はこれを「想」と訳している）が重要な役割《やくわり》を果《はた》していることからわかる。つまりエマーソンは二元論の立場を切り捨てて一元論に到達《とうたつ》したのではなく、二元論の立場を内につつむところの一元論の立場を確立したのである。

　では、プラトン的二元論を内につつむところのエマーソンの一元論の構造《こうぞう》はどのようなものであるのか。エマーソンは哲人《てつじん》ではあっても体系的理論的哲学者ではなく、むしろ思想の consistency にこだわることを軽蔑《けいべつ》した思想家であるから、この問題を明らかにすることは困難《こんなん》であるが、彼の著作《ちょさく》の中に散見《さんけん》する彼の基本的考えによって再構成《さいこうせい》してみる。

「自然論」によれば、「人間は、自分一個の生命のなかに、あるいは背後《はいご》に、普遍的な魂があることを意識している」が、この普遍的《ふへんてき》な魂が「理性《りせい》」なのである。そしてわれわれが、理知《りち》の面から考察《こうさつ》して、「理性」と呼ぶものを、自然の面から考察すれば、「精神」ということになる。

「自然論」の他の箇所《かしょ》では、彼は理性について、感覚《かんかく》と悟性《ごせい》が支配《しはい》し、「『理性』というさらに高い力が介入《かいにゅう》してくるまでは、動物的な面が、すばらしい正確さをもって、くっきりした輪郭《りんかく》と彩《いろど》られた表面とを見る。『理性』の目が開かれると、輪郭と表面に、たちまちに、美と表情とが加えられる。……もし『理性』が刺激《しげき》されて、更に強力な視力《しりょく》をえると、原因と精神とが、輪郭と表面を通して見られる」[42]という。この考え方はその前にある「私は透明《とうめい》の眼球《がんきゅう》(transparent eyeball)となる。私は無《む》であり、一切《いっさい》を見る。『普遍的存在《ふへんてきそんざい》者《しゃ》』(神)の流れが私のなかを循環《じゅんかん》する。私は神の一部である」[43]を受けたものであろう。即《すなわ》ち、わたしが理性的存在者《りせいてきそんざいしゃ》となったとき、私はいわば「透明《とうめい》の眼球」として、現象《げんしょう》としての事物を通して「原因と精神」という事物の本質を観《み》る、という。これはまさにイデアを観るプラトンの立場である。

しかもエマーソンにおいては、事物《じぶつ》の本質《ほんしつ》たる精神は、自然に対立するものではない。「精神は創造《そうぞう》し、自然の背後《はいご》に、自然を通して」現存《げんぞん》するものである。そしてこの精神は

「いのち」である。ここにおいてプラトニズムはその二元論的対立を消して、唯心的《ゆいしんてき》でありつつ、しかも一種のスピリチュアルな自然主義、生命主義の相貌《そうぼう》を呈《てい》する。彼が「精神の法則」において「大自然の中心に一つの霊《れい》が在《あ》り、万人の意志を支配している」と言い、あるいは「大霊論」において「人間は源《みなもと》の秘《ひ》められている一筋《ひとすじ》の流れだ。私どもの生命は私どもの知らないところから伝わって来ている」[44]「過去および現在の誤謬《ごびゅう》に関する最高の批評家であり、必ず起こるべきことを示す唯一《ゆいいつ》の予言者《よげんしゃ》……私どもが安住《あんじゅう》している大自然である」[45]と言っている箇所は、その表現にほかならない。つまりエマーソンの自然は「つねに『精神』について語る」(「自然論」)自然であるとともに「いのち」としての自然である。そしてそれは「自然論」によれば「実利」(commodity)と「美」(beauty)とを統《とう》合《ごう》するものでもある。エマーソンは「内部生命《インナーライフ》」という用語は使っていないにしても、ここに示された彼の考え方が透谷の一元論成立の過程《かてい》に大きな役割《やくわり》を果《はた》したことはわれわれとしては認めざるをえないのではないか。

　しかし、またわれわれは、両者の自然観《しぜんかん》の間に大きな差異《さい》があるのをみる。エマーソンの言うefficient natureは、ブルノー以来のnatura naturansの系譜《けいふ》を引くものであって、透谷の解するような人間を苦しめる「力としての自然」とは異なる。エマーソンはefficient nature(natura naturans)もnature passive(natura naturata)もともに肯定《こうてい》する。つまりエマーソンは大自然のいかなるいとなみも肯定する。内なる霊《れい》と外なる大自然との間には呼応関係《こおうかんけい》があり、人間は小宇宙《しょううちゅう》として大宇宙のいのちを頒《わか》ちもつ。このエマーソンの立場においては人間の悪の問題をどのように考えるか、という問題が当然《とうぜん》起こってくるが、そこには自殺のような自己否定《じこひてい》は起こりえない。「精神は限界《げんかい》を拒否《きょひ》し、常に楽天主義《らくてんしゅぎ》を肯定《こうてい》し、絶対《ぜったい》に悲観主義《ひかんしゅぎ》を肯定することはない[46]」というのがエマーソンの立場であった。

これに対して透谷の自然肯定は、自然の全的肯定を意味しなかった。透谷における「力としての自然」は、風雨雷電《ふううらいでん》として人を苦しめる自然、誘惑《ゆうわく》、欲情《よくじょう》、空想《くうそう》等々の悪の根源《こんげん》としての自然であり、人間のあらがうことのできない死までそこに含《ふく》められる。透谷はこのような「力としての自然」を否定《ひてい》した上で、「美としての自然」「大自在の霊界」としての自然を肯定する[47]。このような透谷の自然観は、エマーソンにくらべると唯心的傾向《ゆいしんてきけいこう》を強くもつ。もう少しくわしく言えば、エマーソンにおける自然と自己の精神とは、本来《ほんらい》同質のものとして相互《そうご》に交流するが、透谷においては、彼自身は「感応《かんのう》」という言葉を使っているけれども、その論理構造《ろんりこうぞう》に注目《ちゅうもく》すれば、内部の生命は心として自然に向かって一方的に流出《りゅうしゅつ》する。ここに両者の決定的違いがある。内部生命の衰《おとろ》えたとき、それが世界との関連を薄《うす》くするのは極《きわ》めて当然のこととせねばならない。透谷が「国民と思想」においてナショナリズムの問題について、あるいは伝統《でんとう》と創造《そうぞう》の問題についてすぐれた問題提起《ていき》をなしつつ、その後「一夕観《いっせきかん》」的世界に落ち着いたのは、エマーソンの自然観の唯心論的理解《ゆいしんろんてきりかい》と、彼の心の奥底《おくそこ》にある日本人の伝統的「心」の立場が、肉体・気力の衰えた状態《じょうたい》において結合《けつごう》し、そこに諦観《ていかん》の上に立つ一種の悟境《ごきょう》を生み出したものと解すべきであって、それは彼がこれまで繰《く》り返し述べた「創造」とは異なるものである、と私は考える。

(1) 北村透谷「『歌念仏』を読みて」『透谷全集』第一巻（岩波書店、昭和二十五年、以下『全集』と略)、三四九ページ。
(2) 同上、一〇ページ。
(3) 同上、一一ページ。
(4) 太田三郎「『蓬萊曲』と『マンフレッド』の比較研究」『国語と国文学』(昭和二十五年五月号)。
(5) 北村透谷「蓬萊曲」『全集』第一巻、八九ページ。
(6) 大野幸子「シェリ・透谷を中心とする比較文学的考察」『大谷学報』(昭和四十一年)。
(7) 北村透谷「我牢獄」『全集』第二巻、三五五ページ。
(8) 同「厭世詩家と女性」『全集』第一巻、二五四ページ。
(9) 同上、二五六ページ。
(10) 北村透谷「『伽羅枕』及び『新葉末集』」『全集』第一巻、二七六ページ。

(11) 同上、二七七ページ。
(12) 北村透谷「粋を論じて『伽羅枕』に及ぶ」『全集』第一巻、二六八―二六九ページ。
(13) 阿部次郎『徳川時代の芸術と社会』(改造社、昭和六年)。
(14)(15) 北村透谷「『歌念仏』を読みて」『全集』第一巻、三五一ページ。
(16) 山路愛山「頼襄を論ず」『愛山文集』(民友社、大正六年)、六八ページ。
(17) 北村透谷「人生に相渉るとは何の謂ぞ」『全集』第二巻、一一三―一一五ページ参照。
(18) 同「明治文学管見」『全集』第二巻、一六三ページ。
(19) 蘇峰の「インスピレーション」は明治二十一年五月の『国民之友』第二十二号に、「観察」は明治二十六年四月の『国民之友』第一八八号に掲載された。いずれも『蘇峰文選』(民友社、大正四年)に収録されている。
(20) 北村透谷「明治文学管見」『全集』第二巻、一六三ページ。
(21) 同上、一六二ページ。
(22) 同上、一六四ページ。
(23) この問題については、笹淵友一氏の「北村透谷の内部生命観とキリスト教」『国語と国文学』(昭和三十年四月号)を参照。
(24)(25) 北村透谷「内部生命論」『全集』第二巻、二四五ページ。
(26) 同上、二四〇ページ。
(27) 同上、二四一ページ。

(28) 同上、二四一—二四二ページ。
(29) 同上、二四三ページ。
(30) 同上、二三八ページ。
(31) 同上、二三八—二三九ページ。
(32) 北村透谷「国民と思想」『全集』第二巻、二七三ページ。
(33) 同上、二七五ページ。
(34) 同上、二七三ページ。
(35) 同上、二七七ページ。
(36)(37)(38) 同上、二七九ページ。
(39) 笹淵友一「『文学界』とその時代」上、二四〇ページに拠る。
(40) 北村透谷「厭世詩家と女性」『全集」第一巻、二六四ページ。
(41) R. W. Emerson, "Love" in *Essays: First Series* (1841).（入江勇起男訳「愛」『エマソン選集』第二巻、教文館、昭和三十六年、一七一ページ）。
(42) R. W. Emerson, *Nature* (1836).（斎藤光訳「自然」『エマソン選集』第一巻、教文館、昭和三十六年、八六ページ）。
(43) 同右、五〇ページ。
(44) R. W. Emerson, "The Over-Soul" in *Essays: First Series* (1841).（入江勇起男訳「神」『エマソン選集』第二巻、二〇五ページ）。

(45) 同上、二〇六ページ。
(46) R. W. Emerson, "The Compensation" in *Essays: First Series* (1841).（入江勇起男訳「償い」『エマソン選集』第二巻、一〇八―一〇九ページ）。
(47) 透谷の自然観は、彼の「人生に相渉るとは何の謂ぞ」『全集』第二巻、一一八―一二三ページに展開されている。なお彼の著『エマルソン』『全集』第三巻にも「第二章　エマルソンの処女篇　自然論」「第六章　其五　エマルソンの自然教」等の記述がある。

日本の「実学」について

実学の問題は、この会議（日中民間人会議）でとり上げられる「留学生」とか「国字」のような緊急《きんきゅう》を要する問題ではありません。しかしながら、長期的展望《てんぼう》に立って中国と日本が教育・文化面において協力関係をつくっていこうとするとき、非常に重要な手がかりになる問題であるように思われます。なぜなら近代化は単純《たんじゅん》な西欧化《せいおうか》ではありません。中国や日本のような長い文化的伝統《でんとう》を有する国では、一方では近代西欧文明から多くを学ぶとともに、他方では自国の伝統を尊重《そんちょう》し、それを基盤《きばん》として自己の直面《ちょくめん》する課題《かだい》を創造的《そうぞうてき》に解決するという態度《たいど》が必要であります。そして実学の問題は、日中両国がそれぞれの近代化の道を歩くとき、共にふり返り、更には立脚《りっきゃく》せねばならない思想的伝統なのであります。

日中両国は、「実学」という共通の文化的・思想的基盤をもっています。中国は「実事《じつじ》求是《きゅうぜ》」の長い伝統をもち、「実学」という概念《がいねん》それ自体も程伊川《ていいせん》や朱熹《しゅき》によって初めてつくられています。日本は、実学という考え方を中国や朝鮮から学び、更にそれを日本の歴史的・社会的状況《じょうきょう》の中で展開《てんかい》させて、西欧文化を受容《じゅよう》する以前も以後も一貫《いっかん》して日本の近代化過程《かてい》の中心概念たらしめ、近代日本発展の知的動力《ちてきどうりょく》といたしました。

日本における実学の展開過程の問題点は、おそらく同じ思想的伝統をもつ中国の現代化の直面する問題の解決になんらかの示唆《しさ》を与えるのではないかと、私は考えます。

では「実学」とは何でしょうか。今日、日本では「実学」というとき、実証性《じっしょうせい》と合理性《ごうりせい》に裏づけられ、実際《じっさい》生活に役立つ有用《ゆうよう》な学問、というような意味に定着《ていちゃく》しています。しかしその歴史的用例を見ると、人間的真実追求《ついきゅう》の学問、道徳的実践《じっせん》の学問、政治的実践を旨《むね》とする学問、経世済民《けいせいさいみん》の学問、民生《みんせい》の役にたつ利用厚生《りようこうせい》の学問、等々、多種多様《たしゅたよう》な意味が含《ふく》まれています。しかしそれは何の脈絡《みゃくらく》もない雑多《ざった》な概念の集合というものではなく、虚《きょ》学《がく》・偽学《ぎがく》に対する「内容がある真実の学」（real and true learning）であり、またそれ故にそれは有用性をもつという基本的性格がそこにあります。

実学の歴史をみますと、既存《きそん》の思想や価値観《かちかん》に不満が感じられ始め、社会的価値の体系に動揺《どうよう》が起こったとき、それらに反対して自己の学問こそ実学であるとして自己の正当性《せいとうせい》が主張されたのです。したがって実学はほんらい論争的な概念であり、純粋《じゅんすい》な知的要求《ちてきようきゅう》から出たものではなく、行為《こうい》の遂行《すいこう》という問題をめぐって成立しました。そこでは何を実《じつ》とするか、あるいは逆に何を虚《きょ》とし偽《ぎ》とするか、の判定《はんてい》の基準《きじゅん》は、その人の行動の目的やめざす価値に応じて変わってきます。当然《とうぜん》それは時代に応じても変化します。実学として主張されたものが、他の人もしくは次の時代には虚学《きょがく》・偽学《ぎがく》として否定《ひてい》され、新たな実学が主張されます。こうして「真実の学」は何か、ということを軸《じく》として、「虚実《きょじつ》の弁証法《べんしょうほう》」ともいうべき思惟《しい》の展開《てんかい》がみられます。

　ここで簡単《かんたん》に日本における実学の展開の歴史を見てみましょう。まず十七世紀に宋《そう》・明《みん》学《がく》の影響《えいきょう》を受けて「心学《しんがく》」的傾向《てきけいこう》の強い道徳的実践《どうとくてきじっせん》の実学が形成《けいせい》されました。江戸中期にはいりますと、古学者《こがくしゃ》たちだけでなく、朱子《しゅし》学系《がくけい》の人々によっても経験主義的傾向《けいけんしゅぎてきけいこう》の実学が主張され、民生《みんせい》の役に立つ利用厚生《りようこうせい》の実学が唱《とな》えられ始めました。その後荻生徂徠《おぎゅうそらい》は、事実に立脚《りっきゃく》した学問こそ実学であるとして、江戸後期の実証性《じっしょうせい》と有用性《ゆうようせい》の結合した実学の展開へと道をひらきました。そしてこの時期に蘭学系《らんがくけい》の実学、洋学の刺激《しげき》の下《もと》に儒教《じゅきょう》を換《かん》骨奪胎《こつだったい》した実学、制度論的《せいどろんてき》な観点《かんてん》に立つ経世済民《けいせいさいみん》の実学等のいろいろのタイプの実学が生まれ、海外貿易を行うことによって当時の日本の経済的行きづまりを解決しようとした本《ほん》多利明《だとしあき》のような人も生まれました。

　このような基盤《きばん》があったところへ幕末《ばくまつ》になって西欧《せいおう》の衝撃《しょうげき》が訪《おとず》れ、維新前夜《いしんぜんや》になると政治と経済を統合《とうごう》したような視点に立って、儒学に立脚《りっきゃく》しつつ西欧思想をも受けいれた佐久《さく》間象山《ましょうざん》（日本型洋務論《ようむろん》）、横井小楠《よこいしょうなん》（日本型変法論《へんぽうろん》）らの実学思想が形成《けいせい》されました。二人とも開国論者《かいこくろんしゃ》ですが、象山の場合はより大きな意味で攘夷《じょうい》をするための開国論で、彼は日本は西欧の科学技術をマスターしてやがて世界を征服《せいふく》してその覇者《はしゃ》になるべきだというのです。それに対して小楠の場合は、国際政治における力の要素《ようそ》の必要性を充分《じゅうぶん》に認めつつ列国《れっこく》の自国中心主義（割拠見《かっきょけん》）を批判《ひはん》し、信義《しんぎ》を旨《むね》とする国際平和の実現を強調《きょうちょう》する開国論でした。これは当時としては非常にすぐれたものですが、統治者《とうちしゃ》と被統治者《ひとうちしゃ》の関係を先天的なものとする儒教の枠《わく》を出ることができなかったために、維新《いしん》の変革《へんかく》がなされると、洋学に立脚《りっきゃく》し、国民みずからのための、国民による有用《ゆうよう》の学としての近代的実学によって否定されます。それは福沢諭吉《ふくざわゆきち》、津田真道《つだまみち》らの新知識人たちによって唱道《しょうどう》されましたが、明治初頭の学制改革《がくせいかいかく》や殖産興業政策《しょくさんこうぎょうせいさく》、その他種々の開化政策を推進《すいしん》し、その後も一貫《いっかん》して日本の近代化の知的動力となりました。

この幕末《ばくまつ》から明治初期に渉《わた》る日本の転換期《てんかんき》に、儒教改革の実学と近代的西欧的実学とはどのように結びついたのでしょうか。たとえば儒教、とくに朱子学《しゅしがく》の「理《り》」の概念《がいねん》の経験《けいけん》的側面《てきそくめん》が強調されて朱子学と西洋の自然科学とが接合《せつごう》されたり、「理」の観念《かんねん》の価値的《かちてき》側面《めん》が強調されて国際的自然法の思想が受けいれられたりしました。また儒教の「天」の観念にもとづいて国際的平等《びょうどう》（四《し》海《かい》平等）の思想や天賦人権《てんぷじんけん》の思想が受けいれられました。

厳密《げんみつ》にいえば受容《じゆよう》の過程《かてい》には思想的誤解《ごかい》もありますが、儒教によって近代思想が排除《はいじょ》されたのではなく、儒教を基盤《きばん》としてそれが受容されたという事実が歴史的には重要であります。幕末・維新期の人々はよく「和魂洋才《わこんようさい》」ということを言いましたが、この和魂の中に儒教的道徳も含《ふく》められていたことを閑却《かんきやく》することはできません。この時期の大部分の知識人たちにおいては、儒教はそれほど内面化していたのです。

以上のような過程《かてい》をへて、明治の初頭《しよとう》に儒教的実学《じゆきようてきじつがく》が否定《ひてい》され、実学の意味は冒頭《ぼうとう》で述べたような意味に定着《ていちやく》しました。こうして虚《きよ》・実《じつ》の弁証法《べんしようほう》はいちおうの完結《かんけつ》を見たということができます。

日本の実学の特色として、社会的機能《きのう》が比《ひ》較的《かくてき》によく発揮《はつき》されたということが言えると思いますが、その第一の理由として、実学の担《にな》い手が儒者《じゆしや》だけでなく、武士・町人・農民など広い範囲《はんい》に渉《わた》っていたことを挙《あ》げることができると思います。第二の理由として、実学の考え方が教育の場所に生かされたことがあげられます。それはまず幕末《ばくまつ》のエリート教育から始まり、明治初頭の国民教育に及びます。幕末においては新たに多くの藩校《はんこう》がつくられる（一五二）とともに、教育の機会が下級武士《かきゆうぶし》にも解放《かいほう》されます。そこでは新しい状況《きよう》に適応《てきおう》し、それを創造的《そうぞうてき》に転換《てんかん》しうる人材《じんざい》の育成に重点が置かれ、「有用の実学」が学ばれました。そして近代化を推進《すいしん》する知的教育と、武士の道徳的再生《さいせい》をめざす道徳教育が併《あわ》せ行われます。他方民間においても、多くの儒学や洋学の私塾《しじゅく》がつくられ、全国の優秀な青年たちがそこに学びます。そしてここでは藩を超えた意識《いしき》が形成されます。

維新後《いしんご》も政治家たちは教育に非常に熱意を示しました。早くも一八六九年に木戸孝允《きどたかよし》は次のような考え方を示しています。――一般の人民が旧態依然《きゅうたいいぜん》として、職もなく貧《まず》しい場合には、たとえ二、三の英傑《えいけつ》が出てきても全国の富強《ふきょう》は実現できない。また、強《し》いて実現しようとすれば専制政治《せんせいせいじ》になる。……今日の一大急務は、一般人民の知識が進むように、全国に学校を興《おこ》し、教育を普及《ふきゅう》させることだ。西洋文明の形だけをまねるのではなく、まず教育からはじめて日本の根本的開化《こんぽんてきかいか》をはかるべきだ――と。

学制実施《じっし》の背後《はいご》には政治家のこういう配慮《はいりょ》がありました。そして福沢諭吉《ふくざわゆきち》の「学問は身を立つるの財本《ざいほん》」という考えの下《もと》に国民教育が義務制《ぎむせい》になり、多くの人々の努力によって明治の末には就学率《しゅうがくりつ》が九五パーセントを超えるようになりました。このような驚異的《きょういてき》な国民教育の普及《ふきゅう》が、エリート教育の充実《じゅうじつ》とともに、明治日本の躍進《やくしん》の大きな原動力《げんどうりょく》となったのです。

ところで儒教思想《じゅきょうしそう》は封建制《ほうけんせい》と結びついているところがあるために、五・四運動の時の中国の場合と同じように、明治日本でも排撃《はいげき》されました。当時の政府の枢要《すうよう》の人々は、怒濤《どとう》のように民権運動《みんけんうんどう》の波が押しよせる中で、明治日本の高等教育においては、法律を学び官《かん》僚《りょう》としての統治技術《とうちぎじゅつ》を身につけた青年や、科学技術を学び近代産業を興す青年の育成《いくせい》だけで充分《じゅうぶん》である、政治のことは自分たち政治家にまかせればよい、と考えました。しかしその後の政治家たちが儒教を核《かく》とした哲・史・文に渉《わた》る東洋的教養を失い、西欧の古典的教養も受けいれなかったとき、彼らは短期的対応《たいおう》においては巧《たく》みでしたが、徳川時代の為政《いせい》者《しゃ》たちがもっていた一つの信念体系《しんねんたいけい》に立脚《りっきゃく》した綜合的思《そうごうてきし》惟《い》の能力《のうりょく》を失って、判断《はんだん》が長期的展望《てんぼう》を失い、一面的に偏《かたよ》るという欠点をもちはじめたことは否定《ひてい》できない事実であります。これは急速な近代化をはかるために近代日本が支払った貴重《きちょう》な代償《だいしょう》というべきでしょう。

ところで明治以後近代的実学が支配的になったときに、儒教《じゅきょう》はもはや何の力ももたなかったかというとそうではありません。日本の近代資本主義の礎《いしずえ》を置いた渋沢栄一《しぶさわえいいち》は、終生《しゅうせい》『論語《ろんご》』を手放《てばな》さず、『論語講義』という浩瀚《こうかん》な著作を残しています。『論語』の精神と武士的魂と近代資本主義との結合《けつごう》が彼の志《こころざ》すところでありました。このような渋沢的エートスが今日の日本にどれだけ生きているのか。戦後の日本の経済的復興と儒教とのあいだに果《はた》して内的関係があるのかないのか。これはこの後の重要な検討事《けんとうじ》項《こう》の一つでしょう。が、おそらく、今日の日本人は自分の自覚《じかく》レヴェルでは儒教を忘れつつも、信義《しんぎ》とか誠実《せいじつ》という行為《こうい》に関わる内的道徳の面で、儒教的道徳によって生きている面が多分にあると思います。

残された問題として最《もっと》も重要なことは、実学の普及《ふきゆう》は日本の近代化を進めたが、応用科学が重視《じゆうし》される割に基礎《きそ》科学が重視されないという精神的風土《ふうど》を生み出したということです。直接的効用《ちよくせつてきこうよう》をめざさない基礎科学の蓄積《ちくせき》があってこそ、真《しん》の独創的《どくそうてき》発明や発見もなされると思われます。輸入された技術ないし応用科学と企業の経営との巧みなドッキングという図式だけでは、晩《おそ》かれ早《はや》かれ行きづまりがくることは間違いありません。有用性の原理を超えた学問と実学とが手をつなぐ思考《しこう》や教育政策、科学政策の実現が今の日本には必要であると思います。

更にもう一つは文化的問題であります。実用の次元《じげん》だけの発想《はつそう》では、人間から人間らしさを失わせる危険性があることはいうまでもありません。ここに芸術や宗教の世界の存立《そんりつ》の意義があります。たとえば芸術は実《じつ》の世界だけをめざすものではありません。江戸時代の詩人芭蕉《ばしよう》は「虚実《きよじつ》に志《こころざし》深《ふか》き人」をわが門の高弟《こうてい》と言っておりますが、虚・実のバランスを文化や精神の次元《じげん》においてとること、これが今日の、そして未来《みらい》の日本人の大きな課題《かだい》であると思います。

第三の問題は、実学がどのような国家体制の下《もと》に機能《きのう》するかという問題です。戦前の日本人は、民主的な国家体制の下に平和的な国際関係を樹立《じゆりつ》することに失敗しました。戦後の日本はこのような誤《あやま》りを犯《おか》さないよう自戒《じかい》して今日にいたっておりますが、この路線《ろせん》はこの後とも護《まも》りつづけてゆかねばなりません。

こうした事柄《ことがら》から分りますように、実学は日本の近代化を促進《そくしん》する重要な役割《やくわり》を果《はた》しましたが、他方そこにはいろいろの困難《こんなん》な問題をひき起こしたことも否定できません。これらのことを参考にしながら、中国が現代化の道を二十一世紀に向かって成功裡《せいこうり》に歩まれることを願ってやみません。

あとがき

講談社学術文庫編集部の岩本正男さんから、富山県精神開発叢書の一冊として出版されている私の旧著『実学《じつがく》と虚学《きょがく》』（昭和四十六年）を基にして、学術文庫に一冊書いて欲しいという依頼があったのは、私が東北大学を定年退官になる三、四ヵ月前のことであった。何しろ十何年前の講演の記録のことだし、半ば忘れかけていた著作だったので、正直のところびっくりした。同僚の山室信一さんにいったい出す意味があるかと相談すると、自分はこの本を読んで実学の問題に関心をもったのだから出す意味はあるという返事だった（ちなみに山室さんは「『実学』観の政治的位相」という実学についてのコンパクトで非常に内容のしっかりした論文の筆者でもある）。そうかなあと思い直《なお》してみると、講演ということもあってあまり簡単すぎる。一冊の本として出す以上は全面的に書き直す必要があることがわかった。実学思想については私は別に本格的な研究をまとめつつあるので、それとの関係もあり、どのような構想《こうそう》にしようかとなかなか考えがまとまらなかった。

ところで一昨年の夏、北京《ペキン》でひらかれた第二回の「日中民間人会議」で「日本の実学について」というテーマで報告をすることになり、ようやくその構想が固まった。それは、東アジアの儒教文化圏《じゅきょうぶんかけん》の人々の共通の問題として、近代化の問題に苦心している人々のことを念頭《ねんとう》に置いて、実学が日本の近代化や教育の改革に果した役割、またそのひきおこした問題点に重点を置いて、日本における実学運動の系譜《けいふ》をコンパクトに書き下ろそうというものであった。

しかしながら新しい勤務先での新しい講義の準備に追われ、執筆は思うようにはかどらない。この夏はと思っていた昨夏は思いもかけない公務がおこって、執筆の方は中途《ちゅうと》でやめざるを得なかった。その間に「在中国日本学研究センター」で講義をすることになり、それに間に合わせるために、急遽《きゅうきょ》当初のプランを変更《へんこう》して、今まで書いた論文やシンポジウムでの発表を基《もと》にして、一冊の本にまとめることにした。「実学思想の系譜」という表題は岩本さんが名づけ親である。

このような経緯《けいい》をもって出来上がった本書であるから、いくらか重複《ちょうふく》するところ、また執筆の時期によって考え方の上で微妙《びみょう》に変化しているところがあるのはやむを得ない。そして幕末以後の方がくわしく、以前の方が簡単であるという欠点がある。ただ時代的に徳川時代の初めから明治の中期までの時代をカヴァーすることができた点、時期による実学観の変遷《へんせん》、政治や経済との関連《かんれん》のほかに教育の問題、文学との関係などについて触《ふ》れることができた点において必ずしも表題を裏切《うらぎ》らなかったということだけは言えるかもしれない。ここに示されたのは実学思想の問題についての私の考えの骨組《ほねぐ》みにすぎない。

このテーマについて興味《きょうみ》をお持ちの方は、既刊の『近代初期実学思想の研究』（創文社）や、やがて刊行されるその中期、後期の分、『変動期の思想と人間』などを参照していただければ幸いである。

以下この本に収録されたものの初出の掲載誌《けいさいし》名や年月をしるす。

一、「日本における実学思想の展開と近代化」

「創造の世界」（小学館）、一九七九年八月号。これは小学館の「創造の世界」京都編集室主催《しゆさい》で催《もよお》されたシンポジウム「近代日本における文化移入と変容」において発表したものに、部分的な訂正を施《ほどこ》すとともに、当時言い足りなかったことを書き加えた。この会には上山春平、梅原猛、河合雅雄、作田啓一、島田虔次の諸氏が参加して有益な批判をして下さった。

一、「和魂洋才への道」

「幕末志士の悲願」

いずれも講座『思想の歴史』第十一巻『胎動するアジア』（平凡社）一九六五年二月に

発表された。（字句の修正のみ）

一、「維新前後の実学思想と近代文学の発生」（今回「発生」を「成立」と改題）

「文学」第二七号（岩波書店）、一九五九年八月。当時編集担当の都築令子さんに大変お世話になった。今回再読してここで出した問題提起《ていき》に対して、私自身がまだ答えていないという思いを新たにした。本書に収めた「北村透谷論」はそれに対する一つの答であるが、まだ部分的な答でしかない。

一、「実学史観の提唱」

「思想と科学」第三五号（中央公論社）、一九六一年。このタイトルはもともと私のつけた平凡な題を、当時「思想と科学」の編集長をしておられた市井三郎氏の命名によって改められたものである。

一、「教育者としての福沢諭吉」

「教育の時代」創刊号（東洋館出版社、のちに同社から出版された『近代日本の教育を育てた人々』〈上〉に収録）、一九六三年。

一、「北村透谷論」

講座『比較文学』第五巻（東大出版会）、一九七三年。東大教養学部の比較文学の方々によって編《あ》まれたこの講座に、生まれて初めて比較文学的観点からの論文を書いたのが本稿である。再読してみてエマーソンについては将来またやり直さねばならないと思った。この論文は、実学の問題とは直接の関係はないが、実学思想史の締《し》めくくりとしては透谷の問題提起は重要な意味をもつと考えるので、敢《あえ》て収録《しゅうろく》することにした。

一、「日本の実学について」

一九八四年、北京《ペキン》でひらかれた第二回「日中民間人会議」の「教育・文化」の部会で発表したもの。私の発表が済んでから教育部の少壮官僚《しょうそうかんりょう》李一群さんともう一人の青年がとんで来て、われわれも中国の実学思想の研究を始めねばならない、と興奮気味《こうふんぎみ》に話された場景《じょうけい》をありありと思い出す。この短い発表に私の現在の実学思想についての考えがコンパクトに示されているように思うので、まずこれから読んでいただけると有難い。

ここに収められた論文は問題提起というべきものが多いが、私としてはどれもなつかしい。一つ一つの論文に発表の機会をつくって下さった方々に心からお礼を申し上げたい。

最後に学術文庫編集担当の岩本正男さんに厚くお礼を申し上げる。氏の熱心なおすすめがなければこの本も生まれなかったであろう。

一九八六年三月二十日

源　了圓

〔付　記〕最近の実学研究の現状

以上ここに収めたものは、「実学」に関する私の執筆《しっぴつ》したものの一部分であるが、今度再読してみて、私なりの実学思想史的見地《けんち》をとる研究の型《かた》があるように思った。それは一つの特徴《とくちょう》であるとともにまた限界《げんかい》でもある。『近世初期実学思想の研究』に、当時私の知っている限りの実学についての著書や論文を書いておいたが、その後私の眼にとまったいくつかの研究に触《ふ》れておきたい。これらは私の研究の欠を補《おぎな》ってくれるものである。

一、杉本勲氏の研究

「近世実学思想史の諸段階とその特色について」（『近世の洋学と海外交渉』所収）巖南堂書店　一九七九年九月

『近世日本の学術』法政大学出版局、昭和五十七年

杉本氏は戦後の実学研究の開拓者《かいたくしゃ》であるが、今なお旺盛《おうせい》な研究をつづけておられる。

一、芳賀徹氏の研究
『平賀源内』　朝日新聞社　一九八一年
『絵画の領分』　朝日新聞社　昭和五十九年
芳賀氏は、「実学」をテーマとする研究者ではなく、比較文学・比較文化の研究者であるが、『平賀源内』ならびに『絵画の領分』の「I　歴史のなかの高橋由一」は、実学研究に新鮮《しんせん》な視角《しかく》を導入《どうにゅう》したものといってよい。
一、楠瀬勝氏の研究
富山大学教授の楠瀬勝氏を中心として、現富山県新湊市（二〇〇五年から射水市：編集部注）の「豪紳《ごうしん》」石黒信由の実学をめぐって綜合的《そうごうてき》研究がなされている。イギリスのジェントリィに当たる「豪紳」という地方の名望家層《めいぼうかそう》の江戸後期において果した役割は非常に重要なものであり、いわばその代表的人物としての石黒にスポットライトを当てて、彼の学問や技術の地方の近代化において果したこの業績は江戸後期実学の再評価につながる注目すべき業績である。
一、石黒信由の遺品と高樹文庫資料の綜合的研究――江戸時代末期の「豪紳」の学問と技術の文化的社会的意義――　昭和五十八年一月
二、同第二集　昭和五十九年十一月

一、京都教育大学教授の末中哲夫氏を中心とする「実学資料研究会」のグループの研究。このグループは今最も旺盛《おうせい》に実学研究に従事している人々で、「実学とは、生活機能を高める社会経済の動態《どうたい》を誘発継起《ゆうはつけいき》させる作用をなす諸学の総称である」という共通認識の下に共同研究をなし、『実学史研究』Ⅰ・Ⅱを刊行している(思文閣出版)。今、その目次を記しておく。

実学史研究　Ⅰ

論攷篇

地域特性と実学——上方を事例として——　末中哲夫

日本近世実学思想史と海保青陵　埜上　衞

藩営の灌漑施設・田原井堰の研究　柴田　一

——封建官僚・石工集団・社倉米——

近世本草学と国産薬種　宗田　一

信濃蘭学の展開状況　青木歳幸

——門人帳分析による基礎的研究——

中村正直『西国立志編』訳述にみる「実学」思想　藤原　暹

史料篇

加藤弘之訳述『西洋各国盛衰強弱一覧表』

中田季文編『宇内国勢表』　埜上　衛

一、中山茂氏を中心とする研究

『幕末の洋学』

これは別に実学研究と銘打《めいう》っていないけれども、内容は科学史研究の観点《かんてん》からの実学の研究である。次に目次を記す。

序章　中山　茂

国際環境と洋学の軍事科学化　佐藤昌介

洋学の伝播・普及　田﨑哲郎

兵制統一過程の一考察
——三兵伝習から合併操練まで——　吉田光邦

砲術と兵学　所　荘吉

高島流砲術の伝播と展開
——金沢藩壮猶館の場合——　岩崎鐵志

製鉄　大橋周治

物理学・弾道学・化学　吉田　忠

私の専門としている思想史の方では新鋭《しんえい》八木清治氏の「天保期の儒者上田作之丞の実学思想」（『季刊日本思想史』第二五号、一九八五年）という注目すべき論文がある。金沢藩士上田作之丞についての未開拓《みかいたく》の研究論文であると共に、海保青陵と横井小楠の中間に介在《かいざい》するその思想史的位置の解明は、江戸後期から幕末への思想史的転換《てんかん》を示すものとして極めて有意義である。

このほかすぐれた研究があるかもしれないが、管見《かんけん》の範囲《はんい》を越えるものについては御寛《ごかん》恕《じょ》を乞《こ》うほかない。

一九八六年三月八日

著者　識

解説　「虚」と「実」を超えた「実学」の提唱

大川　真

著者の源了圓氏は、一九二〇年に熊本県宇土市に浄土真宗の住職・源唯心氏の三男として生まれ、紀寿を迎えた二〇二〇年に天寿を全うされた。生家にお手伝いに来ていた方が、横井小楠が隠棲した沼山津村（熊本市東区沼山津）の出身で、幼時から小楠の偉大さを聞かされていたという。ヨーロッパ哲学をもともと専門としていた氏が、横井小楠研究から日本思想史研究を開始するのも、生家での体験によるところもあろう。また氏が仏教寺院で生まれ育ったという体験も、氏による「実学」の内容に少なからず影響を与えたのではないかと私はひそかに思っている。端的に言えば、氏の「実学」は、「虚」に対立して措定されながらも、「虚」をも含み、「実」と「虚」との弁証的発展を遂げているということである。「高度成長以来、日本の社会がバランスを失い、「実学」だけに支配されている文明の醜悪さを嫌というほど見せつけられた」（三頁）というように経済的な実益だけを求める功利主義的な「実学」には明確な嫌悪を示し、「虚の世界の意味の追求にまっしぐらに進んだ」（四頁）唐木順三への憧憬を告白しながら、それでも「実学」にこだわり続けた氏の態度が意味深く思える。

氏の思想形成に触れておこう。太平洋戦争ただ中の京都大学文学部哲学科で田邊元、西谷啓治に学んでおり、その薫陶の大きさについては、自伝「私の歩んで来た道」（『アジア文化研究』別冊三号、一九九二年）に瑞々しい言葉で述べられている。氏の卒論はニーチェやドストエフスキーを題材にし、ニヒリズムの克服をテーマにしたものであるが、西谷のニヒリズム研究の影響は大きかった。西谷が弘文堂から『ニヒリズム』を刊行するのが一九四九年である。幸か不幸か、この名著を読了した後に、氏は愕然として自らのニヒリズム研究にはもはや為すこと無しと西洋哲学からアジア思想、日本思想史のほうへと比重を移していくことになる。

短い期間ではあるが、青年期に西洋哲学で学問的基礎を学んだ経験は、氏が日本思想史研究に従事する際に、比較思想、比較文化の複眼的な視座を獲得させた。たとえば横井小楠における認識作用についての論。「知る」と「合点する」とを区別し、前者はホワイトヘッド（Alfred North Whitehead）の inert ideas に相当すると述べ、また「格物」と「惻《そく》怛《だつ》の誠」の連関を論じた小楠の言葉を、「認識過程が精神活動、生命活動というものにだんだん深まっていく」と解釈しているが、これも同様にホワイトヘッドの becoming をふまえていることが看取できる（最終講義「日本の伝統のもう一つの可能性――横井小楠の思想」『アジア文化研究』別冊三号、一九九二年）。氏の実学思想の射程は、日本にとどまらず、朝鮮半島、中国大陸にまで及んでいるが、比較思想の広い視野は、源思想史学を特徴づけるものである。

前置きが些か長くなったが本書における「実学」の内容を見てみよう。

氏が自らの「実学」思想を展開する上で批判対象にしているのは、丸山眞男氏の実学研究である（「福澤に於ける「実学」の転回――福澤諭吉の哲学研究序説」『東洋文化研究』三、一九四七年）。倫理を中核とした近世儒学の実学から、明治以降、福澤諭吉によって物理を中核とする実学へと転回したというのが丸山氏の実学観である。これに対して源氏は、徂徠以降の実証的実学の勃興を看過すべきではないと批判する（三八〜九頁）。源氏は、福澤が否定した近世儒学を実学の基線と規定し、「儒学は近世思想の起動力になり、そしてその考え方が他の学問や思想にも、ある場合には直接的に、ある場合には表面的な反撥を通して間接的に影響を与え、そしてそれらのなかに浸透し、また洋学の場合には、その受容をきわめて滑らかにした」（三五頁）と述べ、同時期の朝鮮半島や中国での儒学との比較を行いながら、近世日本の儒学は、「気」の「理」という経験的側面を重視したと論ずる。

もっとも丸山氏の実学論と共通している見解もある。源氏は実学を認識論ではなく、

「performance にかかわる認識」（一九七頁）、「行為の遂行にかかわる認識」（四五頁）と述べているが、こうした議論はジョン・デューイ『経験と自然』（一九二五年）の思想を彷彿とさせる。源氏は、ベンジャミン・シュウォルツの「目的合理性」に基づく近代化論に賛意を示すが（二二三～四頁）、目的合理性では目的達成のための有効性が求められ、結果としてプラグマティズム的な観点の導入へと繋がっていると私は考える。福澤をはじめとした明治の洋学者たちが、人間と自然の連続性を断ち、平等な人間どうしが自由競争して文明を発展させるという新しい実学を提唱し、また政治が干渉する領域をミニマムにしていく自由主義的国家観にその学問の本領を氏は見る（二五五～六頁）。また本書「教育者としての福澤諭吉」では、物理学に典型的に表れているような、対象を法則化して支配するという智徳の開発を主張し、そうした主体的、実学的智徳を有した人間が独立の気象を有すると論じた福澤の卓越した思想を絶賛する。かかる実学論や福澤論は丸山氏のそれと共通しているところが多い。しかしながら源氏は、福澤論の結論において、社会的要求に応じる学問が、果たして機械的文明から疎外される人間の実存と向きあうことが可能であるかと読者に重い問いを投げかける。この問いに関連した記述が、本書が講談社から刊行される四年前の一九八二年に刊行された『文化と人間形成』（第一法規出版）終章にて記載されている。創造性に関連し、生活の実践における人間の思考過程を捉えようとしたデューイを本書と同様に高く評価しつつも、想像力や感性の働きを削ぎ落としたことを問題点として挙げ、代わりにデューイに師事したハロルド・ラッグ（Harold Rugg）の『想像力』（一九六三年）での議論をデューイの不備を克服するものとして紹介している。ラッグは意識・無意識のより広い連続体によって心を想定しており、そうした心の状態は禅で言う「放《ほう》下《げ》」、初期の西田哲学で言う「純粋経験」に比定され得るものであり、創造的な自由があると氏は述べる。主体と客体を分離した主知主義的な認識方法ではなく、主客未分離の意識から存在の本質を包んでいこうとする西田幾多郎と、「実」と「虚」とを超えて、実在を理解していこうとする孫弟子の源了圓氏との間で、思想的共鳴を見る。

実用性、効用性、実践性、実証性など多義的な内容を持つ実学であるが、「実」は、「虚」なるものに対する「実」なるものであり、「内容がある真実の学」（real and true learning）（三三八頁）である。「実」は空疎や偽りに対立するものであるが、全ての「虚」を排除しているのではなく、むしろ「虚」をその内部に折り畳んだ「実」学であることに注意して本書を読む必要があろう。幾つかのケースを見てみよう。

「江戸時代最大のプラグマティスト」と本書で称される近世後期の経世家・海保青陵について。氏は青陵の思考方法のなかに、固定的な実在対象である「実位」を、自由な知的働きである「空位」によって認識するという操作的な問題処理方法が存在していることを明らかにしている。さらに青陵は、理想的境位にある思想家として釈迦を挙げており、氏は、「青陵のなかに、東洋の空や無の思想とプラグマティックな思考とがユニークな仕方で結合しているのをみる」と指摘している（二一九頁）。また最も思い入れの強い横井小楠については、堯舜の治とアメリカ大統領制との共通性を指摘する所説に「格物」の精神があったことを指摘しつつ（一七七頁）、小楠の思想が現実政治や国家理性を超えて、国家間の平和的共存を理想する普遍的志向性を有していたことを力説している（二一二頁）。前掲の最終講義でも氏はこの点を強調し、小楠の宗教的経験が、国家を超える普遍的立場の獲得に結び付いたと述べている。実学は存在被拘束的な性格を強く持ちつつ、主観面においては「普遍的真理追究の要求として成立した学問であり思想」（一九頁）である。青陵における自由闊達な操作的思考、小楠におけるリアルポリティックスを超越した国際的な平和主義。これらは換言すれば、「虚」の持つ豊穣な世界に裏打ちされた「実」学の好例である。

そして刮目すべきは、「虚」への探求者として北村透谷を実学思想史に組み入れていることである。「〈観念の冒険〉をつづけてやまなかった精神の世界の冒険者」（二九四頁）である透谷は、「虚界」こそ「実在」であるとする基本的立場を採り、「実世界」に対して「想世界」を優位に置く二世界説的な世界観を有し、有名な「内部生命」論も、実世界・

想世界の二元的世界対立を統合する論である（「北村透谷論」）。

氏による実学思想史とは、「虚実の弁証法」（三三九頁）によって「真実の学」を解明せんとする思惟の展開史である。かかる思想史を成立させた氏の学問的営為は、表層的、皮相的な意味での実学（経済的な実利を生む学）が近代以降の物質文明を形成し、「学問においては、社会への直接的効用のある学問がもてはやされ、基礎科学が軽視される知的土壌を作ってしまった」（三四四頁）という状況に対して、生涯を懸けて抵抗した証しに他ならない。

最後に私的な体験を述べて擱筆したい。私が三十代半ば、おそらく氏が九十歳近くであった時の出来事である。夜の九時半を過ぎて氏から拙宅へ電話があり、私が書いた頼山陽の論文に対して三十分くらい掛けて評価を述べて下さった。実は私は氏の講義を直接受講した世代ではない。学会でお会いした際に少しお話しするか、もしくは手紙でのやりとりだけである。卒寿に近い大家の一言が、研究を諦めようと思っていた若い研究者をして再び研究の道へ歩ませた。氏には教育をテーマにした論考が数多くあり、それこそが氏の学問の背骨となっている。後進育成、未来への文化継承に懸けた氏の情熱を想う。

（中央大学文学部教授）

源　了圓（みなもと　りょうえん）
1920年熊本県生まれ。京都大学文学部哲学科卒業。日本女子大学・東北大学・国際基督教大学の教授、コロンビア大学・北京日本学研究センター・オックスフォード大学の客員教授を歴任。2001年より日本学士院会員。専攻は日本思想史。2020年没。著書に、『義理と人情』『徳川合理思想の系譜』『徳川思想小史』『近世初期実学思想の研究』『日本の禅語録17　鉄眼』など多数。

実《じつ》学《がく》思《し》想《そう》の系《けい》譜《ふ》

二〇二五年二月一五日　初版第一刷発行

著　者　源　了圓
発行者　西村明高
発行所　株式会社法藏館
京都市下京区正面通烏丸東入
郵便番号　六〇〇-八一五三
電話　〇七五-三四三-〇〇三〇（編集）
〇七五-三四三-五六五六（営業）

装幀者　熊谷博人
印刷・製本　中村印刷株式会社

ISBN 978-4-8318-2689-3 C1121

法蔵館文庫既刊より

価格税別

は-1-1
明治維新と宗教　羽賀祥二著
近代「神道」の形成と特質を仏教までもを含んだ俯瞰的な視野から考察し、「国家神道」に止まらない近代「神道」の姿をダイナミックに描いた、日本近代史の必読文献。

1800円

か-6-1
禅と自然　唐木順三著
近代という無常が露わになった時代をどう乗り越えるか。その克服の可能性を、逆に無常を徹底させる中世の禅思想のなかに見出した卓異の論考を精選。解説＝寺田透・飯島孝良
1100円

お-1-1
寺檀の思想　大桑斉著
近世に生まれた寺檀の関係を近代以降にまで存続せしめたものとは何か？　家を基本構造とする幕藩制下の仏教思想を明らかにし、近世社会の本質をも解明する。解説＝松金直美
1200円

ふ-1-1
江戸時代の官僚制　藤井譲治著
一次史料にもとづく堅実な分析と考察から、幕藩官僚＝「職」の創出過程とその実態・特質を解明。幕藩官僚制の内実を、明瞭かつコンパクトに論じた日本近世史の快著。

1100円

お-3-1
忘れられた仏教天文学　岡田正彦著
一九世紀の日本における仏教世界像
江戸後期から明治初、仏教僧普門円通によって体系化された仏教天文学「梵暦」。西洋天文学の手法を用い、須弥界という円盤状の世界像の実在を実証しようとした思想活動に迫る。
1300円